# VIVRE LIBRE !

## LA JOIE DE LA LIBERTÉ ET DE LA VICTOIRE EN CHRIST

COLIN DYE

Copyright © 2019, 2005 Colin Dye

ISBN 978-1-912296-32-3

Kensington Temple
KT Summit House
100 Hanger Lane
London, W5 1EZ

Tous droits réservés. Aucune partie de cette publication ne peut être reproduite, enregistrée ni transmise sous quelque forme que ce soit, par un moyen électronique, mécanique, photocopie, ou autre, sans la permission écrite de l'auteur.

# SOMMAIRE

Une Invitation ... 5

## 10 Thèmes ... 17
Votre vie de communion avec Dieu ... 19
La famille de Dieu ... 27
Votre témoignage ... 39
Un changement réel ... 49
Le fruit de l'Esprit ... 61
La guérison intérieure ... 71
Gérer vos émotions ... 87
Vraiment libre ... 103
La vie remplie de l'Esprit ... 133
Servir Dieu ... 141
Une Parole d'encouragement ... 151

## La Piste transformation ... 155
Pourquoi changer? ... 157
La dynamique du changement ... 161
Donner votre témoignage ... 165
Renouveler votre intelligence ... 169
Dieu répond à tous vos besoins ... 173
Découvrir vos croyances idolâtres ... 177
Marcher dans la liberté ... 181
Décider de changer ... 185
Se débarrasser et se revêtir ... 189
Pour que le changement reste permanent ... 193

## Problèmes de la vie ... 197
Les problèmes émotionnels ... 201
Problèmes sexuels ... 217
Les problèmes de mariage et de famille ... 223
Être libéré des liens de l'occultisme ... 235
Développer une bonne image de soi ... 245
Le pardon et la guérison intérieure ... 253
Régler les problèmes de la drogue et de l'alcool ... 263
Les problèmes financiers ... 277

## Appendices ... 287
Renverser les forteresses ... 287
Problèmes émotionnels et santé mentale ... 295

INTRODUCTION

# UNE INVITATION

L'évangile est une bonne nouvelle. Jésus-Christ est mort sur la croix afin que tous nos péchés soient pardonnés et que nous recevions le don de sa justice. Telle est sa faveur imméritée. Le salut est gratuit. Il nous est communiqué par la grâce de Dieu et non par nos œuvres religieuses ou nos pieux efforts. Si vous ouvrez ce livre, c'est que vous avez déjà probablement rencontré Christ et cru en lui pour votre salut. Rappelez-vous toujours que l'évangile est la puissance de Dieu pour votre délivrance complète du péché et pour la transformation totale de votre vie.

*Car je n'ai pas honte de l'Evangile: c'est la puissance de Dieu pour le salut de quiconque croit, du Juif premièrement puis du Grec, parce qu'en lui est révélée la justice de Dieu par la foi et pour la foi, selon qu'il est écrit: le juste vivra par la foi. (Romains 1:16-17)*

Par un simple acte de foi, vous recevez la justice de Dieu. Ce don vous garantit votre place au ciel de manière définitive.

*Rien… ne pourra nous séparer de l'amour de Dieu manifesté en Jésus-Christ notre Seigneur. (Romains 8:39)*

Le salut de Dieu est un don gratuit. Il est reçu par la foi et la foi seule. Il n'y a pas d'autres conditions à remplir pour obtenir cette promesse de vie nouvelle en Christ.

*Si tu confesses de ta bouche le Seigneur Jésus, et si tu crois dans ton cœur que Dieu l'a ressuscité des morts, tu seras sauvé. Car en croyant du cœur on parvient à la justice, et en confessant de la bouche on parvient au salut. (Romains 10:9-10)*

Si vous avez sincèrement mis votre confiance en Christ pour votre salut et confessé cette foi devant d'autres personnes, cela signifie que vous êtes maintenant en Christ et totalement accepté par Dieu. Vous n'avez rien pu faire pour obtenir cette grâce. Vous n'avez rien mérité. Cela n'a rien à voir avec tout ce que vous auriez pu faire ou tout ce que vous pourrez faire. Seul Dieu peut vous sauver, vous assurer de son amour éternel et vous amener finalement au ciel. Le salut, du début à la fin, est entièrement lié à la pure grâce de Dieu, et vous le recevez simplement par la foi – rien de plus.

**Le processus du changement**

Peut-être avez-vous eu une rencontre puissante avec Christ, seul, lors d'une réunion d'église ou lors d'un week-end de Rencontre. De telles expériences sont d'une importance vitale dans votre progression dans la vie chrétienne. Elles vous aident à réaliser que Jésus-Christ est réel et qu'il est vivant aujourd'hui. Des rencontres avec le Seigneur peuvent apporter une véritable expérience de libération et de délivrance. Vous réalisez à ce moment-là que ce que Jésus a dit est vrai:

*Si donc le Fils vous affranchit vous serez réellement libres. (Jean 8:36)*

Vous commencez aussi à voir, en ce qui vous concerne, à quel point les paroles de l'apôtre Paul se vérifient:

*Si quelqu'un est en Christ, il est une nouvelle création. Les choses anciennes sont passées, voici toutes choses sont devenues nouvelles. (2 Corinthiens 5:17)*

**Vivre la nouvelle création**

Mais cette vérité n'est pas seulement faite pour être expérimentée dans des temps particuliers avec Christ. Elle s'applique à vous dans votre vie quotidienne aussi longtemps que vous serez en vie. Parce que vous êtes une nouvelle créature en Christ, Dieu veut que vous entriez dans cette vie de nouvelle créature. Il vous appelle à vous débarrasser de vos vieilles conceptions, à vivre et à vous revêtir de la vie nouvelle que Christ vous a donnée. Il s'attend à ce que vous échangiez vos anciennes manières de voir les choses contre une nouvelle manière de penser et à ce que vous vous conduisiez conformément aux caractéristiques de la nouvelle création. Il veut que dans votre quotidien, vous deveniez plus semblable à la nouvelle personne que vous êtes en réalité par votre foi en Christ.

Alors que vous fixez vos yeux sur Christ, le Saint-Esprit est en train de vous transformer de l'intérieur en apportant un changement durable en vous. Vous avez été complètement libéré de vos péchés et de votre vie ancienne au moment où vous avez cru en Christ. Toutefois, devenir comme Jésus dans la pratique prend plus de temps. Par sa grâce, Dieu vous conduit pour que vous deveniez toujours plus comme Jésus, depuis le moment où vous avez cru en lui jusqu'au moment où vous entrerez finalement au ciel où vous serez avec lui pour toujours. La Bible appelle ce processus la « sanctification ».

**Le plan de Dieu pour vous**

La vie chrétienne, c'est plus qu'un simple « ticket pour le ciel ». Il s'agit de la manière dont vous vivez ici sur la terre en tant que disciple de Jésus-Christ. Elle concerne votre marche quotidienne et votre service selon le plan qu'Il a pour votre vie. L'apôtre Paul montre que nous avons été sauvés gratuitement par la grâce de Dieu. Il explique que nous avons reçu cette grâce par la foi, comme le don de Dieu, non par nos propres œuvres ni par nos propres efforts (cf. *Ephésiens 2:8-9*). Mais il continue également par nous montrer le but de notre salut – nous avons été sauvés pour de bonnes œuvres que Dieu a préparées d'avance pour que nous les pratiquions:

*Car c'est par grâce que vous êtes sauvés, par le moyen de la foi. Et cela ne vient pas de vous, c'est le don de Dieu. Ce n'est point par les œuvres, afin que personne ne se glorifie. Car nous sommes son ouvrage, ayant été créés en Jésus-Christ pour de bonnes œuvres, que Dieu a préparées d'avance, afin que nous les pratiquions. (Ephésiens 2:8-10)*

Vivre Libre! Une invitation à vous associer au plan de Dieu pour la transformation d'une vie. Les pages de ce livre vous guideront dans les différentes étapes de ce processus. Il s'agira premièrement de connaître Dieu. Ensuite vous apprendrez à puisez dans sa Parole et son Esprit la force et l'aide dont vous avez besoin pour recevoir une profonde guérison dans votre vie. Ainsi vous découvrirez une liberté authentique et une victoire réelle en Christ et vous verrez son processus de transformation opérer en vous de l'intérieur pour affecter tous les aspects extérieurs de votre vie.

## COURS « VIE TRANSFORMEE »

Vivre Libre! Ce livre est le manuel du cours « Vie transformée » donné à l'église de Kensington Temple (London City Church). Toutefois il vous sera aussi d'une grande utilité si vous l'utilisez pour le travailler à titre personnel. Le cours donné sur une période de 10 semaines est conçu:

- Pour amener les gens à une véritable vie de disciple
- Pour établir une réelle transformation dans la vie quotidienne du disciple
- Comme une introduction à l'école de leaders

Ce cours consiste en trois éléments principaux:

- Des *enseignements hebdomadaires* en relation avec la vie de disciple. Il s'agit d'adopter le nouveau style de vie de Christ.
- Des *groupes de transformation* de vie dirigés par un animateur qui conduira le groupe dans le processus pratique du changement.
- Une *Méditation quotidienne* que la personne entreprend chez elle en tenant un journal de ce qu'elle a vécu dans sa communion avec le Seigneur.

Décrivons ces trois éléments de manière plus détaillée:

**Première partie: 10 THÈMES** – doivent être présentés chaque semaine par un enseignant de la Bible et se trouvent dans ce manuel:

1. **VOTRE VIE DE COMMUNION AVEC DIEU**
   a. Adoration
   b. Prière
   c. Lecture biblique
   d. Marche quotidienne

2. **LA FAMILLE DE DIEU**
   a. La repentance
   b. La foi
   c. Le baptême d'eau
   d. La réception du Saint-Esprit
   e. Appartenir à la famille de Dieu

3. **VOTRE TEMOIGNAGE**
   a. Etre un témoin
   b. Partager votre témoignage
   c. L'évangélisation des trois

4. **UN CHANGEMENT REEL**
   a. Qui vous êtes en Christ
   b. La Seigneurie de Christ
   c. Comment Dieu apporte le changement à votre vie

5. **LE FRUIT DE L'ESPRIT**
   a. La foi et non les œuvres
   b. Le fruit et non l'effort
   c. Le caractère de Christ

6. **LA GUERISON INTERIEURE**
   a. Reconnaître que vous avez mal
   b. Guérir de votre blessure émotionnelle

    c.    La liberté par le pardon

**7. GERER VOS EMOTIONS**
a. Comprendre vos émotions
b. La face cachée de l'iceberg
c. Les pensées, les sentiments et les intentions
d. Identifier les croyances négatives

**8. VRAIMENT LIBRE**
a. La victoire de Christ
b. Libéré des puissances mauvaises
c. Libéré des liens de l'âme
d. Libéré des malédictions
e. Libéré des liens héréditaires

**9. LA VIE REMPLIE DE L'ESPRIT**
a. La puissance d'En-Haut
b. Le Saint-Esprit nous rend capable
c. La puissance qui produit des preuves
d. Etre rempli de l'Esprit

**10. SERVIR DIEU**
a. Porter du fruit
b. La fidélité
c. L'obéissance
d. Le leadership

**Deuxième partie: LA PISTE TRANSFORMATION** – un travail en petit groupe dirigé par un animateur à partir de notes qui se trouvent dans la seconde partie de ce livre.

*Soyez transformés par le renouvellement de l'intelligence (Romains 12:2)*

La « piste transformation » vous conduira dans trois domaines de changement au cours d'un programme qui s'étale sur dix semaines. Elle vous équipera pour que vous puissiez poursuivre ce processus de changement tout en continuant dans votre vie de disciple avec Christ.

Domaines de changement:

1. Développer une vie dévotionnelle qui apporte la joie et l'épanouissement.
2. Découvrir les schémas de pensée négatifs qui sont à la source de manières de vivre négatives et changer ces modèles.

3. Marcher dans la liberté en vous concentrant sur un domaine important de changement. Vous devrez choisir dans la liste des Problèmes de la Vie un aspect que vous avez spécialement besoin de voir changer dans votre vie.

**PROBLEMES DE LA VIE**

1.    Gérer les problèmes émotionnels
   a.    La peur et l'anxiété
   b.    L'amertume et la colère
   c.    La dépression et le désespoir

2.    Régler les problèmes sexuels
   a.    Libération des péchés sexuels
   b.    Vaincre les péchés homosexuels

3.    Les problèmes de mariage et de famille
4.    La libération des liens de l'occultisme
5.    Développer une saine image de soi
6.    Le pardon et la guérison intérieure
7.    Régler les problèmes d'alcool et de drogue
8.    Les problèmes financiers

**Troisième partie: VOTRE JOURNAL SPIRITUEL** – il se fait à la maison mais il est partagé chaque semaine dans les groupes.

Le livre de méditations quotidiennes « Vivre Libre » met à votre disposition un outil pour retranscrire votre voyage spirituel sur une période de quatre mois. Chaque jour il y a :

- Un passage de l'Ecriture à lire
- Une brève explication du passage
- Une pensée clef à méditer
- Une prière à prononcer
- Une étape importante à franchir dans la vie de disciple
- Un endroit où vous pouvez noter vos pensées et les choses que Dieu est en train de vous dire
- Un endroit pour les questions, les domaines à suivre et les choses à faire

Les 120 jours sont divisés en quatre sections qui se concentrent sur les questions suivantes:

1. L'assurance et la bénédiction
2. La direction et la sécurité

3. La puissance et l'autorité
4. L'obéissance et la consécration

## TROUVER JESUS

Apprendre à connaître Jésus-Christ comme votre Sauveur et Seigneur est la chose la plus importante que vous puissiez entreprendre dans votre vie. C'est ce qui déterminera votre destinée éternelle. Jésus a expliqué clairement ce qu'était la vie éternelle et comment nous pouvons l'obtenir.

*Or, la vie éternelle, c'est qu'ils te connaissent, toi, le seul vrai Dieu, et celui que tu as envoyé, Jésus-Christ. (Jean 17:3)*

Il est clair que Jésus parle ici d'une relation personnelle avec Abba, Dieu notre Père. Cette relation est possible par la connaissance de Jésus-Christ en tant que Dieu le Fils et Seigneur de tout.

Jésus a aussi montré clairement que Dieu l'avait envoyé dans le monde afin que le monde puisse être sauvé et qu'il était le seul chemin qui menait à Dieu.

*Jésus lui dit: Je suis le chemin, la vérité et la vie, nul ne vient au Père que par moi. (Jean 14:6)*

Dans la bouche de Jésus cette parole ne pouvait s'expliquer que de trois manières. Soit il faisait preuve d'une prétention sans bornes, soit il se trompait lui-même, soit il disait la vérité. Nous savons que le Père a envoyé le Fils dans le monde pour mourir sur la croix et que Jésus a accepté cette destinée avec joie. Jésus a refusé de se sauver lui-même afin que nous puissions être sauvés.

*Maintenant mon âme est troublée. Et que dirai-je?... Père, délivre-moi de cette heure?... Mais c'est pour cela que je suis venu jusqu'à cette heure. (Jean 12:27)*

La Bible enseigne que lorsque Jésus est mort sur la croix il n'est pas mort pour ses propres péchés mais il est devenu un sacrifice de substitution pour les péchés du monde entier.

*Celui qui n'a point connu le péché, il l'a fait devenir péché pour nous, afin que nous devenions en lui justice de Dieu. (2 Corinthiens 5:21)*

Esaïe le prophète a annoncé cela environ 700 ans avant la naissance de Christ:

*Mais il était blessé pour nos péchés, brisé pour nos iniquités. Le châtiment qui nous donne la paix est tombé sur lui, et c'est par ses meurtrissures que nous sommes guéris. Nous étions tous errants comme des brebis, chacun suivait sa propre voie. Et l'Eternel a fait retomber sur lui l'iniquité de nous tous. (Esaïe 53:5-6)*

Ainsi, par le sacrifice de sa vie, Jésus nous a ouvert le chemin divin du salut et tout ce que nous avons à faire est de nous tourner vers lui et accepter son offre de salut.

*Car Dieu a tant aimé le monde qu'il a donné son Fils unique afin que quiconque croit en lui ne périsse pas mais qu'il ait la vie éternelle. (Jean 3:16)*

Le jugement de Dieu sur votre péché a été réglé à la croix. Ainsi, lorsque vous acceptez ce que Dieu a fait pour vous, vous mettez votre confiance en Christ, et lui seul, pour votre salut.

Si vous voulez recevoir de la part de Dieu son don gratuit du salut et du pardon, priez cette prière de salut et dites ensuite immédiatement à quelqu'un que vous l'avez fait:

« Cher Seigneur Jésus, merci d'être mort sur la croix pour mes péchés et d'être ressuscité des morts afin que je puisse être sauvé. Je reconnais que je suis un pécheur et que j'ai besoin d'être sauvé. Je me détourne de mon péché et de ma vie passée et je me tourne vers toi. Je t'accepte maintenant comme mon Sauveur et mon Seigneur et je reçois le don de la vie éternelle. Merci de devenir mon Sauveur aujourd'hui. Aide-moi à vivre le reste de ma vie pour toi. Amen. »

## MARCHER AVEC JESUS

Marcher avec Jésus correspond à la vraie liberté! C'est lui qui vous libère du désespoir, de tout lien et de toute pensée négative. Sa présence dans votre vie est l'antidote de tous les poisons apportés par la vie. C'est lui qui vous conduit hors des ténèbres pour vous amener dans la lumière de sa liberté.

Il s'agit de la liberté des enfants de Dieu qui connaissent Christ. Il ne s'agit pas simplement d'une bonne nouvelle à propos d'une libération à venir mais d'une liberté à laquelle nous goûtons réellement maintenant. Jésus a expliqué qu'une connaissance purement intellectuelle de l'Evangile n'apporte pas la liberté. Cette dernière se trouve plutôt dans le fait de le connaître personnellement et d'expérimenter sa libération dans votre vécu quotidien.

*Vous connaîtrez la vérité et la vérité vous affranchira. (Jean 8:32)*

Cette liberté en Christ est en rapport avec la découverte de la puissance de Christ qui vous permet de vivre de manière efficace. Et vos pensées sont le principal champ de bataille sur lequel se livre ce combat pour la liberté.

## La libre pensée

Depuis environ 300 ans l'Europe occidentale a été le berceau d'une philosophie humaniste appelée les « Lumières ». Le monde, porteur de cette idée, proclame la liberté aux « captifs ». Mais de quelle sorte de liberté s'agit-il? Ce dont ils nous parlent correspond-il à une libération du péché, de la culpabilité ou s'agit-il d'un affranchissement de l'esclavage des dépendances, du désespoir, de la colère ou de l'injustice? Non! Ils proclament qu'on peut être libéré de Dieu, et non pas libéré par Dieu, c'est à dire qu'ils prétendent que nous pouvons être libérés de ses valeurs, de sa vie et de ses buts.

Incroyable! Réfléchissez-y: les gens croient à partir de ce moment-là que pour être libres, ils doivent être dégagés de l'étreinte du Père et de son amour inconditionnel! Cela nous rappelle la manière de penser du jeune homme décrit par Jésus dans l'histoire du fils prodigue. Il avait rejeté ce qu'il estimait être une vie d'esclavage ennuyeuse dans la ferme de son père pour découvrir qu'après tout, la vie dans la « cité du péché » n'était pas si rose que cela.

Fraîchement sorti de la puanteur et de l'humiliation de l'auge à cochons, il découvrit ce à côté de quoi il était passé depuis toujours, la liberté à la maison. Ironiquement, il était prêt à revenir à la maison à titre de mercenaire, la chose même qu'il avait cru fuir en partant de chez lui! Mais il devint un fils affranchi, et non pas un esclave enchaîné!

C'est le moment pour tous les fils prodigues de retourner à la maison et découvrir la liberté qui existe dans la maison du Père. Ils y trouveront les bras ouverts de l'amour et de l'acceptation de Dieu qui a payé un prix élevé pour établir cette relation avec ses fils et ses filles et obtenir la liberté dont nous pouvons tous jouir.

## La liberté émotionnelle

La liberté émotionnelle commence lorsque nous arrêtons de nous élever au-dessus de Dieu dans nos pensées. Nous avons tous cru à un mensonge qui plaisait à notre nature, à savoir que la vie peut très bien marcher sans Dieu. Cette tragique méprise nous a placés sous une malédiction qu'il nous faut maintenant renverser si nous voulons marcher dans la vraie liberté.

Cette tromperie est à la racine de tout le péché qui existe dans le monde. Eve est tombée dans le panneau à pieds joints. Jouée par la rouerie de la nature de serpent de Satan, elle crut que rejeter la voie de Dieu lui apporterait la « sagesse » qui lui manquait. Adam a lui aussi rejeté la vérité de Dieu et a suivi son propre chemin de telle manière que la race humaine toute entière est tombée dans le péché.

Le péché s'est installé dans la race humaine en apportant son fruit amer: la honte, le rejet, la solitude et l'isolement. Sa violence ne tarda pas à se manifester alors que la haine, le meurtre et le sang versé établissaient leur emprise sur l'humanité. Nous sommes tous héritiers du même mensonge qui nous aveugle. La racine de notre rébellion consiste à croire que notre vie peut réussir sans Dieu et que nous pouvons trouver l'épanouissement et la satisfaction en dehors de lui. Il semble que le poison de Satan coule toujours encore dans les veines de la descendance de l'homme. Plutôt que la liberté, le péché a apporté l'esclavage, la corruption et la mort. Et qu'est-il arrivé au rêve promis? Il s'est avéré une utopie. En fait, le paradis fut perdu jusqu'à ce que Jésus vienne régler le problème du péché. C'est la raison pour laquelle nous avons besoin d'être lavés et purifiés par le sang de Jésus. Il était le seul être humain, qui, étant Dieu autant qu'homme, a vécu en s'opposant à ce mensonge. Lorsque Jésus est venu, il a brisé ce cercle vicieux de désespoir en prenant la victoire sur le péché, l'enfer et le tombeau!

**Secouer les chaînes brisées**

La liberté que nous avons en Christ est une libération des dommages que le péché nous a causés. Jésus est venu pour défaire ce que l'ennemi a fait en nous! Cela signifie tout ce qu'il a causé, depuis les émotions négatives, la peur, la colère, jusqu'au désespoir. En d'autres termes, nous sommes libérés des habitudes qui nous rendent esclaves, des liens déshumanisants de la dépendance sexuelle, du tourment mental, de la colère, la haine et de toutes les autres manières autodestructrices de penser et de vivre.

Par la foi, nous sommes nés dans la liberté qui vient de la grâce de Dieu. Cette liberté est votre droit de naissance en tant que croyant en Jésus mais vous n'en jouissez pas automatiquement. Vous devez comprendre auparavant que cette liberté est bien la vôtre et choisir activement de marcher dans la liberté qu'Il vous a donnée.

Il y a une illustration bien connue du prisonnier qui regarde par les barreaux de sa petite fenêtre de cellule, désirant ardemment la liberté. Mais ce qu'il ne voit pas, c'est que derrière lui, les portes de la prison sont ouvertes. Il est libre! Tout ce qu'il lui reste à faire, c'est de changer de perspective, de comprendre qu'il lui suffit de se lever, de se retourner et de sortir tout droit de sa prison. Mais il ignore sa position et son état réels.

Tant de chrétiens aujourd'hui ressemblent à cet homme. Nous désirons ardemment être libérés de nos liens, mais nous ne savons pas comment nous y prendre. Nous ne savons pas que tout ce que nous avons à faire consiste à secouer les chaînes qui semblent nous lier, faire un demi tour sur nous-mêmes et sortir de l'esclavage, déliés et libres! Juste une secousse et nous découvrons que nos chaînes sont déjà brisées! Christ nous a délivrés et nous pouvons sortir libre. Nous pouvons vivre libres!

**La plénitude spirituelle et émotionnelle**

Dieu veut que nous soyons épanouis sur le plan spirituel et émotionnel. Cette liberté est nôtre en Christ. Certains spiritualisent cette liberté. Ils pensent que nos péchés sont pardonnés sur la terre et que nous devons attendre le ciel pour obtenir la plénitude. Or Jésus a engagé un processus dans nos vies qui ne sera achevé qu'au ciel mais qui néanmoins nous apporte la liberté dans cette vie présente.

Vous pouvez vous engager sur ce chemin de victoire et marcher sur le chemin de la liberté. Le but du Saint-Esprit pour vous est que vous le rencontriez d'une manière puissante qui transforme votre vie. Ainsi vous pourrez découvrir sa liberté à chaque étape que vous franchirez dans votre marche avec Christ. En recevant l'amour du Père, en vous repentant du péché dans votre vie et en expérimentant la délivrance de tout lien, vous trouverez la joie d'une liberté authentique qui vous appartient de plein droit en tant qu'enfant de Dieu.

C'est de cette manière que vous pourrez grandir et devenir des disciples matures de Christ. Vous serez alors équipés et prêts à le servir dans la grande mission qu'il nous a confiée, aujourd'hui et pour le reste de votre vie sur cette terre.

PREMIÈRE PARTIE
# 10 THÈMES

THÈME 1

# VOTRE VIE DE COMMUNION AVEC DIEU

Dieu vous a appelé à une relation intime et personnelle avec lui. Il est prêt à se révéler à vous, à vous remplir de sa vie et de son amour et à satisfaire les désirs les plus profonds de votre cœur.

Un grand leader dans l'histoire de l'église a dit: « Notre cœur est agité au dedans de nous jusqu'à ce qu'il se repose en toi. » L'adoration consiste à connaître Dieu profondément et le reconnaître pour qui il est. Cette connaissance nous apporte l'expérience suprême de la vie.

*Après avoir ainsi parlé, Jésus leva les yeux au ciel et dit: Père, l'heure est venue! Glorifie ton Fils, afin que ton Fils te glorifie, selon que tu lui as donné pouvoir sur toute chair, afin qu'il accorde la vie éternelle à tous ceux que tu lui as donnés. Or, la vie éternelle, c'est qu'ils te connaissent, toi le seul vrai Dieu, et celui que tu as envoyé, Jésus-Christ. (Jean 17:1-3)*

**Connaître Dieu et trouver en lui notre joie**

Jésus a vécu seulement pour la gloire de Abba, Dieu le Père. C'était toute la motivation de sa vie. C'est la raison pour laquelle il est venu, c'est pour cela qu'il a vécu et c'est pour cela qu'il est mort. Jésus, étant le Fils de Dieu, est digne de recevoir une gloire égale à celle du Père. Mais il est venu sur cette terre et a vécu une vie modèle. Jésus nous a donné le modèle d'une vie vécue pour la gloire de Dieu. L'adoration en esprit et en vérité ainsi que l'expérience de la vie éternelle nous apprennent à suivre son exemple.

Cette vie apporte une joie profonde et toute la plénitude pour lesquelles nous avons été créés. Certains enseignants de la Bible l'ont exprimé un jour de la manière qui suit. Ils ont posé la question: « Quel est le but principal de la vie de l'homme? » et ils ont donné la réponse suivante: « Le but principal de la vie de l'homme est de glorifier Dieu et de trouver en lui son bonheur éternel ».

En anglais, adorer signifie reconnaître la valeur de quelqu'un ou de quelque chose. Nous pouvons apprécier beaucoup de bonnes choses dans la vie, nos amis, notre famille, les dons et les talents que nous avons ou que nous voyons chez les autres. Mais ces choses sont les dons précieux de la grâce de Dieu, qui « donne avec abondance toutes choses pour que nous en jouissions. » (*1 Timothée 6:17*). Lorsque nous recevons ces choses comme provenant de Dieu qui est la source de toutes bonnes choses et celui qui nous les donne, il est tout naturel de lui retourner nos remerciements et notre appréciation. De cette manière nous reconnaissons ce qui est juste et vrai et nous nous conformons au but de notre humanité, qui est de vivre avec Dieu dans une relation d'amour et de reconnaissance.

**Le Père cherche des adorateurs**

Jésus a parlé de la vraie adoration. Dans l'adoration nous reconnaissons Dieu pour qui il est. Nous voyons sa dignité réelle qui est associée à la gloire de Dieu, c'est à dire au « poids » de sa valeur et à la réalité de sa présence. Lorsque nous reconnaissons Dieu pour qui il est nous lui donnons gloire. En d'autres termes, nous nous conformons à la réalité ultime de l'univers, le Dieu vivant, aimant, donnant et pardonnant qui est le Créateur, celui qui soutient toutes choses, le Seigneur, Maître et Juste Juge de toutes choses, les visibles (le monde physique) et les invisibles (le monde spirituel).

C'est la raison pour laquelle Dieu recherche des adorateurs et nous demande de l'adorer en esprit et en vérité.

*Mais l'heure vient, et elle est déjà venue, où les vrais adorateurs adoreront le Père en esprit et en vérité; car ce sont là les adorateurs que le Père demande. Dieu est Esprit, et il faut que ceux qui l'adorent, l'adorent en esprit et en vérité. (Jean 4:23-24)*

**Adorer en Esprit en en vérité**

Dans le texte original, le mot « rechercher » peut signifier « poursuivre activement » ou « désirer ». Mais il peut aussi avoir le sens de « chercher à obtenir » et il est parfois traduit par « demander ». Dieu s'attend à notre adoration, non pour lui-même, mais pour notre avantage. Il n'est pas insécurisé par rapport à sa propre identité, comme s'il avait besoin que les gens le louent tout le temps! Il veut que nous l'adorions parce qu'il est Dieu et qu'en l'adorant nous nous conformions à lui – la réalité ultime de l'univers. Cette réalité ultime n'est pas la matière ni l'énergie ni les lois naturelles, mais Dieu, le Dieu personnel, qui s'est révélé lui-même dans la création, la Bible (la Parole écrite) et de manière suprême en Christ (la Parole personnelle).

Jésus explique aussi que Dieu ne recherche pas l'adoration pour elle-même, mais qu'il cherche des adorateurs, ceux qui l'adorent en esprit et en vérité. Il s'agit avant tout d'avoir une relation profonde et significative avec Dieu. Cette sorte d'adoration est spirituelle, c'est à dire qu'elle relève de la fonction de notre esprit humain lorsqu'il est activé, rempli et motivé par le Saint-Esprit. La spiritualité ne correspond pas seulement à des valeurs morales, esthétiques ou à des expériences mystiques. Elle n'a rien de commun avec des pratiques religieuses superficielles ou des conceptions humaines du divin. La spiritualité signifie adorer Dieu de tout notre être selon sa volonté révélée (la Bible) et par la puissance du Saint-Esprit en nous.

Mais l'adoration véritable consiste aussi à être soi-même. Dans la Bible, Dieu parle à maintes reprises de ceux dont l'adoration n'est rien de plus qu'un faux-semblant religieux. La vraie adoration vient de notre cœur et ne correspond pas à l'adoration condamnée par les passages suivants des Ecritures:

*Quand ce peuple s'approche de moi, il m'honore de la bouche et des lèvres mais son cœur est éloigné de moi et la crainte qu'il a de moi n'est qu'un précepte de tradition humaine (Esaïe 29:13)*

*Maintenant encore, dit l'Eternel, revenez à moi de tout votre cœur, avec des jeûnes, avec des pleurs et des lamentations! Déchirez vos cœurs et non vos vêtements, et revenez à l'Eternel votre Dieu. Car il est compatissant et miséricordieux, lent à la colère et riche en bonté, et il se repent des maux qu'il envoie. (Joël 2:12-13)*

*Vous me chercherez et vous me trouverez, si vous me cherchez de tout votre cœur. (Jérémie 29:13)*

*Jésus lui répondit: Tu aimeras le Seigneur ton Dieu de tout ton cœur, de toute ton âme et de toute ta pensée. C'est le premier et le plus grand commandement. Et voici le second, qui lui est semblable: tu aimeras ton prochain comme toi-même. De ces deux commandements dépendent toute la loi et les prophètes. (Matthieu 22:37-40)*

## Parler à Dieu dans la prière

Un aspect important de notre vie dévotionnelle est la prière que nous adressons à Dieu. Il ne s'agit pas d'une affaire compliquée. Vous n'êtes pas obligé d'emprunter une voix onctueuse ou un vocabulaire spécialement religieux pour attirer l'attention de Dieu. La prière consiste simplement à parler à Dieu, à avoir une conversation avec lui. Rappelez-vous qu'une conversation est à double sens. Aussi soyez prêt à écouter ce que Dieu est en train de vous dire autant qu'à lui dire ce qui est sur votre cœur.

*Ne vous inquiétez de rien, priez plutôt au sujet de tout. Dites à Dieu quel est votre besoin, et remerciez-le pour tout ce qu'il a fait. (Philippiens 4:6 selon la traduction anglaise New Living)*

Il y a beaucoup de choses que vous pouvez désirer dire à Dieu. Vous pouvez lui partager vos joies, vos peines, vos espérances et vos rêves. Vous pouvez avoir besoin lui parler de vos péchés et de vos faiblesses, lui demandant son aide et son pardon. Mais vous devez aussi être prêt à lui partager vos besoins. Il vous est permis de demander. Il veut que vous lui demandiez.

*Jusqu'à présent vous n'avez rien demandé en mon nom. Demandez et vous recevrez, afin que votre joie soit parfaite. (Jean 16:24)*

**L'intercession**

Il y a plusieurs manières de prier, mais l'intercession est un type de prière particulièrement important. Cette prière consiste à se tenir devant Dieu et plaider pour la cause de quelqu'un d'autre. Vous devenez comme un avocat dans la cour de justice du ciel. Vous demandez à Dieu d'intervenir en faveur des besoins d'autres personnes.

Dieu cherche des intercesseurs qui se préoccuperont des besoins du monde, de nations et de localités. Dieu veut que vous lui apportiez les besoins de votre famille, de vos amis et de vos collègues. Il est particulièrement important de prier régulièrement pour vos leaders spirituels afin que Dieu les garde et les utilise puissamment.

Il est aussi d'une importance capitale de prier pour ceux qui ne connaissent pas encore Jésus comme Sauveur et Seigneur. C'est souvent les prières d'êtres aimés ou de collègues proches qui amènent les gens au Seigneur. Commencez dès maintenant à prier pour une liste d'amis, membres de famille ou autres personnes proches de vous. Demandez à Dieu de se révéler à eux afin qu'ils mettent leur foi en Christ.

**La Bible**

La Bible est un livre étonnant. Elle est composée de 66 livres écrits sur une période de 1600 ans par 40 auteurs différents. Et pourtant tous ces écrits parlent d'une seule voix, celle de Dieu. L'auteur suprême de la Bible n'est pas humain, il s'agit de Dieu. C'est pourquoi nous l'appelons la Parole de Dieu. Ceux qui ont écrit la Bible étaient tellement divinement inspirés que ce qu'ils ont écrit était exactement ce que Dieu avait l'intention qu'ils écrivent. Dieu voulait en effet qu'ils transcrivent sa Parole pour nous de manière complète. Vous pouvez voir comment la Bible se décrit elle-même dans les versets suivants:

*Sachant tout d'abord vous-mêmes qu'aucune prophétie de l'Ecriture ne peut être un objet d'interprétation particulière, car ce n'est pas par une volonté d'homme qu'une prophétie a jamais été apportée, mais c'est poussés par le Saint-Esprit que des hommes ont parlé de la part de Dieu. (2 Pierre 1:20-21)*

*Dès ton enfance, tu connais les saintes lettres, qui peuvent te rendre sage à salut par la foi en Jésus-Christ. Toute Ecriture est inspirée de Dieu, et utile pour enseigner, pour convaincre, pour corriger, pour instruire dans la justice (2 Timothée 3:15-16)*

En fin de compte, il faut un acte de foi pour croire que la Bible est la Parole de Dieu. Mais il ne s'agit pas pour autant d'une foi aveugle. Il y a beaucoup de raisons de croire que ce que la Bible dit au sujet d'elle-même est vrai. Elle parle avec une exactitude historique et archéologique. Elle contient des milliers de prophéties qui se sont réalisées à la lettre. Elle possède un sceau d'autorité et reflète une unité de pensée qui ne se retrouvent dans aucun autre livre se proclamant sacré ou divin.

Le test suprême de la Bible est de savoir si son enseignement est vrai et efficace dans la vie des gens. A travers l'histoire, la vie d'un nombre incalculable de personnes, petits et grands, riches et pauvres, instruits ou sans éducation, des gens de toutes nationalités, cultures et conditions ont vu leur vie être transformée par la lecture de la Bible et l'application de son enseignement.

La Bible est également le manuel de Dieu pour notre vie et notre quotidien. Elle nous dit l'essentiel sur les sujets les plus importants. Elle nous apprend comment trouver Dieu, comment être sauvé et vivre une vie sainte et efficace pour Dieu. *2 Timothée 3:15-16* vous montre comment apporter le changement dans votre vie en quatre étapes qui vous permettront de mettre l'enseignement de la Bible en pratique:

La Bible vous donne:

- *L'enseignement* – les standards divins ou ses instructions concernant ce qui est juste et faux,
- *Le reproche* – là où nous faisons fausse route, les choses que nous devons changer, en commençant par faire confiance à Christ et lui seul pour notre salut et notre sainteté,
- *La correction* – comment nous pouvons remettre ces choses en place dans chaque détail pratique de notre vie de tous les jours
- *La formation ou l'instruction dans la justice* – comment nous pouvons établir de bonnes habitudes et des manières de penser justes et nous conduire de telle manière que les voies de Dieu correspondent peu à peu à notre style de vie.

**Une marche quotidienne**

C'est la raison pour laquelle la Bible n'est pas seulement de la littérature qui est mise à notre disposition ou de bonnes idées auxquelles on peut réfléchir. Elle contient des instructions pratiques et puissantes pour notre vie de tous les jours. Vous trouverez en elle la sagesse dont vous avez besoin pour régler toutes vos situations personnelles. Les principes bibliques peuvent gouverner votre vie même lorsque des questions particulières ne sont pas spécifiquement mentionnées dans la Bible. Par exemple, même si la Bible ne mentionne pas des problèmes spécifiques tels que l'avortement, les troubles du comportement alimentaire ou d'autres difficultés liées à l'éthique médicale moderne ou la science, les principes sous-jacents de la Bible nous donneront les indications qui nous sont nécessaires. Ainsi nous pourrons nous informer et prendre des décisions dans des domaines pratiques de nos vies. Et ces décisions seront basées sur la Bible.

Cela signifie que la Bible est le guide de notre vie quotidienne et que nous sommes appelés à vivre selon ses révélations en obéissant à ses commandements. La Parole de Dieu nous procure la lumière, la vie, la force, la sagesse et l'autorité pour prendre des décisions claires sur la manière dont nous devons vivre et glorifier Dieu.

**Votre vie de communion avec Dieu au quotidien**

Il est important de développer une discipline de vie de communion avec Dieu quotidienne. Essayez, si vous le pouvez, de commencer et finir chacune de vos journées avec Dieu. Apprenez à adorer Dieu en vivant à fond pour lui. Adorez Dieu régulièrement avec d'autres croyants. Entrez profondément dans les temps d'adoration collective dans votre réunion de cellule ou les cultes de l'église. Mais il est aussi très important que vous développiez votre propre pratique de l'adoration quotidienne, de la prière et de la lecture de la Bible. Assurez- vous que ces habitudes soient le fruit d'une joie profonde d'être avec le Seigneur. Votre adoration et votre amour pour lui est une réponse à son amour et sa grâce.

- Mettez à part un temps régulier pour Dieu, chaque jour. Il n'est pas nécessaire qu'il s'agisse d'un temps très long mais assurez-vous qu'il s'agisse d'un temps de qualité. En d'autres termes, maintenez la fraîcheur, faites-en un temps agréable et passionnant. Dieu hait les pratiques religieuses!
- Commencez par un temps d'adoration pour vous concentrer sur sa bonté et son amour. Recevez une nouvelle révélation de sa grâce chaque fois que vous vous approchez de lui. Vous pouvez mettre un CD de louange ou d'adoration ou penser à une chose particulière pour laquelle vous pouvez remercier Dieu et le louer. Rappelez-vous que l'adoration est toute expression d'appréciation de la valeur de Dieu. La louange est une déclaration de qui est Dieu et de ce qu'il a fait. Et la reconnaissance consiste à remercier Dieu personnellement. Elle correspond à une expression de notre gratitude envers lui pour quelque chose de précis.

- Passez ensuite du temps à parler à Dieu dans la prière. Soyez spécifique en ce qui concerne vos besoins et les besoins des autres. Croyez qu'il entend vos prières et remerciez-le à l'avance pour ses réponses. Dieu entend et répond toujours à la prière faite au nom de Jésus et selon sa volonté. Alors n'essayez pas de le persuader de faire votre volonté. Priez plutôt selon la volonté de Dieu telle qu'elle est révélée dans la Bible et selon la direction du Saint-Esprit.
- Le Notre Père nous donne un cadre utile à la prière quotidienne et toute cette prière se concentre sur les choses qui s'accordent avec la volonté de Dieu: « Que ton règne vienne, que ta volonté s'accomplisse sur la terre comme au ciel. » Vous pouvez lui demander de répondre à vos besoins de tous les jours, de vous donner la force de vaincre l'ennemi et la grâce de vivre dans le pardon. Quand vous priez, abandonnez-vous à lui et confiez-vous en lui afin qu'il gouverne vos circonstances par sa puissance et sa gloire.
- Vous pouvez passer du temps à lire la Bible. Il est important de choisir une version de la Bible qui vous convienne. L'Ancien Testament a été écrit à l'origine en hébreu et le Nouveau Testament en grec mais il y a beaucoup de traductions excellentes parmi lesquelles vous pouvez faire votre choix. La version « Colombe » est une révision sérieuse et proche de la Bible plus formelle Louis Segond. Vous pouvez aussi utiliser la Bible en Français Courant, (très bien traduite et facile à comprendre), en Français fondamental ou la Bible du Semeur. A vous de choisir!
- Dans cette prière et lecture de la Bible quotidiennes il est bon de prendre note de ce que Dieu vous dit, les paroles de vie qu'il vous confie dans la prière et par sa Parole. Vous pouvez découvrir comment tenir ce journal spirituel dans les *Méditations Quotidiennes Vivre Libre*.

THÈME 2

# LA FAMILLE DE DIEU

La vie chrétienne n'est pas faite pour être vécue dans l'isolement. Dieu vous a appelés à faire partie de sa famille. C'est la communauté de tous ceux qui sont connectés spirituellement en Christ. C'est la famille d'Abba, Dieu, notre Père.

A cause de cela, je fléchis les genoux devant le Père, duquel tire son nom toute famille dans les cieux et sur la terre (*Ephésiens 3:14-15*).

A partir du moment où nous croyons en Jésus-Christ, nous sommes inclus dans la famille de Dieu. Abba, Dieu, est notre Père et le Père de tous ceux qui croient en Jésus et cela fait de nous une seule famille. Tous les croyants sont nos frères et sœurs, quels que soient leur race, leur âge, leur condition sociale ou leur nationalité. La famille de Dieu est appelée l'Eglise de Jésus-Christ qui est aussi le Corps de Christ, son corps.

*Il a tout mis sous ses pieds, et il l'a donné pour chef suprême à l'Eglise, qui est son corps, la plénitude de celui qui remplit tout en tous. (Ephésiens 1:22)*

Il y a officiellement plus de 6000 dénominations d'églises dans le monde. Mais en dépit de cette multiplicité, il n'y a qu'une seule vraie Eglise de Jésus-Christ formée de tous les vrais croyants. Ce corps est composé de toutes les diverses traditions d'églises, dénominations ou courants et Jésus-Christ en est la tête.

Le Corps de Christ est universel, mais il s'exprime de multiples manières sous forme « d'églises » ou « communautés ». Les chrétiens sont appelés à devenir les membres engagés d'une expression particulière du corps de Christ. Ils sont destinés à vivre et servir Christ ensemble en tant que membres de la famille de Dieu dans cette assemblée ou ce rassemblement spécifiques.

Pour qu'une église soit réellement une église et fonctionne effectivement en tant que Corps de Christ, elle doit se distinguer par:

- Des membres
- Des leaders
- Des responsabilités
- Des partenaires.

**Des membres**

Cela signifie que chaque église a des membres qui s'engagent. Ce sont ceux qui sont appelés à faire partie de ce corps. Leur engagement consiste à aimer Dieu et à édifier, encourager et construire leurs frères et sœurs respectifs. Il s'agit d'un appel à vie à servir Dieu ensemble. Chaque membre est appelé à atteindre les perdus, les gagner à Christ et à les conduire à une vie de disciple en tant que nouveaux croyants dans la communauté de l'église.

**Des leaders**

Dieu a placé dans le corps ceux qui ont des dons de leader. Les principaux dons sont: apôtres, prophètes, évangélistes, pasteurs et enseignants (*Ephésiens 4:11*). Ces dons sont organisés en un corps d'anciens qui sont assistés par ce que la Bible appelle des diacres. Ces derniers sont désignés pour travailler dans des domaines particuliers de service pratique dans l'église. Les leaders sont appelés à former et équiper les membres du corps de Christ afin que les membres puissent faire l'œuvre du ministère de Jésus (*Ephésiens 4:12*).

**Des responsabilités**

Il s'agit du rôle ou du cahier des charges que Jésus, la tête de l'église, nous a confié. La description la plus complète de ces responsabilités se trouve à la fin de l'Evangile de Matthieu:

*Jésus, s'étant approché, leur parla ainsi: Tout pouvoir m'a été donné dans le ciel et sur la terre. Allez, faites de toutes les nations des disciples, les baptisant au nom du Père, du Fils et du Saint-Esprit, et enseignez-leur à observer tout ce que je vous ai prescrit. Et voici, je suis avec vous tous les jours, jusqu'à la fin du monde. (Matthieu 28:18-20)*

Ce grand ordre missionnaire doit devenir le but ultime de notre vie individuelle, et la grande priorité, la préoccupation première de notre église.

## Des partenaires

Les églises font souvent l'erreur de s'isoler des autres corps de croyants en essayant de faire « cavalier seul ». Mais vous ne pouvez pas avoir une église indépendante, pas plus qu'un pied ou une main peuvent être indépendants. Coupées des autres expressions du corps de Christ, les églises deviennent insulaires, bornées et introverties. Nous ne pourrons jamais achever toute la tâche que Christ nous a appelés à faire tant que les églises seront divisées et fragmentées par rapport aux autres expressions du Corps de Christ.

Nous participons ensemble à la vie de Christ et c'est la raison pour laquelle notre communion s'étend à tous ceux qui font aussi partie de Christ, qui est le vrai cep.

*Je suis le cep, vous êtes les sarments. Celui qui demeure en moi et en qui je demeure porte beaucoup de fruit, car sans moi vous ne pouvez rien faire. (Jean 15:5)*

Par exemple, notre église Kensington Temple n'est pas un groupe isolé ou sans connexions. Nous faisons partie des Eglises Pentecôtistes d'Elim du Royaume Uni. Elim fait partie du mouvement pentecôtiste qui, à son tour, fait partie du mouvement plus large des Evangéliques. Mais nous sommes uns avec toutes les autres expressions ou dénominations qui acceptent le témoignage de Jésus-Christ et marchent en accord avec lui.

## « London City Church »

En tant qu'église, nous sommes aussi organisés en un regroupement à l'échelle de la ville nommé « London City Church » (Eglise ville de Londres). Il s'agit d'une expression apostolique de l'église touchant Londres et les nations pour Christ.

La « London City Church » est composée d'églises, de communautés et cellules qui fonctionnent en réseau dans Londres et s'unissent ensemble comme un seul corps pour accomplir la vision que Dieu nous a donnée.

## Exprimer notre communion dans l'église

Il y a plusieurs manières dont nous exprimons notre communion à Kensington Temple, London City Church.

## Les cellules

Il s'agit de petits groupes de gens engagés à travailler ensemble pour s'encourager les uns les autres à vivre comme disciples de Christ et pour atteindre les perdus pour Christ. Il est attendu de chaque membre qu'il participe activement à la vie de la cellule.

Les cellules sont une bénédiction parce que c'est à ce niveau que les groupes de compagnons sont formés, qu'une profonde communion est forgée. C'est aussi là que nous sommes formés et équipés pour remplir l'appel de notre vie à servir Christ.

**Les congrégations**

Il s'agit de rassemblements de groupes plus importants en nombre qui se tiennent régulièrement pour établir un témoignage plus fort et servir la société plus efficacement. Ils sont composés par des groupes de cellules lorsque le leader d'une certaine génération de cellules les appelle à se rassembler pour un temps de formation, la prière, la communion ou l'évangélisation. Nous avons aussi implanté des congrégations dans la ville de Londres pour qu'il existe une expression hebdomadaire de ce niveau d'église. Nous appelons ces rassemblements des « églises satellites ».

**Les célébrations**

Nous rassemblons régulièrement les membres de l'église ville de Londres (London City Church) dans un lieu plus vaste. Le but de ces célébrations est de célébrer Christ à une plus grande échelle, célébrer sa victoire, livrer le combat spirituel et expérimenter une effusion puissante du Saint-Esprit. Parfois ces célébrations prennent la forme d'une convocation. Il s'agit alors d'appeler toute l'église à se rassembler pour recevoir un message spécial ou un revêtement de puissance particulier du Seigneur. Le but est aussi d'exercer une forte influence dans la société qui nous entoure.

**Faire partie de la famille de Dieu**

Devenir membre de la famille de Dieu est un processus qui nous conduit par la porte du salut dans la vie de son royaume, c'est-à-dire de son règne sur nos coeurs. Nous nous identifions avec la communauté du royaume (l'église) et nous y découvrons une vie de liberté et de victoire. Il s'agit d'un chemin étroit de renoncement à soi qui peut comprendre le rejet et la persécution de la part du monde, mais qui conduit aussi à une vie abondante et une joie sans limites.

Il y a cinq aspects qui ressortent de ce processus conduisant à devenir membre de la famille de Dieu:

- la repentance
- la foi

- le baptême d'eau
- le baptême du Saint-Esprit
- se joindre à la famille de Dieu.

Il est évident qu'au moment où vous êtes sauvé, vous appartenez à Jésus et à son corps, l'église. Mais cela doit se traduire de manière pratique et significative en vivant et en partageant votre vie avec le peuple de Dieu. Le processus commence avec un changement d'attitude et conduit à un abandon complet entre les mains de Dieu pour que ses buts se réalisent dans votre vie.

**La repentance**

Se « repentir » signifie changer de manière de penser, mais pas seulement intellectuellement. Il s'agit d'un réajustement complet de votre vie. Cela veut dire que vous avez fait un demi- tour complet sur vous-même. Il s'agit d'un retournement complet dans votre cœur et vos pensées conduisant à un bouleversement total de votre vie. Vous réalisez que vous êtes allé dans la mauvaise direction, que vous vous êtes éloigné de Dieu. Maintenant, vous voyez cette erreur, vous faites demi-tour et vous courez vers le Seigneur.

La repentance ne signifie pas d'abord un changement de conduite, même si ce changement de conduite est un commandement de la vie chrétienne. Dieu nous donne, en effet, l'ordre d'arrêter de suivre notre propre chemin et de commencer à suivre le sien. Mais la repentance est essentiellement un changement de cœur.

C'est là que commence la vie chrétienne. Plaire à Dieu signifie lui obéir à partir de notre cœur. Dieu ne s'intéresse pas à une conformité extérieure ou à une simple bonne conduite. Il veut nos cœurs. Tout changement qui honore vraiment Dieu vient du cœur. La vraie réponse à l'évangile consiste à se tourner vers Dieu en dépendant complètement de lui pour notre salut total. C'est là la vraie obéissance de l'évangile.

Il ne peut y avoir de salut sans repentance. Nous devons accepter avec notre cœur que nous sommes loin de Dieu et que nous devons revenir à lui. Sinon nous sommes perdus pour toujours. Mais c'est aussi la raison pour laquelle la repentance n'est pas, au premier chef, un changement de conduite. Dieu ne nous dit pas: « change de vie et de conduite, et ensuite je t'accepterai. » Non, Dieu nous accepte tels que nous sommes, au moment où nous nous tournons vers lui. Nous changeons de vie parce que nous avons été acceptés par Dieu et non pour qu'il nous accepte.

La femme prise en flagrant délit d'adultère a été acceptée par Christ au moment où elle a regardé à lui (*Jean 8:1-11*). Il a dit: « Je ne te condamne pas non plus. » Mais il l'a immédiatement appelée à une vie nouvelle de sainteté: « Va, et ne pèche plus. »

Nous commençons par comprendre que Jésus nous aime et nous accepte exactement comme nous sommes. Cet amour nous transforme de l'intérieur et nous commençons à suivre le chemin de Dieu en lui obéissant avec notre cœur. Dieu n'est pas à la recherche d'un changement de comportement mais d'une vraie transformation du cœur.

Jésus nous aime tellement qu'il nous libère de la puissance du péché à l'œuvre au fond de nous. Nous découvrons combien il a de la haine pour le péché et à quel point ce péché est une offense pour Abba, Dieu. Nous commençons à ressentir une douleur profonde d'avoir péché contre lui, notamment du fait que nous l'avons maintenu en dehors de notre vie pendant si longtemps. Nous commençons aussi à voir ce que nos péchés ont infligé à Jésus lors de sa Passion. Ses souffrances et sa mort sur la croix étaient le prix qu'il a payé avec joie pour devenir celui qui a porté nos péchés et qui nous a libérés. La croix nous montre la nature profondément pécheresse et offensante de notre péché, mais plus que tout cela, elle nous montre l'amour et la grâce de Dieu. Cela transforme notre douleur en joie.

Jésus a porté volontairement tous nos péchés et toutes nos offenses sur la croix. Nous voyons tous nos péchés cloués sur la croix et nous réalisons que nous n'avons plus à les porter. Nous laissons tout derrière nous à la croix et nous commençons à suivre Christ avec joie, pleins de reconnaissance et d'amour en sachant qu'il a pardonné tous nos péchés. Cette révélation nous conduit à un changement de vie radical. Une fois que nous avons contemplé la croix et la grâce de Dieu nous n'avons plus le moindre désir de tolérer le péché dans notre vie. Nous vivons d'une manière qui lui plait vraiment. Le Saint-Esprit nous aide en nous montrant l'amour du Père et nous enseigne à l'aimer parce qu'il nous a aimés le premier. Nous ne dépendons pas de notre obéissance et de nos efforts pour lui plaire. Plutôt que cela, nous faisons confiance à son amour infaillible et nous sommes changés de gloire en gloire, par le Saint-Esprit à l'œuvre dans nos cœurs.

*Nous tous dont le visage découvert reflète la gloire du Seigneur, nous sommes transformés en la même image, de gloire en gloire, par l'Esprit du Seigneur. (2 Corinthiens 3:18)*

## La foi

La repentance et la foi, le fait de croire en Jésus, sont les deux faces d'une même médaille. Jésus les considère ainsi comme nous le voyons dans les premières paroles qui nous sont rapportées de son ministère public en Galilée:

## LA FAMILLE DE DIEU

*Après que Jean eut été livré, Jésus alla dans la Galilée, prêchant l'Evangile de Dieu. Il disait: Le temps est accompli, et le royaume de Dieu est proche. Repentez-vous, et croyez à la bonne nouvelle. (Marc 1:14-15)*

La foi consiste à mettre votre confiance en Jésus-Christ. Cela signifie se confier en lui et en lui seul pour votre salut. La seule réponse possible à la pure grâce c'est la foi simple. C'est comme ouvrir nos mains pour recevoir un cadeau gratuit. La foi reconnaît qui est Jésus: le Christ, le Fils du Dieu vivant (*Matthieu 16:16*). Cela signifie aussi que vous dépendez de lui pour qu'il soit votre Sauveur. De cette manière, les bénéfices du salut que Jésus a accompli sur la croix deviennent vôtres. Ils deviennent réels pour vous et font désormais partie de votre expérience personnelle. Ils vous donnent une révélation de votre position imprenable en Christ. C'est de cette manière que vous êtes sauvé. Paul, l'apôtre, explique ce que signifie croire avec votre cœur:

*Si tu confesses de ta bouche le Seigneur Jésus, et si tu crois dans ton cœur que Dieu l'a ressuscité des morts, tu seras sauvé. Car c'est en croyant du cœur qu'on parvient à la justice, et c'est en confessant de la bouche qu'on parvient au salut (Romains 10:9-10)*

Lorsque Jésus est mort sur la croix, il a poussé un cri de victoire triomphante : « Tout est accompli! » (*Jean 19:30*). A ce moment-là, Jésus a accompli votre salut total et complet. Il a aussi payé le prix pour l'accomplissement de toutes les promesses de Dieu dans votre vie. Au moment où vous avez mis votre confiance en Jésus-Christ comme votre Sauveur, il est devenu pour vous tout ce dont vous pourrez avoir besoin.

A la croix, Dieu a pourvu à tous vos besoins:

- le pardon
- la guérison
- la provision
- l'assurance
- l'acceptation
- la protection
- la victoire
- la délivrance
- la sainteté
- la préservation.

Et chacune de ces promesses de Dieu est vôtre alors que vous marchez dans la foi, croyant dans la bonté d'Abba, votre Dieu.

*Sans la foi, il est impossible de lui être agréable; car il faut que celui qui s'approche de Dieu croie que Dieu existe, et qu'il est le rémunérateur de ceux qui le cherchent. (Hébreux 11:6)*

### Le baptême d'eau

Il s'agit d'un jalon important sur votre parcours spirituel. A l'époque du Nouveau Testament, le baptême était une marque d'initiation à la vie de disciple. Il signifiait que vous suiviez Jésus-Christ comme votre Sauveur et Maître, votre Enseignant et votre Modèle de vie.

Jésus lui-même a été baptisé et lorsque Jean-Baptiste l'a questionné, il a dit: « ...il est convenable que nous accomplissions ainsi tout ce qui est juste » (*Matthieu 3:15*). Si Jésus a été baptisé, qui sommes-nous pour dire que ce baptême ne nous concerne pas ?

Mais beaucoup de gens demandent: « qu'est-ce que le baptême après tout? » Ils ont entendu parler de cérémonies d'église au cours desquelles des enfants ont reçu leur « nom de baptême ». Et ils se demandent si le baptême doit se faire par immersion totale. A mon point de vue, la pratique religieuse consistant à donner un nom de baptême et à baptiser les bébés a causé plus de dommages à la vie spirituelle de la Grande Bretagne et d'autres nations du monde que n'importe quelle autre chose. Beaucoup de gens mettent leur confiance dans cette cérémonie religieuse comme si elle leur assurait une place au ciel. Mais ce n'est pas le cas. Nous ne sommes sauvés par des rites religieux mais par la foi en Jésus-Christ seul – sans la médiation d'un clergé, de cérémonies ou de traditions d'église.

Le baptême d'eau, tel qu'il est enseigné dans le Nouveau Testament, est l'immersion totale des croyants comme un signe ou un sceau de leur engagement envers Christ. Il s'agit d'un acte d'initiation chrétienne et d'une expression extérieure ou d'une confession de la foi que vous possédez déjà avant de passer par le baptême.

Le baptême d'eau est la première étape de l'obéissance dans la vie d'un disciple et signifie que la personne est d'accord de s'engager à suivre Jésus-Christ totalement. Cela signifie que nous sommes morts et ensevelis avec Christ en laissant derrière nous la vie ancienne et en embrassant la vie nouvelle en Christ. Cela signifie que nous prenons notre place dans l'église de Jésus-Christ et que nous nous identifions avec le peuple de Dieu.

Le baptême est symbolique, mais il est aussi une occasion particulière où le Saint-Esprit agit de manière puissante pour vous amener dans une expérience plus profonde de tout ce que vous avez en Christ. Il s'agit d'une puissante identification avec la grâce de Dieu qui vous arrache à votre ancienne manière de vivre et vous amène dans l'union avec Christ. Sa mort devient votre mort et sa vie votre vie. En mourant et en ressuscitant avec Christ par la foi, vous avez aussi été élevés avec lui pour être assis dans les lieux célestes. Le baptême est un rappel fort de ce fait, un enterrement spirituel efficace de votre vie ancienne et un témoignage de ce que vous êtes devenu en Christ.

**Le baptême du Saint-Esprit**

Nous étudierons plus précisément ce qui concerne la personne du Saint-Esprit plus loin dans ce livre. La Bible révèle qu'il est le troisième membre de la trinité. Le Saint-Esprit est une personne, comme Jésus et le Père. Jésus a promis de nous envoyer le Saint-Esprit après sa mort et sa résurrection.

*Et moi, je prierai le Père, et il vous donnera un autre consolateur, afin qu'il demeure éternellement avec vous (Jean 14:16)*

Jésus a accompli sa promesse et il a envoyé le Saint-Esprit le jour de la Pentecôte (*Actes 2:1-4*). Mais avant ce jour-là, Jésus a donné certaines instructions spécifiques à ses disciples afin qu'ils sachent exactement pourquoi l'Esprit allait venir sur eux.

*Comme il se trouvait avec eux, il leur recommanda de ne pas s'éloigner de Jérusalem, mais d'attendre ce que le Père avait promis, ce que je vous ai annoncé, leur dit-il; car Jean a baptisé d'eau, mais vous, dans peu de jours, vous serez baptisés du Saint-Esprit. (Actes 1:4-5)*

Le baptême de Jean était fait dans l'eau, mais il avait annoncé que Jésus serait le Baptiseur dans le Saint-Esprit. Cela signifie que lorsque nous recevons l'Esprit de Dieu dans notre vie, nous sommes baptisés ou immergés dans le Saint-Esprit. Il s'agit d'une expérience définie dans laquelle nous sommes conscients d'être remplis du Saint-Esprit. Lorsque nous mettons une éponge dans l'eau, l'eau commence à remplir l'éponge. Nous pouvons dire que l'éponge est dans l'eau et que l'eau est dans l'éponge.

Il en est de même avec le Saint-Esprit. Etre baptisé dans le Saint-Esprit signifie que nous sommes remplis au moment où nous sommes immergés dans la présence de Dieu. De même que le baptême d'eau correspond à notre initiation à la vie de l'église, de même le baptême du Saint-Esprit est la manière que Dieu utilise pour nous faire entrer dans la vie de l'Esprit. Mais la grande différence est la suivante: dans le baptême d'eau nous sortons de l'eau mais par le baptême de l'Esprit nous restons dans la présence de Dieu. Nous continuons à être immergés et remplis du Saint-Esprit: un nouveau style de vie.

Jésus a clairement expliqué que le but premier du baptême du Saint-Esprit est que nous recevions la puissance pour être ses témoins.

*Mais vous recevrez une puissance, celle du Saint-Esprit survenant sur vous, et vous serez mes témoins à Jérusalem, en toute la Judée, dans la Samarie et jusqu'aux extrémités de la terre. (Actes 1:8)*

Lorsque nous sommes remplis du Saint-Esprit, il déborde naturellement de nos vies et cela signifie que nous sommes équipés pour atteindre les autres avec la puissance et la capacité que nous donne l'Esprit. Avant tout, cela signifie recevoir le don des langues comme le jour de la Pentecôte.

*Et ils furent tous remplis du Saint-Esprit, et se mirent à parler en d'autres langues, selon que l'Esprit leur donnait de s'exprimer. (Actes 2:4)*

Il y a une connexion divine entre le cœur et la bouche. Dieu nous a créés ainsi. Jésus a dit: « C'est de l'abondance du cœur que la bouche parle. » *(Matthieu 12:34)*.

Lorsque vous serez remplis du Saint-Esprit, de nouvelles paroles sortiront de votre bouche. Nous pouvons appeler ces paroles « notre langage spirituel » ou le « don des langues ».

Mais cela ne s'arrête pas là. Quand le Saint-Esprit vient dans notre vie, c'est comme une rivière profonde qui s'ouvre à l'intérieur de nous et jaillit sur la terre stérile des blessures et des besoins humains.

*Celui qui croit en moi, des fleuves d'eau vive couleront de son sein, comme dit l'Ecriture. (Jean 7:38)*

## Se joindre à la famille de Dieu

Il s'agit de la clef de voûte de tous les aspects de la vie nouvelle en Christ que nous avons mentionnés. Nous commençons par la repentance et la foi et sommes ensuite baptisés dans l'eau et dans le Saint-Esprit, mais tout cela dans un but: que nous puissions prendre notre place dans l'église, le Corps de Christ.

Christ vit dans son corps et nous ne pouvons pas pleinement jouir de sa présence ni expérimenter sa vie en dehors de son corps. Dieu a prévu que le Corps de Christ soit son agent sur la terre et l'instrument par lequel il donnerait gloire à son nom.

*Or, à celui qui peut faire, par la puissance qui agit en nous, infiniment au-delà de tout ce que nous demandons ou pensons, à lui soit la gloire dans l'Eglise et en Jésus-Christ, dans toutes les générations, aux siècles des siècles! Amen! (Ephésiens 3:20-21)*

L'Eglise de Jésus-Christ est la seule espérance de ce monde. C'est le seul corps sur la terre qui peut changer les choses en apportant le message de vie au monde. Nous sommes les seuls à pouvoir démontrer la vie de Christ à un monde qui a désespérément besoin de lui.

Prendre votre place dans le Corps de Christ fait partie de la vie chrétienne. Cela signifie que vous devenez partie intégrante de son corps et commencez à fonctionner dans un rôle unique.

Le corps ne grandit, ne devient mature et efficace dans le monde que lorsque chacune de ses parties apporte sa contribution à l'œuvre de Dieu.

*Mais en professant la vérité dans l'amour, nous croîtrons à tous égards en celui qui est le chef, Christ. C'est de lui, et grâce à tous les liens de son assistance, que tout le corps, bien coordonné et formant un solide assemblage, tire son accroissement selon la force qui convient à chacune de ses parties, et s'édifie lui-même dans l'amour. (Ephésiens 4:15-16)*

Le cours *Vivre Libre* est la rampe de lancement de votre ministère dans l'église de Jésus-Christ. Il vous préparera à la prochaine étape, celle du cours de leader « *Maîtriser le leadership* », un programme de formation pour les leaders de cellules. Prenez goût à la manière dont Dieu veut vous utiliser. Préparez-vous à transmettre à d'autres tout ce que vous avez reçu dans ce cours.

THÈME 3

# VOTRE TÉMOIGNAGE

Jésus-Christ vous a appelés à être son témoin. Diriger des personnes vers Jésus-Christ est l'une des choses les plus importantes que vous puissiez faire dans votre vie.

L'Evangile commence avec le témoignage de Jean-Baptiste qui pointe sur Christ: « Voici l'Agneau de Dieu, qui ôte le péché du monde. » (*Jean 1:29*). Et il se termine par l'annonce de Jésus dans *Actes 1:8* « Et vous serez mes témoins, à Jérusalem... et jusqu'aux extrémités de la terre. »

Un témoin témoigne de ce qu'il ou elle sait à partir de sa propre expérience personnelle. Et ce témoignage est le plus puissant du monde. Votre expérience personnelle peut toucher beaucoup de vies. Un témoin ne peut forcer personne à accepter son histoire. Le travail du témoin consiste simplement à présenter des preuves à partir de son expérience. Lorsque nous rendons témoignage à Jésus, le Saint-Esprit prend le contrôle de la situation et amène ceux qui nous écoutent à Jésus, s'ils sont ouverts à son amour et à sa grâce.

**Des témoins efficaces**

Le monde désire ardemment rencontrer des témoins crédibles de Jésus-Christ. Nous qui sommes ses disciples, nous devons relever ce défi. Jésus nous a appelés à être « sel et lumière » dans le monde (*Matthieu 5:13-16*). Cela veut dire que nous devons nous engager activement dans le monde qui nous entoure et ne pas nous replier dans notre petit « ghetto chrétien ». Cela implique de prendre la lumière et la vie de Christ dans chacune de nos sphères d'influence dans la société où nous vivons: à la maison, à l'école, au travail et dans nos loisirs et notre vie sociale.

Dieu veut que nous témoignions partout de Christ et influencions activement tous les domaines de la société: le monde des médias, de la politique, de l'éducation, de l'industrie, du commerce, de la santé, du sport, de la pensée, de la philosophie, des finances, des affaires, de la loi, de la police, du film, de la télévision etc... Mais pour que cela puisse se passer, nous devons adopter une nouvelle attitude.

Nous devons être déterminés à faire partie de ceux qui influencent notre monde. Nous devons décider que nous ne serons plus modelés ni influencés par les attitudes, les valeurs et les manières d'agir de ce monde. Paul dit: « Ne vous conformez pas au siècle (monde) présent, mais soyez transformés par le renouvellement de l'intelligence... » (*Romains 12:2*). Jésus a posé la question: « Mais si le sel perd sa saveur, avec quoi la lui rendra-t-on? » (Voir *Matthieu 5:13*).

**Dans le monde mais pas du monde**

Cette expression signifie faire sortir le « monde » de notre cœur mais non se retirer du monde. Jésus a dit que nous sommes « dans le monde mais pas du monde » (*Jean 17:15-18*). Il est vital que nous rompions avec nos péchés et nos habitudes passés. Parfois cela signifie se défaire de certaines de nos anciennes compagnies. Après tout « les mauvaises compagnies corrompent les bonnes mœurs » (*1 Corinthiens 15:33*). Mais nous devons construire de nouvelles relations avec ceux qui ne connaissent pas encore Christ. Cette fois, nous le ferons avec l'amour et la compassion de Christ, cherchant à gagner les perdus, comme Jésus l'a fait.

Jésus a passé tellement de temps avec les pécheurs qu'il a particulièrement offensé les leaders religieux. Ceux-ci, en effet, méprisaient de telles personnes. « Il s'associe avec des pécheurs! » disaient-ils, scandalisés. Jésus aimait les pauvres et ceux qui étaient dans le besoin. Il passait la plus grande partie de son temps avec les prostituées, les collecteurs d'impôts (qui étaient des canailles notoires), les débauchés, les ivrognes et tous ceux qui avaient le plus besoin de lui. Il reprenait les bien-pensants religieux qui restaient indifférents aux profonds besoins de ceux qui les entouraient. « Ce ne sont pas ceux qui se portent bien qui ont besoin de médecin mais les malades. » (*Marc 2:17*), disait-il, « Je ne suis pas venu appeler des justes à la repentance, mais des pécheurs. » (*Luc 5:32*).

**« L'évangélisation des 3 »**

Si vous voulez vraiment être un témoin efficace pour Jésus, vous devrez construire votre vie entière sur la base de cet appel. Cela ne signifie pas que vous devez abandonner votre travail pour devenir un prédicateur! Pour la plus grande majorité d'entre nous, ce n'est pas la solution! Au lieu de cela, vous devez décider de vous épanouir là où vous avez été plantés. Vous vous assurerez que vous êtes le meilleur témoin possible là où vous vous trouvez, chez vous, dans votre famille, avec vos amis, vos camarades d'école, vos amis au collège ou vos collègues de travail. Avec l'aide et la sagesse du Saint-Esprit, cherchez à gagner vos camarades de classe, vos connaissances et vos collègues de travail à Jésus-Christ.

La stratégie de « l'évangélisation des 3 » est une bonne manière de commencer à témoigner. Commencez par faire la liste de 10 personnes que vous connaissez et que vous rencontrez régulièrement, des gens comme vous, avec lesquels vous pouvez développer une relation proche et qui commenceront à manifester de l'intérêt pour votre témoignage chrétien. Il est important que les gens qui se trouvent sur cette liste soient le type de personnes que vous pouvez inviter dans votre cellule, ou à un événement organisé par l'église afin qu'ils aient l'occasion de donner leur vie à Christ. Il est aussi important que votre amitié soit sincère et que vous ne traitiez pas les gens comme de la chair à canon pour votre évangélisation.

Priez ensuite pour votre liste de 10 et demandez au Saint-Esprit de vous aider à choisir trois personnes de cette liste qui feront partie de votre « évangélisation de 3 ». Commencez à prier quotidiennement pour le salut de ces trois personnes. Joignez-vous à deux ou trois personnes de votre cellule et priez également pour les noms qui se trouvent sur leur liste. Puis retrouvez-vous une fois par semaine pour prier avec ferveur et de manière spécifique pour que ces gens soient sauvés.

Mais rappelez-vous que la prière seule n'est pas suffisante. Vous devez vous retrouver régulièrement avec les personnes que vous cherchez à gagner à Christ. Faites-le dans une relation sociale, partant d'une amitié authentique et laissez votre foi chrétienne briller dans votre vie, plus que le pourraient même vos paroles, comme le dit Jésus:

*Que votre lumière luise ainsi devant les hommes, afin qu'ils voient vos bonnes œuvres et qu'ils glorifient votre Père qui est dans les cieux. (Matthieu 5:16)*

Commencez à partager votre témoignage avec eux. Qu'ils puissent voir ce qui vous est arrivé et quelle différence Christ a fait dans votre vie. Faites tout cela dans le contexte de l'amitié et travaillez dans le cadre de votre cellule. Organisez fréquemment des rencontres sociales. Choisissez par exemple de boire un café ensemble, d'aller voir un film, de partager un repas au restaurant ou à la maison. Les fêtes, les événements sportifs, les clubs ou les cours sur un sujet particulier sont autant d'occasions offrant un contexte idéal pour l'évangélisation par l'amitié.

Ensuite, au moment judicieux, invitez vos amis à une réunion d'église ou un événement spécial organisé par l'église où ils auront l'occasion de répondre à l'appel de l'Evangile. Bien sûr, n'attendez pas qu'ils soient devenus des habitués de l'église pour les conduire à Christ. Priez avec eux la prière du salut là où ils se trouvent, à leur travail, à l'école ou dans une rencontre de votre cellule. Toutefois, il est important qu'ils confessent aussi Christ publiquement dans une réunion d'église plus formelle. De cette manière, ils comprendront que venir à Christ est une décision qui dépasse leur cadre privé. Ils réaliseront aussi qu'ils sont appelés à suivre Christ publiquement. Leur engagement envers Christ leur fera ainsi prendre conscience de leur appel à faire partie de l'église de Jésus-Christ.

**Partager votre témoignage**

Tout cela peut sembler un défi, et c'est effectivement le cas. Mais rappelez-vous de la joie que vous avez eu de découvrir l'amour de Dieu pour vous – vous ne pouvez pas garder ces choses pour vous seulement. Cette joie est trop grande pour être contenue. Nous devons partager cette bonne nouvelle. Nous devons aussi être prêts à rencontrer une certaine résistance, parfois même des insultes ou du rejet. Lorsque cela vous arrive, ne soyez pas inquiétés. Jésus a dit: « ils ont préféré les ténèbres à la lumière. » (Jean 3:19). Mais rappelez-vous que le Dieu qui a apporté cette lumière dans notre vie peut aussi faire de même pour eux.

*Car Dieu qui a dit: La lumière brillera du sein des ténèbres! a fait briller la lumière dans nos cœurs pour faire resplendir la connaissance de la gloire de Dieu sur la face de Christ. (2 Corinthiens 4:6)*

Rappelez-vous aussi que vous n'êtes pas seul. Vos frères et sœurs en Christ se tiennent à vos côtés. L'église est là pour vous aider à vous former pour que vous deveniez des témoins efficaces. Et le Saint-Esprit vous donnera sa capacité surnaturelle pour que vous soyez un témoin qui produise la « preuve » que Jésus-Christ est vivant. Nous parlons de ce sujet plus loin dans ce livre dans le thème 9.

Lorsque vous partagez l'évangile avec quelqu'un, rappelez-vous de leur raconter votre histoire. Les gens aiment entendre une belle histoire. Cela n'est pas seulement vrai dans l'art, à la télévision, au cinéma ou dans les romans. Dans les affaires et l'éducation aussi, l'histoire est redécouverte en tant que moyen de communiquer un message de manière efficace. Dans le monde d'aujourd'hui, on attache beaucoup d'importance à l'expérience personnelle. Votre témoignage peut faire une réelle différence. Ce qui vous a touché touchera les autres. Au moment où vous partagerez votre histoire, celle-ci vous connectera avec d'autres personnes qui pourront s'identifier avec votre expérience. Car, à la base, nous avons tous des besoins, des désirs, des préoccupations et des intérêts très similaires.

Lorsque vous partagez ce que Christ a fait dans votre vie, cela encouragera les autres à croire qu'il peut faire la même chose pour eux.

**Comment donner votre témoignage**

Donner votre témoignage, c'est très simple. Vous pouvez le faire en une ou deux phrases ou sous une forme beaucoup plus longue. De simples affirmations telles que « Je n'ai jamais vécu une paix comme celle-ci » ou « Jésus m'a aidé à me débarrasser de la dépendance de l'alcool » ou « notre mariage a été transformé depuis que nous somme venus à Christ! » sont toutes autant de puissants témoignages rendus au Christ vivant.

Un bon témoignage se compose de trois parties, en relation avec le passé, le présent et l'avenir. Vous pouvez penser votre témoignage de la manière suivante:

1. « *Ce que ma vie était avant de venir à Christ...* » Et là vous décrivez:
   - à quoi ressemblait votre vie avant de venir à Christ
   - quels étaient les besoins que vous ressentiez et la raison pour laquelle vous aviez besoin de Christ (par exemple vos péchés et leurs conséquences dans votre vie)
   - comment vous avez entendu parler de Jésus et de l'Evangile
   - comment vous avez répondu au message et avez été sauvé

2. « *Depuis que je suis venu à Christ...* » Là vous décrivez les changements qui ont pris place dans votre vie depuis que vous vous êtes engagé dans la vie chrétienne. Vous décrirez comment vos besoins ont été résolus avec Christ et la paix qui vient du fait de savoir que vos péchés ont été pardonnés. Rappelez-vous de:

   - mettre l'accent sur le fait que Christ est venu nous sauver du péché
   - montrer que Jésus nous donne « la vie nouvelle » ou « la nouvelle naissance », que nous sommes « nés de nouveau » et entrons dans une vie nouvelle.
   - montrer comment vos besoins sont résolus, sans exagérer ni passer par-dessus les défis que vous rencontrez en cherchant à suivre Christ jour après jour.

3. « *Quand je considère l'avenir, je sais que…* » Finalement, vous attirez l'attention de vos auditeurs sur votre espérance et votre avenir. Vous pourrez inclure par exemple:

- l'assurance que vous avez d'aller au ciel, non par vos propres efforts mais par le don gratuit de Dieu
- votre confiance dans la protection future de Dieu et le soin qu'il prendra de vous
- votre espérance que quelles que soient les circonstances de votre vie, Dieu met ses plans à exécution
- le fait que votre but dans la vie est de vivre pour lui et le servir pour toujours.

Tout cela peut sembler un petit peu compliqué, mais vous découvrirez rapidement combien de choses vous avez à partager avec les autres. Vous pouvez vous exercer en mettant votre témoignage par écrit et en le partageant à votre cellule afin que vous soyez plus confiants au moment de partager avec les autres ce que Dieu a fait pour vous.

Pour vous aider à comprendre comment présenter votre témoignage de manière efficace, voici quelques exemples de témoignages authentiques que vous pouvez lire. En les reconsidérant, notez comment chaque personne qui témoigne utilise les principes que nous avons établis dans ce chapitre.

**Mon témoignage: Andrew**

J'ai donné ma vie à Christ à l'âge de 6 ans. Toutefois, je vivais comme si je n'avais pas du tout Jésus dans ma vie et je commençai à boire à l'âge de 11 ans. Ce fut le commencement d'une spirale vers le bas qui dura 12 ans.

Mon père est un pasteur baptiste. J'ai donc été élevé dans un cadre d'église. A l'âge de 11 ans, je commençai à entendre parler de sexe et d'alcool à l'école, ce qui était nouveau pour moi. Or j'étais très naïf. Je savais, tout au fond de moi, que je voulais être accepté et ce besoin en moi grandit d'autant plus que je pensais que mon père avait plus de temps pour les fidèles de l'église que pour moi.

Quand j'atteignis l'âge de 20 ans, j'étais sur le point de devenir un alcoolique et j'avais essayé pratiquement toutes les drogues qui étaient à ma portée. J'étais également fortement dépendant de la pornographie. Mon langage était sale et je n'avais pas de respect pour mon père. Même si toutes ces choses m'apportaient beaucoup de succès dans ce monde (mes amis me respectaient, j'avais plusieurs relations intimes qui répondaient à mon désir d'être écouté et qui réagissaient le plus souvent comme je le désirais), je ne pouvais pas échapper au fait que, tout au fond de moi, je me sentais vide. Je savais qu'il y avait quelque chose de tellement plus réel dans cette vie et que j'étais en train de passer à côté.

J'étais toujours conscient de qui était Christ mais j'avais choisi de m'éloigner complètement de lui, ce qui me conduisit dans une expérience où je faillis perdre la vie. J'étais proche de la mort mais fus ramené à la réalité, ce qui me conduisit à vraiment considérer que Dieu était réel et qu'il était la réponse que je recherchais. Je finis par me traîner dans une réunion de jeunes de Kensington Temple.

C'était un service de communion et Christ me rencontra de manière radicale. A ce moment-là, je sus qu'il était tout à fait vivant et je fus purifié de l'intérieur. J'avais entendu parler du fait qu'il pouvait vous donner une vie nouvelle et voilà que je l'expérimentais. J'étais « né de nouveau » et je quittai ce lieu complètement différent, radicalement transformé dans mon cœur. J'avais la vie.

Mon besoin d'être accepté était pleinement satisfait. Maintenant, j'avais un but dans cette nouvelle vie qui venait de commencer. Tous mes désirs passés trouvaient une solution et, avec l'aide de mon responsable de cellule, j'ai pu me débarrasser de ces blessures et de ces désirs du passé. Je vis maintenant dans la liberté sans porter constamment ce fardeau qui semblait ne jamais me quitter. Je sais que mes péchés sont pardonnés, j'ai été lavé entièrement. Je suis purifié dans tous les domaines et mes amis et ma famille sont étonnés de cette transformation.

Chaque jour est un nouveau défi avec des combats et des luttes dans mes pensées et mes désirs, mais je sais que je suis en sécurité en Christ. Il est tout pour moi et je sais qu'il a un plan pour ma vie. J'ai une telle faim intérieure de vivre pour lui et de le servir dans son royaume. Car il est venu pour nous donner la vie et la liberté. Maintenant toute ma vie est différente, pour le mieux. Et elle est remplie d'expériences extraordinaires. C'est le meilleur voyage dont j'aurais pu faire partie, fait de défis, de récompenses, d'enthousiasme, de douleurs et de liberté des pièges de ce monde ainsi que cette liberté par rapport au péché. Par Christ ma vie est pleine et je sais qu'il veut le meilleur pour moi.

**Mon témoignage: Jane**

Mes parents se sont séparés lorsque j'étais petite. Ma mère était une chrétienne solide mais elle ne pouvait pas vraiment s'occuper de moi. Je vivais avec ma tante et ses enfants. A l'âge de 13 ans j'ai fugué. J'étais effrayée, terrifiée et j'ai rencontré un homme. J'ai vécu avec lui et sa famille finalement je suis devenue enceinte à l'âge de 15 ans. J'ai déménagé au Royaume Uni à l'âge de 19 ans et je pensais que je deviendrai un top modèle. Mais le travail de modèle était différent de celui auquel je pensais. J'ai été impliquée dans un style de vie qui correspond aux modèles « glamour ». J'allais dans des clubs, je rencontrais des hommes et je vivais ma vis pour moi-même. Finalement j'ai rencontré un copain, il prit soin de moi et j'abandonnais tout pour lui. Le jour où nous nous sommes séparés je me suis retrouvée sans rien, ni argent, ni travail, ni maison. C'était vraiment dur et j'étais à bout. Un jour je décidai d'en finir.

J'avais décidé de me suicider mais je me rappelais de ce que ma mère m'avait raconté au sujet du livre de vie – pensant que si mon nom n'y apparaissait pas j'irais en enfer. Je décidais de trouver une église et de dire à Dieu ce que j'allais faire. Je m'imaginais que peut-être, si je lui demandais pardon, mon nom se trouverait alors dans ce fameux livre.

Ce soir-là, le prédicateur parlait de la manière dont Dieu ne nous condamne pas mais nous aime et veut nous purifier. Je me rappelle l'avoir entendu dire « il y a une place pour chacun dans les bras du Père, même si vous pensez qu'il n'y a pas d'issue pour vous, Dieu vous ouvre ses bras. » Avant de savoir ce qui m'arrivait je donnai ma vie à Christ et ressentis quelque chose de puissant se passer en moi. Après la réunion on me donna une Bible – je n'en avais jamais possédé une. On me présenta ma responsable de cellule et elle pria pour moi. A partir de ce moment précis je tombais amoureuse de Christ. J'abandonnais mon ancienne vie et Dieu m'aida à trouver un travail formidable. J'ai commencé à régler mes problèmes et maintenant je ne veux qu'une chose, c'est travailler pour Jésus et tout connaître à son sujet. Je suis une nouvelle personne et je peux remercier Jésus de ce que je suis encore là aujourd'hui.

**Mon témoignage: Joël**

J'ai eu la chance de naître dans une famille chrétienne. J'ai appris ce qui concernait Jésus et je lui ai donné ma vie à l'âge de 10 ans. Je ne me posais pas vraiment de questions sur ce que je croyais. Je faisais simplement confiance à ce que me disaient mes parents et mes moniteurs d'école du dimanche. A la base, je pouvais seulement répondre à la question: « quelle est ta religion? ». En grandissant, je continuais à respecter l'habitude d'aller à l'église tous les dimanches, mais je n'expérimentais pas une satisfaction réelle. Je n'arrivais pas à m'engager pleinement avec Dieu et je n'arrivais tout simplement pas à comprendre comment les gens pouvaient avoir ce désir de venir à l'église et d'être enthousiasmés par les réunions.

J'étais le « chrétien sous-marin » typique. Je me sentais tellement tiède. Même si je priais pour me repentir, il me semblait que je retombais toujours dans le même péché. Je commençais à réaliser que j'avais désespérément besoin de changer ma vie spirituelle. Ma mère n'arrêtait pas de m'encourager à me joindre à une cellule en me disant que cela me ferait le plus grand bien. Finalement je cédai, admettant qu'il s'agissait du pas que j'avais besoin de faire.

Cette rencontre se trouva être le point tournant de ma vie. Je rencontrai Jésus et ressentis vraiment la présence du Saint-Esprit. Pour la première fois de ma vie, je me sentis complètement affranchi du péché. Je n'avais jamais expérimenté une telle liberté auparavant. C'était comme si j'étais né une deuxième fois avec une âme nouvelle, pure et fraîche, ainsi que le désir de mieux connaître Christ. Pour la première fois, je dévorais toutes les paroles du prédicateur. Je commençais à réaliser que Dieu n'était pas intéressé seulement par ma religion mais que je devais marcher avec lui dans tous les domaines de ma vie. Il est devenu la priorité de ma vie et j'ai un grand désir de devenir la meilleure personne possible pour Christ. Cela me conduit à m'impliquer dans la vie de l'église. Les buts de ma vie se sont orientés sur la vision de Dieu car j'ai réalisé que la vie chrétienne était tellement plus que les cultes du dimanche!

Je sais qu'aucune des bonnes œuvres que j'ai faites ne me font mériter la vie éternelle. J'ai pleinement confiance dans le plan de Dieu pour ma vie et quelles que soient les choses qui puissent m'arriver, je sais que cela fera partie de son plan. Ma vie est dans ses mains et je suis excité à la pensée de ce que l'avenir me réserve avec Dieu.

THÈME 4

# UN CHANGEMENT RÉEL

Jusqu'à maintenant, nous avons considéré dans ce livre ce qui concerne Jésus-Christ et les choses nouvelles qu'il peut vraiment apporter dans nos vies. Nous avons vu que:

*Si quelqu'un est en Christ, il est une nouvelle créature. Les choses anciennes sont passées; voici, toutes choses sont devenues nouvelles. (2 Corinthiens 5:1)*

Nous avons aussi vu que nous sommes appelés à un nouveau style de vie. En effet, la vie de la nouvelle création ou la vie de Christ en nous s'exprime par une nouvelle manière de vivre. La vraie sainteté et la transformation réelle de notre vie se produisent lorsque nous voyons Jésus et tout ce qu'il a fait pour nous. Par la puissance du Saint-Esprit, nous apprenons à nous débarrasser de nos anciennes manières de penser, nos habitudes et manières de nous conduire et à les remplacer par les pensées, les habitudes et les manières d'agir de la vie nouvelle. Tout cela dépend de notre compréhension de l'un des principes les plus importants de la vie chrétienne.

**Devenir ce que vous êtes**

Beaucoup de gens pensent que la vie chrétienne correspond à la tâche impossible consistant à essayer d'être ce qu'ils ne sont pas. Ils pensent qu'il s'agit de faire l'effort de se conduire d'une manière totalement différente de ce qu'ils sont vraiment. Ainsi, ils luttent contre un manque de motivation et pour finir vivent dans la défaite, remplis de culpabilité et criblés d'échecs.

Mais cela n'a rien à voir avec la vie triomphante et victorieuse à laquelle Dieu vous a appelés. Vous avez été totalement délivrés en Jésus-Christ. Il vous a entièrement libérés de votre passé. Vous n'êtes plus du tout ce que vous étiez autrefois. Vous êtes une toute nouvelle créature en lui. Tous les appels du Nouveau Testament à vivre une vie de sainteté, et les commandements qu'il nous adresse dans ce sens, sont un appel à être ce que vous êtes, et non un appel à être ce que vous n'êtes pas! Il s'agit d'apprendre à devenir dans votre vie quotidienne sur la terre celui ou celle que Dieu a déjà fait de vous en Christ. Dit plus simplement, Dieu veut que dans votre vie quotidienne et votre expérience, vous deveniez la personne que vous êtes vraiment par votre relation avec Christ.

Dieu vous dit: « Tu es né de nouveau, vis la vie nouvelle que tu as reçue. Tu es une nouvelle création, exprime la vie de la nouvelle création. Je t'ai délivré et libéré du péché, alors vis cette vie nouvelle de liberté. Deviens dans ta marche quotidienne ce que tu es dans ta position spirituelle devant moi. »

Dans *Ephésiens 2:1-10*, l'apôtre Paul exprime ces vérités en disant que nous sommes « assis ensemble dans les lieux célestes, en Jésus-Christ ». Cela signifie que nous sommes morts avec Christ à notre ancienne manière de vivre qui nous dominait et nous contrôlait avant que nous soyons venus à Christ. Nous sommes donc rendus vivants en Christ par sa puissance de résurrection et nous sommes maintenant assis avec Christ dans une position d'autorité et d'accomplissement.

Nous n'avons plus rien à faire avec l'ancienne vie. Elle a disparu pour toujours ! Maintenant nous suivons Jésus en nous détournant du péché et des motivations de la vie ancienne. Nous vivons selon la nouvelle manière de vivre de l'Esprit de Dieu. Il s'agit de se dépouiller des choses anciennes pour se revêtir des choses nouvelles. Nous nous sommes débarrassés des attitudes et des actions de l'ancienne manière de vivre et nous suivons les nouvelles voies qui sont en Christ.

*Mais vous, ce n'est pas ainsi que vous avez appris Christ, si du moins vous l'avez entendu, et si, conformément à la vérité qui est en Jésus, c'est en lui que vous avez été instruits à vous dépouiller, en égard à votre vie passée, du vieil homme qui se corrompt par les convoitises trompeuses, à être renouvelés dans l'esprit de votre intelligence, et à revêtir l'homme nouveau, créé selon Dieu dans une justice et une sainteté que produit la vérité. (Ephésiens 4:20-24)*

## Changer à partir de l'intérieur

Le vrai changement, c'est-à-dire celui qui honore vraiment Dieu, commence à l'intérieur avant de se voir à l'extérieur. Il doit venir du cœur. Le cœur est le siège de toutes nos motivations cachées, nos présupposés et nos croyances. C'est ce qui explique pourquoi nous faisons ce que nous faisons, la manière dont nous ressentons les choses et notre manière de vivre. Le livre des Proverbes montre que notre conduite jaillit de l'intérieur de notre cœur:

*Garde ton cœur plus que toute autre chose, car de lui viennent les sources de la vie. (Proverbes 4:23)*

Le Saint-Esprit nous donne une révélation de Christ et de son amour pour nous. Ainsi nous commençons à le voir tel qu'il est vraiment. Nous apercevons sa gloire. Nous réalisons qu'il est le seul à pouvoir satisfaire nos désirs les plus profonds et nos aspirations les plus élevées. Lui seul peut répondre à notre attente intérieure de joie et de plénitude. Le Psalmiste avait raison de dire:

*« Tu me feras connaître le sentier de la vie; il y a d'abondantes joies devant ta face, des délices éternelles à ta droite. » (Psaume 16:11)*

Lorsque nous aurons vu cela, nous serons d'accord de laisser le Seigneur rechercher les choses cachées au fond de notre cœur et nous transformer de l'intérieur. La Parole de Dieu est comme une épée qui tranche profondément à l'intérieur de nos cœurs et expose nos pensées et nos intentions les plus cachées. C'est là que le vrai changement doit prendre place. Tout changement significatif commence dans le cœur et prend place au moment où la Parole de Dieu expose les pensées, les attitudes et les intentions cachées en nous dirigeant vers la plénitude que nous avons en Christ.

*Car la parole de Dieu est vivante et efficace, plus tranchante qu'une épée quelconque à deux tranchants, pénétrante jusqu'à partager âme et esprit, jointures et moelles; elle juge les sentiments et les pensées du cœur. (Hébreux 4:12)*

## Une juste motivation dans le cœur

Nous ne pouvons pas nous permettre d'ignorer nos motifs ou les raisons pour lesquelles nous faisons les choses, lorsqu'il s'agit de vivre pour le Seigneur. Il ne s'intéresse pas à notre obéissance extérieure ou à notre conformité apparente à ses commandements. Il veut que nous le servions avec un cœur décidé.

*Si vous avez de la bonne volonté et si vous êtes dociles, vous mangerez les meilleures productions du pays. (Esaïe 1:19)*

Nous comprenons ce principe dans la vie de tous les jours. L'enfant qui casse un vase délibérément dans une explosion de colère, et l'enfant qui fait la même chose de manière accidentelle au cours de son jeu, devraient être traités différemment. L'offense n'est pas égale dans chacun des cas décrits. De même, Dieu voit les motifs de notre cœur derrière nos actions. Il ne recherche pas les actions extérieures de notre obéissance mais nous appelle à lui répondre de manière volontaire, aimante et confiante.

## Un cœur d'accord

Dieu cherche des cœurs qui soient d'accord avec sa volonté, ouverts et sensibles à lui. Un sacrifice mort implique un engagement fait une fois pour toutes, mais un sacrifice vivant doit continuellement s'abandonner à la volonté de Dieu. En d'autres termes, nous devons choisir de suivre le chemin de Dieu, et il s'agit d'une expérience constante et continue.

Le chemin qui mène à cette coopération du cœur passe par l'amour de Christ. Les gens feraient presque n'importe quoi pour de l'amour. L'amour soulève le fardeau de l'obéissance et le transforme en délices. Jésus a dit en substance: « celui à qui on pardonne beaucoup, aime beaucoup » (*Luc 7:47*). Jean dit: « nous l'aimons, parce qu'il nous a aimés le premier, » (*1 Jean 4:19*) et, « car l'amour de Dieu consiste à garder ses commandements, et ses commandements ne sont pas pénibles » (*1 Jean 5:3*).

Lorsque nous verrons à quel point Jésus nous aime, lorsque nous comprendrons qu'il a gratuitement pardonné tous nos péchés, nos cœurs seront remplis de son amour. Le Saint-Esprit manifestera cet amour à nos cœurs. Cet amour nous donne la volonté de le suivre et de faire de lui nos délices à chaque instant. Et cette bonne volonté produit des actes pratiques d'obéissance et de service rempli d'amour.

## Une réponse d'amour

Paul nous rappelle la miséricorde que Dieu nous montre et nous appelle à répondre d'une manière qui corresponde à l'amour que Dieu nous manifeste. Le « culte raisonnable » que nous offrons à Dieu est la réponse d'une reconnaissance pleine d'amour envers lui pour tout ce qu'il a fait pour nous. Dieu nous a bénis en toutes choses. Mais plus que tout, il nous a acceptés dans le Bien-aimé par sa miséricorde et sa grâce. La seule, juste et raisonnable réponse à cette grâce est d'aimer Dieu de tout notre cœur et de vivre pour lui dans tous les domaines. La foi est agissante par l'amour.

*Je vous exhorte donc, frères, par les compassions de Dieu, à offrir vos corps comme un sacrifice vivant, saint, agréable à Dieu, ce qui sera de votre part un culte raisonnable. Ne vous conformez pas au siècle présent, mais soyez transformés par le renouvellement de l'intelligence, afin que vous discerniez quelle est la volonté de Dieu, ce qui est bon, agréable et parfait. (Romains 12:1-2)*

## Vivre en confiance

Parce que nous sommes conditionnés par notre ancienne manière de vivre et de penser, il faut un véritable acte de foi pour marcher dans les voies de Dieu. Renoncer à nos propres désirs ou abandonner les choses qui, d'après ce que nous pensions, devaient nous satisfaire, exigent notre confiance. Lorsque nous prenons ce risque de la foi, nous pouvons éprouver dans notre expérience personnelle que la méthode de Dieu est vraiment efficace. Nous nous apercevons qu'après tout, son chemin est le meilleur. Lorsque nous aurons senti et goûté que le Seigneur est bon, nous serons passionnés par Jésus et d'accord de suivre le chemin de Dieu même si cela représente un coût personnel.

*« Désirez, comme des enfants nouveau-nés, le lait spirituel et pur, afin que par lui vous croissiez pour le salut, si vous avez goûté que le Seigneur est bon. » (1 Pierre 2:2-3)*

**La transformation par le renouvellement de l'intelligence**

Mais rien de tout cela n'est possible sans un changement profond de notre manière de penser et de notre intelligence. Nous devons régler ce qui concerne nos pensées trompeuses, dont une partie provient de notre nature humaine déchue et une autre partie de ce que nous avons appris dans les premiers stades de notre enfance. Cela signifie qu'une véritable et authentique transformation de notre cœur et de notre vie ne peut se faire que lorsque nous réglons ce qui concerne ces pensées et ces motivations de nos cœurs.

La manière dont Dieu nous appelle à le suivre montre qu'il a une compréhension profonde de notre nature et psychologie humaines. Il n'y a rien d'étonnant à cela puisque c'est lui qui nous a créés en tout premier!

Dieu sait comment nous réagissons et il agit de manière correspondante avec nous. Lorsque nous nous abandonnons à l'influence du Saint-Esprit qui nous transforme, il est important de comprendre un principe biblique important en ce qui concerne la nature humaine :

Nous sommes attirés dans la direction où nous croyons que nos besoins seront satisfaits.

Paul montre qu'il comprend ce principe lorsqu'il nous invite à discerner que la volonté de Dieu est bonne et agréable, en d'autres termes satisfaisante et épanouissante. Or, vous ne serez jamais plus satisfaits en tant qu'être humain que lorsque vos racines puiseront leur vie spirituelle et leur nourriture en Christ.

Cela signifie que vous devez abandonner vos anciennes assurances qui vous attiraient loin de Dieu, lui qui est la seule source de vie et de satisfaction. Parce que vos croyances déterminent vos intentions, vous serez toujours poussés à aller dans la direction indiquée par ces croyances. Vous devez remettre en question vos certitudes incorrectes si vous voulez être délivrés de votre manière de vivre négative. Vous devez faire face aux schémas de pensée trompeurs qui vous conduisent dans la direction du péché.

**La vérité de Christ apporte la liberté**

La Bible nous montre que nos mauvais désirs sont nourris par le mensonge que nous entretenons dans notre cœur. De même, le désir de suivre la voie de Dieu est renforcé par la vérité de Christ. Nous commençons à désirer marcher dans les voies de Dieu lorsque nous croyons que lui et lui seul peut satisfaire nos aspirations les plus profondes. Le point fondamental que vous devez comprendre est que la vie ne peut pas vraiment fonctionner en dehors de Christ. C'est cette vérité qui nous rendra libre.

*« Mais vous, ce n'est pas ainsi que vous avez appris Christ, si du moins vous l'avez entendu, et si, conformément à la vérité qui est en Jésus, c'est en lui que vous avez été instruits à vous dépouiller, par rapport à votre vie passée, du vieil homme qui se corrompt par les convoitises trompeuses (litt: désirs de la tromperie), à être renouvelés dans l'esprit de votre intelligence, et à revêtir l'homme nouveau, créé selon Dieu dans une justice et une sainteté que produit la vérité. » (Ephésiens 4:20-24)*

La clef du changement consiste donc dans le renouvellement de « l'esprit » ou « l'attitude » de notre intelligence. Dans nos cœurs, nous combattons les désirs nourris par la tromperie en utilisant la vérité qui attire vers la justice et la sainteté. Ce renouvellement de nos pensées détruit les mensonges qui sont à la racine de nos mauvais désirs. C'est ce qui libère de nouveaux désirs renforcés par la révélation de la vérité de Christ. La solution est de se concentrer sur Jésus – son amour, sa rédemption et sa puissance dans nos vies. Il nous met en liberté, nous permettant ainsi de rejeter ces vieux mensonges selon lesquels le péché satisfait et la vie sans Dieu marche très bien. Ces mensonges nous conduisent à l'idolâtrie. Nous rejetons alors la voie de Dieu. Nous recherchons notre épanouissement dans les plaisirs de la chair qui opère selon la fausse sagesse du monde.

Eve fut la première à être trompée de cette manière. Elle crut au mensonge subtil du diable selon lequel le fruit interdit était « bon à manger et agréable à la vue, et qu'il était précieux pour ouvrir l'intelligence » (*Genèse 3:6*). La soi-disante « sagesse » pour laquelle elle opta consistait à croire un mensonge: le péché marche et la vraie satisfaction vient quand nous suivons notre propre voie.

Mais cette illusion conduisit à de tragiques conséquences. Le péché, plutôt que d'apporter la vie, la liberté et l'épanouissement, apporta tout le contraire. *Genèse 2:25* et *Genèse 3:10* montrent que les vraies conséquences du péché ont tout à voir avec la mort et à l'opposé de la vie:

- la honte
- l'aliénation
- la dissimulation
- la peur
- la suspicion
- l'expulsion
- les pensées, sentiments et intentions négatifs

Le réel changement se produit lorsque rejetons la séduction du péché et lorsque nous regardons à Christ, lui seul, afin d'expérimenter la plénitude de vie que nous recherchons.

C'est exactement ce que Pierre a réalisé le jour où le Seigneur lança un défi à ses disciples. Après un message particulièrement difficile à recevoir, beaucoup de ceux qui se trouvaient dans le cercle plus extérieur des disciples le quittèrent et Jésus demanda à ses douze:

*Et vous, ne voulez pas aussi vous en aller? Simon Pierre lui répondit: Seigneur, à qui irions-nous? Tu as les paroles de la vie éternelle. (Jean 6:67-68)*

Pierre comprit que poursuivre Christ signifiait poursuivre celui qui donne la vie éternelle. Lorsque nous réaliserons que Jésus nous apporte la seule vie vraiment satisfaisante qui puisse-t-être vécue, nous le poursuivrons passionnément de tout notre cœur. Jésus satisfait les aspirations les plus profondes et les besoins du cœur humain. Il nous ramène au Père qui est la source de toute vie et de toute bonté.

Fondamentalement, en tant qu'êtres humains nous avons les besoins de base suivants:

La sécurité – être en sécurité dans la présence d'un amour et d'une acceptation inconditionnels.

La raison d'être – avoir un impact et donner un sens, sachant que nous pouvons apporter quelque chose de valeur et que notre existence sur terre a de l'importance.

L'identité – savoir que nous avons une valeur infinie et que nous sommes estimés.

La question qui révèle la motivation profonde de notre vie est de savoir où est-ce que nous pensons que ces besoins fondamentaux seront satisfaits. En tant qu'être humains pécheurs et déchus, nous avons développé des croyances idolâtres qui sont enracinées dans nos expériences passées. C'est souvent à partir d'expériences de notre enfance que nous avons appris ce que nous devions faire ou les choses que nous devions éviter, si nous voulions que nos besoins soient satisfaits. Les expériences négatives qui nous ont blessés ou frustrés nous ont appris ce que nous devions éviter pour échapper à ces sentiments douloureux. Et les expériences qui nous ont apporté une émotion positive, l'épanouissement ou la satisfaction nous ont enseigné ce que nous devions poursuivre pour renouveler cette impression agréable.

L'un de mes souvenirs d'enfance les plus lointains illustre ce point. J'avais environ 5 ans et vivais à cette époque avec ma famille en Afrique de l'Est. Mon père rêvait d'avoir un bateau, même si nous habitions assez loin de la mer. Chaque week-end, il travaillait dans son garage à la réalisation de son rêve et mon frère et moi le regardions construire le bateau. Finalement, lorsque son projet vit le jour nous partîmes tous ensemble vers une jetée de notre secteur pour faire faire au bateau son premier voyage. Nous avions donné au petit bateau à rames le nom de « Coup de chance » parce que mon père n'était pas sûr qu'il pût flotter!

Très réticent, mon père accepta de nous laisser entrer dans le bateau tous ensemble. Je peux me rappeler de l'impression de joie et de satisfaction que je ressentis du fait d'être inclus dans l'aventure, même si j'étais le plus jeune et même si j'étais celui qui avait le moins contribué à la construction de la barque. Mais mon père décida que le bateau était trop chargé et me demanda de sortir. Lui et mon frère s'éloignèrent vers les eaux plus profondes.

J'avais été laissé sur le bord pour ma protection et ma propre sécurité mais je me sentais frustré d'avoir été exclu. Je peux me rappeler des sentiments associés au rejet et à la solitude de voir mon père, avec mon frère, faire leur tour et revenir quelques instants plus tard tout sourire après une heureuse première mise à l'eau.

Il est surprenant d'apprendre que des expériences telles que celle-ci, particulièrement si elles ont été répétées dans la petite enfance, peuvent vous affecter plus tard dans la vie. Par cette expérience et bien d'autres dans ces premières années de ma vie, j'acquis une compréhension fausse sur la manière de satisfaire mes besoins. J'appris que pour sentir que j'étais quelqu'un qui avait de la valeur je devais être accepté par les personnes importantes à mes yeux. Je devais faire partie de leur groupe. Et si je ne voulais pas finir dans la frustration, je devais apprendre à me conduire de telle sorte à ne pas me faire exclure d'un groupe quel qu'il soit. Bien des années plus tard, je combattais encore contre des sentiments de rejet et l'impression de ne pas avoir de valeur chaque fois que je me retrouvais dans une situation où je me sentais injustement exclu.

## UN CHANGEMENT RÉEL

Beaucoup d'entre nous ont appris des modèles de conduite pour éviter le rejet ou d'autres façons d'être, basées sur notre perception de la manière dont nos besoins pouvaient être satisfaits. Avec le temps, ces impressions deviennent des choses auxquelles nous tenons et des croyances très ancrées. Elles font souvent partie de notre personnalité et de notre manière inconsciente de voir les choses. Elles tendent à l'idolâtrie parce qu'elles nous conduisent à croire que, *l'accomplissement de nos désirs fondamentaux* se trouve en dehors de Dieu et de sa gracieuse provision pour nos vies. Mais ces fausses espérances ne marchent jamais. Elles nous conduisent toujours dans la mauvaise direction – vers une satisfaction superficielle et à court-terme.

La réponse se trouve dans l'expérience d'une profonde repentance ou d'un profond changement de manière de penser. Renouveler nos pensées signifie échanger ces vieilles croyances idolâtres contre de nouvelles certitudes basées sur la connaissance profonde et expérimentale qu'il est bon d'être près de Dieu et de suivre sa volonté. Lorsque nous voyons la bonté de Dieu et sa grâce et lorsque nous comprenons qu'il est généreux et ne nous prive de rien, nous commençons à nous approcher de lui. Nous avons confiance. Nous savons que ses voies sont bonnes, agréables et parfaites. Alors nous commençons à dépendre de lui pour recevoir la capacité de vaincre le passé. Le *Psaume 73* nous parle de tout cela et spécialement le verset *28*:

*Pour moi, m'approcher de Dieu, c'est mon bien: Je place mon refuge dans le Seigneur, l'Eternel, afin de raconter toutes tes œuvres. (Psaume 73:28)*

### La dynamique du changement

Une fois que vous croyez vraiment que suivre le chemin de Dieu et se soumettre à la Seigneurie de Jésus-Christ vous apportera la plénitude de la vie, vous serez prêt à changer. Votre motivation sera différente. Maintenant, vous serez prêt à suivre le chemin de Dieu. Vous commencerez à rejeter les anciennes manières de penser idolâtres et à les remplacer par la nouvelle manière de penser qui vous dirige vers le cœur pur du Père, plein d'amour et de grâce.

Etant renouvelés dans votre pensée, vous serez prêt à être transformé dans votre vie. Vous commencerez à vous dépouiller des choses anciennes et à vous revêtir des nouvelles. Vous remplacerez les anciennes pensées et intentions par les nouvelles et vous développerez de nouveaux modèles de conduite dans votre vie.

### Comment vous pouvez changer

Nous sommes maintenant prêts à vous indiquer les pas qui vous conduiront à un réel changement dans votre vie.

1. Comprenez qui vous êtes en Christ. Pour avoir un aperçu de cette réalité, regardez la liste qui se trouve à la fin de ce chapitre.
2. Gardez les yeux fixés sur Jésus tout en vous détournant de toute pensée selon laquelle vos besoins pourraient être satisfaits par quoi que ce soit d'autre que Christ et sa provision gracieuse pour votre vie.
3. A mesure que le Saint-Esprit vous pousse à le faire, débarrassez-vous de vos vieilles manières de penser et de vous conduire et revêtez-vous des nouvelles pensées et actions qui sont appropriées à votre nouvelle vie en Christ.
4. Persévérez dans ce qui est nouveau, remplaçant les vieilles habitudes par de nouvelles habitudes en Christ par la puissance et l'énergie du Saint-Esprit qui vit en vous.

**Qui je suis en Christ**

La liste qui suit est tirée d'*Ephésiens* chapitres 1 et 2

1. Je suis béni de toute bénédiction spirituelle (1:3)
2. Je suis élu avant la fondation du monde (1:4)
3. Je suis saint et irréprochable (1:4)
4. Je suis aimé par le Père (1:5)
5. Je suis prédestiné à une relation avec Dieu (1:5)
6. Je suis adopté(e) comme fils (fille) par Jésus-Christ (1:5)
7. Je plais à Christ (1:5)
8. Je suis une démonstration de la louange de la gloire et de la grâce de Dieu (1:6)
9. Je suis accepté dans le bien-aimé (1:6)
10. Je suis racheté et libéré (1:7)
11. Je suis pardonné (1:7)
12. Je suis héritier de Dieu (1:11)
13. Je suis en sécurité en Christ (1:13-14)
14. Je suis illuminé par la révélation, la connaissance et la sagesse spirituelles (1:17-18)
15. Je suis revêtu de puissance et de force par Dieu (1:19-20)
16. Je suis assis avec Christ dans les lieux célestes à la droite du Père (1:20)
17. Je suis un membre victorieux du corps de Christ (1:22-23)
18. Je suis rendu vivant en Christ (2:5)
19. Je suis délivré du contrôle de Satan (2:1)
20. Je suis un enfant de miséricorde (2:3-4)
21. Je suis sauvé par grâce, par la foi (2:8-9)
22. Je suis le chef-d'œuvre du Père en tant que Créateur (2:10)
23. Je suis créé pour les buts préparés d'avance par Dieu (2:10)
24. Je suis un ayant droit de cité en Israël (2:12)

25. Je suis inclus dans l'alliance de la promesse (2:12)
26. Je suis rapproché par le sang de Christ (2:13)
27. J'ai un accès immédiat et permanent auprès de Dieu par le Saint-Esprit (2:18)
28. Je suis concitoyen des saints (2:19)
29. Je suis membre de la famille de Dieu (2:19)
30. Je suis édifié sur le fondement de Christ (2:20)
31. Je suis un temple saint dans le Seigneur (2:21)
32. Je suis une habitation de Dieu en Esprit (2:22)

THÈME 5

# LE FRUIT DE L'ESPRIT

Lorsque vous êtes né de nouveau par la foi en Jésus-Christ, un miracle étonnant s'est produit dans votre vie. Vous avez reçu une nouvelle nature, la nature de Jésus-Christ. Cette nature est spirituelle, c'est-à-dire qu'elle est créée en vous par le Saint-Esprit. Ainsi votre nouvelle vie en Christ est aussi la vie nouvelle de l'Esprit.

Comme nous venons de le voir dans le chapitre précédent, l'appel au nouveau style de vie en Christ est l'appel que Dieu nous adresse à devenir ce que nous sommes. Parce que nous ne sommes plus dominés par nos désirs charnels, nous pouvons vivre une vie d'abandon et d'obéissance au Saint-Esprit. De cette manière, le caractère de Christ est formé en nous et nous grandissons tous les jours, devenant semblables à lui dans nos pensées, nos paroles et nos actions.

Paul nous donne le commandement de Dieu dans les Galates: « Marchez selon l'Esprit, et vous n'accomplirez pas les désirs de la chair. » (*Galates 5:16*). Dans cet ordre, nous trouvons à la fois le problème et la solution, le diagnostic et la cure.

Reconnaissons en premier lieu que nous sommes tous encore sujets aux désirs de la chair. Ces influences négatives propres à notre cœur nous éloignent de Dieu. La tentation utilise nos mauvais désirs qui nous entraînent et nous attirent vers notre ancienne manière de vivre et sa vision négative.

Cet attrait pour le péché peut être très fort. Nous devons donc savoir comment y faire face de manière efficace. Dans ce livre, nous voyons comment la chair opère dans nos vies. Nous voyons aussi comment des choses telles que des émotions brisées, des blessures passées, des puissances démoniaques et des liens héréditaires peuvent toutes avoir un effet négatif sur notre vie lorsque nous cherchons à suivre Christ. Nous voyons aussi qu'en Christ, nous avons été totalement libérés de tous ces obstacles. Il nous a donné la puissance de vivre libre avec Abba, Père. En bref, il ne nous reste qu'une seule chose à faire: marcher dans la force et avec la capacité que nous donne le Saint-Esprit.

## La Seigneurie de Jésus-Christ

Notre marche spirituelle commence lorsque nous reconnaissons que Jésus-Christ est Seigneur de notre vie. Il ne s'agit pas seulement de le confesser comme Seigneur avec nos lèvres mais de nous soumettre effectivement à sa seigneurie dans nos cœurs. C'est la seule manière de vivre et d'entrer dans la joie, les privilèges et les récompenses qui sont attachés au royaume de Dieu.

*Ceux qui me disent: « Seigneur, Seigneur! » n'entreront pas tous dans le royaume des cieux, mais seulement celui qui fait la volonté de mon Père qui est dans les cieux. (Matthieu 7:21)*

Reconnaître la seigneurie de Christ implique notamment le fait de le suivre en tant que ses disciples des temps modernes. La vie de disciple c'est la « vie qui jaillit de la grâce ». Jésus nous attire par sa grâce dans la vie de sacrifices et pourtant pleine de récompenses consistant à lui ressembler en toutes choses –nos attitudes, notre caractère, notre comportement et notre ministère. Mais ce n'est pas une expérience vécue automatiquement par tous les croyants. Nous devons la choisir quotidiennement et la choisir parce que nous la voulons vraiment. Comme nous l'avons vu dans le chapitre précédent, tout se résume à ce que nous croyons être la réponse à la question suivante: où la vie abondante se trouve-t-elle vraiment?

## Le désir spirituel

Si nous croyons que Jésus-Christ a la vie abondante que nous recherchons, nous serons prêts à perdre notre vie pour gagner la sienne. Mais si nous ne croyons pas vraiment que la vraie vie se trouve en lui, nous aurons toujours un cœur partagé dans nos choix spirituels. Nous vivrons à la périphérie du royaume de Dieu et nous n'entrerons jamais de plain-pied dans la plénitude de ce qu'il a pour nous. C'est pourquoi Jésus faisait toujours très attention de précéder son appel à la vie de disciple par la question du désir spirituel:

*Puis il dit à tous: Si quelqu'un veut venir après moi, qu'il renonce à lui-même, qu'il se charge chaque jour de sa croix, et qu'il me suive. Car celui qui veut sauver sa vie la perdra, mais celui qui la perdra à cause de moi la sauvera. Et que servirait-il à un homme de gagner tout le monde, s'il se détruisait ou se perdait lui-même? (Luc 9:23-25)*

Toute la question est de savoir ce que vous désirez dans votre cœur. Jésus gagne d'abord nos cœurs par la révélation de son amour et de sa grâce. Ensuite il nous montre comment connaître la joie d'être profondément satisfait par sa plénitude. Ce qui signifie simplement se charger de votre croix chaque jour et le suivre. Si vous voulez sauver votre vie et la vivre selon votre propre sagesse, vous la perdrez. Vous passerez à côté de la vie abondante qu'il vous offre. Mais si vous désirez vraiment ce que Christ a pour vous, vous devez être prêt à perdre votre vie – votre manière ancienne de penser, de croire et de vivre, centrée sur vous-mêmes. Cela signifie notamment abandonner tout effort personnel en vue de vivre pour Dieu. Quelle surprise merveilleuse vous attend alors! Ce nouveau style de vie centré sur Christ libère en vous la vie même de Christ qui vit en vous. Vous perdez votre vie et vous gagnez la sienne!

De même que Christ a porté sa croix et a été crucifié, nous devons nous aussi porter notre croix et mourir quotidiennement au « moi » qui se trouve en nous – aux choses qui lui déplaisent et aux choses qui sont en relation avec notre ancienne manière de vivre, y compris la tentative de vivre pour Dieu par nos propres efforts. Mais la bonne nouvelle, c'est qu'après la crucifixion vient la résurrection! Nous découvrons qu'en suivant le chemin de la croix, nous recevons la vie de résurrection et la satisfaction de nos désirs les plus profonds. La méthode de Dieu marche!

Paul le dit de la manière suivante:

*J'ai été crucifié avec Christ; et si je vis, ce n'est plus moi qui vis, c'est Christ qui vit en moi; si je vis maintenant dans la chair, je vis dans la foi au (du) Fils de Dieu, qui m'a aimé et qui s'est livré lui-même pour moi. (Galates 2:20)*

Nous voyons dans ce verset des principes importants concernant la vie de l'Esprit:
- Elle commence par la crucifixion avec Christ et la mort à soi-même.
- Cette mort conduit à la vie de résurrection, la vie même de Christ en vous.
- Cette vie nouvelle vient par la foi de Jésus-Christ œuvrant à la fois en votre faveur et dans votre vie.

**La foi de Christ**

Nous savons que nous ne pourrions jamais être sauvés en dehors de Christ, sa mort et sa résurrection. Mais rares sont ceux qui comprennent la phrase: « la foi de Jésus-Christ ». Qu'est-ce que la foi de Christ a à voir avec le fait que nous soyons sauvés et que nous vivions une vie sainte devant Dieu? Jésus a fait deux choses principales pour nous lorsqu'il était sur la terre: il a vécu pour nous et il est mort pour nous. Jésus a été en toutes choses un modèle d'obéissance mais il est pour nous plus qu'un simple exemple. Il met sa propre vie à notre disposition lorsque nous vivons par la foi.

Nous savons que Jésus est mort pour nous afin que nous puissions recevoir la justice de Dieu et être sauvés, comme l'explique Paul:

*Celui qui n'a point connu le péché, il l'a fait devenir péché pour nous, afin que nous devenions en lui justice de Dieu. (2 Corinthiens 5:21)*

Lorsqu'il a vécu sur la terre, Jésus a parfaitement accompli la loi de Moïse pour nous. Or, cette loi était la mesure divine d'une vie sainte. Jésus s'est parfaitement conformé à la volonté du Père. Il n'a jamais commis un seul péché mais il a vécu une vie de justice parfaite.

Lorsque Jésus est mort sur la croix, il a payé la pénalité de notre péché, en ôtant notre injustice et en la remplaçant par sa justice. Nous sommes sauvés par sa justice, la justice de Jésus-Christ, et non la nôtre. C'est la raison pour laquelle notre salut est assuré et que nous qui croyons vraiment, nous ne pourrons jamais être perdus. Nous sommes sauvés par la justice de Christ et non par nos propres actions. Ce que nous venons de décrire est l'œuvre de Christ en notre faveur. Maintenant il est monté au ciel pour se présenter au Père comme notre intercesseur, notre avocat et notre grand prêtre. Il est « toujours vivant pour intercéder en notre faveur » (*Hébreux 7:25*). Il parle au Père pour notre défense, usant constamment des bénéfices de sa mort sacrificielle pour nous (*1 Jean 2:1-2*). Ce qui signifie que tel Christ est maintenant devant le Père, revêtu de gloire et de sainteté, tels nous sommes aussi dans le monde (*1 Jean 4:17*).

Mais ce que Jésus a fait pour nous ne s'arrête pas là. Lorsque Jésus est ressuscité, il a mis sa vie de résurrection à notre disposition par le Saint-Esprit. Maintenant, nous vivons par la foi de Christ qui oeuvre en nous. Ainsi, la foi de Christ est à la fois le don gratuit de la justice, par laquelle nous sommes sauvés, et la puissance de Christ en nous, par laquelle nous marchons maintenant dans les voies de la justice. Nous vivons la vie de Christ par la force et la capacité du Saint-Esprit qui modèle en nous le caractère de Christ. Tout ce que nous avons à faire, c'est de nous enlever du chemin, d'arrêter nos gesticulations et de permettre à la nouvelle nature de prendre le dessus. C'est cela que signifie vivre par la foi du Fils de Dieu. Comme Paul l'a exprimé: « J'ai été crucifié avec Christ, et si je vis, ce n'est plus moi qui vit, mais Christ qui vit en moi. »

Nous pouvons aussi dire, ce qui revient au même, que le Saint-Esprit reproduit en nous la nature de Christ. Cette nature commence à s'exprimer et nous sommes changés à la ressemblance de Christ. C'est là l'œuvre du fruit de l'Esprit dans notre vie.

*Or, le Seigneur, c'est l'Esprit; et là où est l'Esprit du Seigneur, là est la liberté. Nous tous dont le visage découvert reflète la gloire du Seigneur, nous sommes transformés en la même image, de gloire en gloire, par l'Esprit du Seigneur. (2 Corinthiens 3:17-18)*

## La vie dans l'Esprit

Il est important de comprendre le sens de la vie dans l'Esprit à laquelle nous sommes appelés. En fait, nous sommes sanctifiés par ce que le Saint-Esprit produit en nous et non par nos efforts humains. C'est la nature de Christ en nous qui apporte la sainteté et non quelque chose qui vient de nous-mêmes. Nous devons coopérer avec le Saint-Esprit et nous soumettre à sa direction. Mais nous ne pourrons jamais avoir l'initiative de cette sainteté ni vivre à la hauteur de ses exigences par nos propres forces.

Certaines personnes argumentent, à tort, en disant que si nous observons les lois et les règles ad hoc, nous deviendrons saints. Mais les règles et régulations ne pourront jamais nous rendre saints. Seul le Saint-Esprit peut faire cela. S'il est impossible d'être sauvé en observant la loi de Moïse, alors il est tout aussi impossible de devenir saint en nous soumettant à la même loi. En fait, nous avons été glorieusement libérés de la loi dans toutes ses formes et toutes ses applications. Nous avons été unis à Christ par le Saint-Esprit. Nous sommes maintenant sous la loi de Christ, étant dans une « union légale » avec lui (1 Corinthiens 9:21). Désormais c'est lui qui dirige nos vies par le Saint-Esprit. C'est de cette nouvelle position que viennent la volonté et le pouvoir de changer. De même que nous sommes sauvés par la foi et non par les œuvres, de même nous sommes motivés et rendus capables de vivre une vie sainte par le Saint-Esprit. Nous suivons ses impulsions dans nos cœurs. Cela n'a rien à voir avec nos propres efforts.

Or, il est important d'éviter d'en tirer des conclusions fausses, comme le font certains à partir des vérités que nous venons d'expliquer.

## La sainteté requiert notre coopération active

La première conclusion fausse vient du raisonnement suivant: comme le Saint-Esprit produit le fruit de la vie nouvelle en nous, nous n'avons pas besoin de faire quoi que ce soit pour devenir saints. Ce n'est pas vrai. Nous devons croire et agir sur la base de notre foi, en nous dépouillant des choses anciennes pour nous revêtir des nouvelles. Nous faisons confiance au Saint-Esprit et nous lui obéissons.

Nous devons activement coopérer avec le Saint-Esprit dans cette marche de sainteté. Dieu ne va pas le faire pour vous, ni le faire par vous. Non, il va plutôt vous rendre capable de le faire. Vous devez choisir de vivre pour Dieu et choisir de marcher dans sa sainteté. Mais vous ne pouvez avoir du succès qu'en vous appuyant sur le Saint-Esprit pour qu'il vous rende capable de le faire.

Ensuite, il y a le point de vue erroné qui consiste à croire que parce que nous ne sommes pas sous la loi de Moïse, cela signifie que nous ne sommes pas sensés vivre une vie sainte. Certains enseignent même que parce que la grâce de Dieu couvre tous nos péchés, nous pouvons vivre comme cela nous plaît!

Paul a dû régler ce problème, mais examinez sa réponse avec soin:

*Que dirons-nous donc? Demeurerions-nous dans le péché, afin que la grâce abonde ? Loin de là ! Nous qui sommes morts au péché, comment vivrions-nous encore dans le péché? (Romains 6:1-2)*

Le péché ne peut pas vous garder de la grâce, mais la grâce vous gardera du péché. La grâce n'est pas une licence pour pécher. Elle concerne la manière dont nous triomphons du péché.

*Car le péché n'aura point de pouvoir sur vous, puisque vous êtes, non sous la loi, mais sous la grâce. (Romains 6:14)*

Tout notre péché est couvert par la grâce, complètement. Toutefois nous ne devrions jamais utiliser cette vérité pour couvrir nous-mêmes notre péché ou justifier nos actions pécheresses. L'apôtre Pierre donne un enseignement sévère sur ce point.

*Etant libres, sans faire de la liberté un voile qui couvre la méchanceté, mais agissant comme des serviteurs de Dieu. (1 Pierre 2:16)*

**La sainteté est nécessaire**

Pouvez-vous voir à quel point les gens sont inconséquents lorsqu'ils disent que parce que nous avons reçu la grâce de Dieu, il n'y a pas de mal à continuer de pécher? Nous sommes morts au péché et continuer à pécher après avoir été sauvé est tout simplement impensable! C'est tout le contraire qui est vrai. Comme l'écrit John Newton dans son cantique Amazing Grace: « C'est la grâce qui m'a enseigné la crainte, et la grâce qui a soulagé mes craintes. »

Newton savait que la grâce de Dieu nous sauve. Mais il était aussi convaincu que ceux qui avaient réellement été sauvés auraient à cœur de régler tout ce qui concernait le péché dans leur vie par la crainte immense et respectueuse qu'ils auraient de Dieu.

Paul décrit cette réalité de la manière suivante lorsqu'il écrit à Tite:

*Car la grâce de Dieu, source de salut pour tous les hommes, a été manifestée. Elle nous enseigne à renoncer à l'impiété et aux convoitises mondaines, et à vivre dans le siècle présent selon la sagesse, la justice et la piété (Tite 2:11-12)*

L'auteur des Psaumes l'exprime ainsi:

*Si tu gardais le souvenir des iniquités, Eternel, Seigneur, qui pourrait subsister? Mais le pardon se trouve auprès de toi, afin qu'on te craigne. (Psaume 130:3-4)*

## La sainteté peut être enseignée

Il y a un autre malentendu important qui doit être dissipé lorsqu'on explique que les chrétiens ne sont pas sous la loi. Certaines personnes en déduisent, à tort, qu'en tant que chrétiens nous n'avons pas d'instructions à suivre. Tout ce que nous avons à faire consiste à suivre la direction de l'Esprit. Oui, ce dernier point est juste, tout ce que nous avons à faire est d'obéir au Saint-Esprit, mais ses directives et ses incitations peuvent être données sous la forme d'instructions divines.

En fait, la majeure partie du Nouveau Testament contient de telles instructions. Dieu nous y donne les instructions du Saint-Esprit au sujet de la vie nouvelle. Mais il ne s'agit pas d'une nouvelle loi ni d'un code d'éthique chrétienne. Le Nouveau Testament décrit plutôt en détail à quoi ressemble la vie dans l'Esprit et c'est cette vie dans l'Esprit qui est le modèle qui fait autorité pour notre vie. La vie de disciple se résume pour les chrétiens à apprendre quelle est la volonté de Dieu et s'abstenir des choses qui déplaisent à Dieu comme l'Esprit nous les montre, à partir des Ecritures aussi bien qu'en parlant directement à nos cœurs.

Tout ce qui ne s'aligne pas avec la règle d'or, ou en d'autres termes le principe de l'amour, doit être évité. Jésus nous a enseignés ainsi: « Tout ce que vous voulez que les hommes fassent pour vous, faites-le de même pour eux... » *(Matthieu 7:12)*.

Le Saint-Esprit attire notre attention sur ce que Dieu veut. Quand on y pense, ce que la chair peut produire est évident et les conséquences de notre abandon à la chair sont tout aussi évidentes. Comment pouvons-nous hériter les bonnes choses d'Abba, Dieu, lorsque nous sommes préoccupés ou dominés par ces œuvres de la chair?

*Or, les œuvres de la chair sont évidentes; ce sont la débauche, l'impureté, le dérèglement, l'idolâtrie, la magie, les rivalités, les querelles, les jalousies, les animosités, les disputes, les divisions, les sectes, l'envie, l'ivrognerie, les excès de table et les choses semblables. Je vous dis d'avance, comme je l'ai déjà dit, que ceux qui commettent de telles choses n'hériteront point le royaume de Dieu. (Galates 5:19-21)*

C'est à nous de choisir simplement. Voulons-nous nous soumettre aux œuvres de la chair ou être libérés dans la vie de l'Esprit? C'est ce sur quoi nous nous concentrons qui fait toute la différence. Si nous nous préoccupons de la chair et cherchons à la vaincre par nos propres efforts, nous échouerons. Mais si nous capitulons en nous soumettant à l'Esprit, nous serons vainqueurs sur les œuvres de la chair.

**Les œuvres ou le fruit?**

Notez le bien, Paul parle des « œuvres » de la chair et du « fruit » de l'Esprit. Ce choix de vocabulaire est intentionnel. L'effort humain consiste à essayer de plaire à Dieu par les choses que nous faisons. Cela revient exactement au même que d'essayer de gagner sa faveur par nos œuvres. Ceux qui vivent par la loi ou cherchent à être influencés par la loi sont facilement dominés par la chair. Tout ce que la loi peut faire, c'est de nous montrer nos faiblesses et nos échecs. Paul écrit: « par la loi vient la connaissance du péché » (*Romains 3:20*). Le Saint-Esprit ne veut pas que nous vivions dans la conscience du péché. Il désire que nous vivions dans la conscience de la justice que nous avons en Christ.

Certains souffrent continuellement de culpabilité dans la conscience d'avoir déplu au Seigneur et se rappellent constamment de leur état de péché. Ces personnes ne sortiront jamais du cercle vicieux consistant à essayer puis à échouer. Nous n'avons pas été sauvés par nos œuvres. Nous ne sommes pas non plus rendus saints par nos propres efforts. Paul révèle que la vraie puissance qui se trouve derrière le péché c'est la loi (*1 Corinthiens 15:56*). Par conséquent, nous devons être libérés de nos propres efforts dans notre tentative de plaire à Dieu sous la loi. La bonne nouvelle, cependant, c'est que Jésus nous a libérés de l'emprise de la loi qui nous étranglait. Rappelez-vous que nous avons été affranchis du péché parce que nous ne sommes plus sous la loi mais sous la grâce (*Romains 6:14*).

Nous échappons au pouvoir de la loi afin de moissonner le fruit de la justice, le fruit de l'Esprit. En effet, lorsque nous arrêtons d'essayer de plaire à Dieu par nos tentatives charnelles d'accomplir la loi, nous pouvons nous soumettre au Saint-Esprit qui produit alors en nous son fruit. En d'autres termes, lorsque nous abandonnons notre propre effort, nous libérons l'Esprit pour qu'il puisse accomplir en nous son œuvre.

**Semer pour l'Esprit**

S'abandonner à l'Esprit peut se comparer à semer des semences qui produisent en nous le fruit de la justice. Semer et récolter correspondent à un principe de la nature – ce que vous semez, vous le récoltez. Si vous semez des pépins de pomme, vous récolterez des pommes, si vous semez du raisin, vous vendangerez du raisin, etc. Il s'agit aussi d'un principe spirituel. Si vous semez pour la chair, vous récolterez des choses dans votre vie qui sont charnelles et ne vous profiterons pas. Mais si vous semez selon l'Esprit, vous moissonnerez le fruit riche, rafraîchissant et satisfaisant de l'Esprit. En d'autres termes, si nous nous soumettons à la chair, nous moissonerons de manière correspondante. Mais si nous semons pour l'Esprit en nous soumettant à son influence, nous moissonnerons tout ce qui est bon et vient du royaume de Dieu et son règne dans nos vies.

*Ne vous y trompez pas: on ne se moque pas de Dieu. Ce qu'un homme aura semé, il le moissonnera aussi. Celui qui sème pour sa chair moissonnera aussi de la chair la corruption; mais celui qui sème pour l'Esprit moissonnera de l'Esprit la vie éternelle. (Galates 6:7-8)*

Dans le contexte, ce passage parle de donner nos ressources financières pour le royaume de Dieu. Paul montre que nos finances sont comme une semence qui peut être semée de la bonne ou de la mauvaise manière. Un bon usage de votre argent peut apporter beaucoup de bénédictions à d'autres et à vous-mêmes. Mais si vous abusez de vos finances en les semant dans des plaisirs de la chair, vous finirez par récolter des fruits pourris dans votre vie !

Appliqué à votre vie spirituelle, le principe de semer et récolter signifie que vous devez arrêter de semer dans le sol stérile de la chair. Au contraire, vous vivez selon l'Esprit qui produit en vous son fruit. Mais comment pouvez-vous vous arrêter de semer pour la chair? De deux manières. Premièrement, vous choisissez de croire que vous êtes juste en Christ et que vous n'avez rien à faire pour bénéficier de sa faveur. Vous reconnaissez que vous êtes immensément béni, hautement favorisé et profondément aimé en Christ (*Ephésiens 1:6*). Deuxièmement, vous vivez dans la faveur de Dieu, en poursuivant Christ et sa bonté et en laissant tomber les fausses promesses de la chair. Fini d'essayer de trouver la vie sous la loi. Fini de chercher votre satisfaction par vos propres efforts et votre propre sagesse. Au lieu de cela, vous vous confiez dans la justice de Christ en trouvant votre joie et votre plénitude en lui.

En vous abandonnant à l'Esprit, vous devenez vainqueur sur les désirs de la chair. Le Saint-Esprit vous modèle en vous rendant semblable à Christ dans votre caractère. La nouvelle nature de l'Esprit produit en vous le fruit de la vie de Christ. Ce fruit de l'Esprit est du reste facile à reconnaître.

*Mais le fruit de l'Esprit, c'est l'amour, la joie, la paix, la patience, la bonté, la bienveillance, la foi, la douceur, la maîtrise de soi; la loi n'est pas contre ces choses. (Galates 5:22-23)*

Lorsque nous vivons ainsi, nous vivons à un niveau de justice encore plus élevé que si nous étions de simples observateurs de la loi de Moïse. Du fait que nous plaisons à Dieu par l'opération interne du Saint-Esprit, notre justice vient de l'intérieur. Ainsi, le Saint-Esprit nous donne la carte routière pour notre vie, mais il est aussi notre guide vivant qui nous accompagne en cours de route. Il est également l'influence qui nous motive et nous donne la capacité de marcher dans les voies de la sainteté.

**Une soumission totale**

Le fait de reconnaître la Seigneurie de Jésus conduit à une soumission totale. Vous apprenez à placer toute votre vie sous son contrôle et sa domination pleine d'amour. Votre temps, vos talents, vos possessions et vos finances ne sont désormais plus à vous. Tout ce que vous avez vient de lui et vous a été confié en tant qu'économe ou gérant. Ainsi, vous gérez et utilisez ces biens en sa faveur. C'est ainsi que fonctionne le royaume de Dieu. Nous n'avons pas le droit de retenir quoi que ce soit. Cet engagement total n'est pas à craindre mais à accueillir. Honorer Dieu avec tout ce que vous êtes et tout ce que vous avez ne fera jamais de vous un perdant. Même le rejet et la persécution pour la cause de Christ contiennent la promesse d'une récompense.

*Jésus répondit : Je vous le dis en vérité, il n'est personne qui, ayant quitté, à cause de moi et à cause de la bonne nouvelle, sa maison, ou ses frères, ou ses sœurs, ou sa mère, ou son père, ou ses enfants, ou ses terres, ne reçoive au centuple, présentement dans ce siècle-ci, des maisons, des frères, des sœurs, des mères, des enfants, et des terres, avec des persécutions, et, dans le siècle à venir, la vie éternelle. (Marc 10:29-30)*

Le salut que Christ nous a donné est tellement extraordinaire! Non seulement nous sommes sauvés par sa grâce, mais nous sommes aussi rendus saints par sa grâce. C'est là la puissance de sa faveur imméritée dans nos vies. Il nous affranchi du péché et de la loi. Il nous libère dans la vie de l'Esprit. Jésus nous donne sa justice comme un don gratuit puis il met cette justice en œuvre dans notre propre vie afin que nous puissions porter le fruit de son caractère. Et après avoir fait toutes ces choses, il nous récompense encore plus en nous bénissant avec son abondante provision dans chaque domaine de nos vies.

THÈME 6

# LA GUÉRISON INTÉRIEURE

Le salut de Dieu est total et complet. Il touche tous les domaines de votre personnalité: esprit, âme et corps. Cela signifie que l'œuvre que Jésus a achevée sur la croix vous suffit entièrement.

*Que le Dieu de paix vous sanctifie lui-même tout entiers, et que tout votre être, l'esprit, l'âme et le corps, soit conservé irréprochable, lors de l'avènement de notre Seigneur Jésus-Christ! (1 Thessaloniciens 5:23)*

La traduction de la Nouvelle version internationale en anglais l'exprime ainsi: Que Dieu... maintienne irréprochable la totalité de votre esprit, votre âme et votre corps.

Considérez la manière dont ce salut opère:

- Physiquement – la guérison pour votre corps, maintenant, et la résurrection à venir
- Emotionnellement – la guérison pour votre vie intérieure, votre âme, vos pensées et vos émotions
- Spirituellement – votre esprit est ramené à la vie et à la santé

Ce processus ne sera pas achevé tant que Jésus ne sera pas revenu. Entre temps, il y aura toujours une expérience plus grande de sa personne à découvrir, plus d'occasions de grandir dans la grâce et dans la connaissance du Seigneur. Les pressions de la vie quotidienne seront toujours là, venant des hommes, des circonstances et des situations qui influencent notre vie négativement. La maturité chrétienne ne crée pas une vie sans problèmes mais elle se mesure à la manière dont nous gérons ces difficultés.

Notez dans quel ordre Dieu restaure les divers aspects de notre humanité: d'abord l'esprit, ensuite l'âme et finalement le corps qui sera racheté au jour de la résurrection. Dieu commence par la plus grande guérison de toutes en traitant la racine de tous les problèmes, à savoir le péché. Le pardon de Dieu est le plus grand miracle que vous pourrez expérimenter. Même les miracles de guérisons physiques opérés par Jésus étaient des signes qui attiraient l'attention sur l'autorité qu'il avait de pardonner les péchés. Cela apparaît clairement dans l'histoire de la guérison du paralytique.

*Or, afin que vous sachiez que le Fils de l'homme a sur la terre le pouvoir de pardonner les péchés: Je te l'ordonne, dit-il au paralytique, lève-toi, prends ton lit, et va dans ta maison. (Marc 2:10-11)*

Mais, il y a une autre dimension dans la guérison qui n'est pas seulement physique ou spirituelle. Il s'agit de la guérison de nos émotions et nous pouvons la nommer la « guérison intérieure ». Dieu est concerné par la guérison de notre « être intérieur » comme les versets suivants le montrent:

*C'est pourquoi nous ne perdons pas courage. Et même si notre homme extérieur se détruit, notre homme intérieur se renouvelle de jour en jour. (2 Corinthiens 4:16)*

*L'esprit de l'homme le soutient dans la maladie; mais l'esprit abattu, qui le relèvera? (Proverbes 18:14)*

*Garde ton cœur plus que toute autre chose, car de lui viennent les sources de la vie. {en anglais les « sources » sont traduites par « les problèmes. »} (Proverbes 4:23)*

Dieu veut nous guérir des choses suivantes:

- Un esprit blessé
- Un esprit brisé
- Un esprit attristé
- Des douleurs émotionnelles
- Des conflits intérieurs
- Des émotions détruites.

Ces problèmes intérieurs ne sont pas visibles à la surface. Beaucoup de chrétiens on l'air assez heureux, mais cela ne veut pas dire qu'ils sont libérés de douleurs intérieures. Vous pouvez louer et adorer Dieu tous les dimanches, tout en continuant à avoir mal à l'intérieur. Vous pouvez être physiquement en bonne santé tout en souffrant émotionnellement.

## LA GUÉRISON INTÉRIEURE

**La présence de la douleur**

Le trafic est dangereux sur l'autoroute de la vie et il y a tant de choses qui peuvent nous blesser, nous laissant sur le côté de la route brisés, saignants et souffrants. Nous sommes tous des victimes de quelque chose, qu'il s'agisse de relations brisées, d'abus subis dans notre enfance, d'échecs de nos parents dans leur rôle parental, de péchés personnels ou d'événements tragiques.

**La douleur causée par d'autres personnes**

Dieu nous a créés dépendants les uns des autres. Nous avons dans ce sens besoin de compagnie, d'être acceptés, d'approbation, d'être reconnus et de bien d'autres choses auxquelles Dieu pourvoit en nous donnant des relations avec les gens. Or, chaque fois que ces besoins sont frustrés d'une manière ou d'une autre, nous pouvons en souffrir beaucoup sur le plan personnel.

Les mauvaises relations dans le mariage et la famille peuvent toucher les émotions et leur porter atteinte de la manière la plus grave. Des parents qui jouent mal leur rôle peuvent livrer l'enfant à une vie entière de misère. Le divorce est connu pour être très douloureux, quelles que soient les circonstances qui l'entourent.

Il y a tant de gens qui souffrent de la morsure de la solitude ou du rejet. Ils s'ouvrent à quelqu'un d'autre, sont de nouveau rejetés et se replient ensuite derrière un mur de protection, étant blessés et effrayés à l'idée de faire une nouvelle sortie.

La séparation peut arriver par la mort ou l'infidélité de quelqu'un. Les péchés graves commis contre vous comme un abus verbal, physique ou sexuel peuvent laisser en vous une douleur intense.

Les accidentés de la vie, abandonnés sur le bord du chemin sont nombreux. L'ambition, l'égocentrisme et la cupidité conduisent à toutes sortes de blessures. Ceux qui piétinent les autres le font au nom de leurs avantages. La violence remplit une société d'individus qui dénient aux autres leur valeur et leur dignité personnelle. Ils les considèrent uniquement comme des obstacles à supprimer ou des objets jetables.

**La douleur causée par des événements que vous avez subis**

La vie est pleine d'incertitudes et nous sommes entourés par un grand nombre de circonstances tragiques. Certaines expériences traumatisantes peuvent vous laisser abattus et profondément choqués. Lentement, l'étendue réelle du dommage émotionnel apparaît, laissant la porte ouverte à la peur, la méfiance, la solitude et la dépression. Il semble parfois que les pièces du puzzle ne pourront jamais retrouver leur place.

D'autres fois, les événements sont tout aussi tragiques mais ne sont pas aussi soudains ou spectaculaires. Votre petit(e) ami en épouse un(e) autre que vous. Votre frère réussit partout. Mais vous vivez dans l'amère déception des comparaisons que vos parents font entre vous et ce frère surdoué. Vous manquez l'occasion de votre vie pour votre carrière. Vous ratez un examen, ce qui change le cours de votre vie. Votre fils adolescent vous quitte, vous et sa foi chrétienne. Vous faites un mauvais choix dans un domaine majeur de votre vie et une profonde déception s'installe dans votre cœur.

**La douleur causée par votre propre péché**

Il est dangereux de toujours vouloir rattacher une souffrance quelle qu'elle soit avec notre péché. Les choses ne sont pas si simples. La Bible nous donne beaucoup d'exemples de personnes justes qui ont néanmoins souffert. L'exemple le plus connu est celui de Job qui a souffert les accusations de ses amis, venant s'ajouter à ses circonstances déjà extrêmement douloureuses. Ils ne pouvaient pas comprendre les souffrances de Job en dehors de leur étroite perspective selon laquelle si Job souffrait, c'est parce qu'il était un pécheur.

Les auteurs bibliques rapportent le fait que beaucoup d'injustes semblent être florissants. Le Psaume 73 rapporte ce qu'Asaph a observé à ce sujet et comment il a pu résoudre cette grande question. Dieu lui montra qu'à la fin, le juste ne reste pas abandonné et que même si le méchant semble prospérer pour une saison, son temps est compté.

*Ma chair et mon cœur peuvent se consumer: Dieu sera toujours le rocher de mon cœur et mon partage. Car voici, ceux qui s'éloignent de toi périssent. Tu réduis au silence tous ceux qui te sont infidèles. (Psaume 73:26-27)*

Toutefois, certaines de nos souffrances sont dues à nos propres fautes. Nous désobéissons à la Parole de Dieu et nous refusons les choses qui sont faites pour nous apporter le bien-être. Les conséquences sont à la fois physiques et émotionnelles.

*Quelqu'un mettra-t-il du feu dans son sein, sans que ses vêtements s'enflamment ? Quelqu'un marchera-t-il sur des charbons ardents sans que ses pieds soient brûlés? (Proverbes 6:27-28)*

*Voici, le méchant prépare le mal, il conçoit l'iniquité, et il enfante le néant. Il ouvre une fosse, il la creuse, et il tombe dans la fosse qu'il a faite. Son iniquité retombe sur sa tête et sa violence redescend sur son front. (Psaume 7:15-17)*

# LA GUÉRISON INTÉRIEURE

Les *Psaumes 32* et *38* décrivent la douleur physique, émotionnelle et spirituelle causée par le péché. Mais la réponse n'est jamais loin, il s'agit du pardon et de la restauration qui se trouvent en Jésus-Christ:

## La place du pardon

Le pardon est la norme de la vie chrétienne. Dieu nous a pardonnés et il nous appelle à notre tour à pardonner les autres. Quel que soit le péché commis contre nous, ou la blessure qui nous a été infligée, Dieu nous appelle toujours à pardonner. Son pardon pour nous est la norme selon laquelle nous devons vivre.

*Soyez bons les uns envers les autres, compatissants, vous pardonnant réciproquement, comme Dieu vous a pardonné en Christ. (Ephésiens 4:32)*

Dans la parabole du serviteur qui n'a pas montré de miséricorde, Jésus a montré l'incohérence totale de ceux qui, dans le royaume refusent de pardonner. Une dette immense nous a été remise et nous n'aurions jamais pu la payer. Comment pouvons-nous maintenant retenir notre pardon envers quelqu'un? Le roi de la parabole dit au méchant serviteur:

Ne devais-tu pas aussi avoir pitié de ton compagnon, comme j'ai eu pitié de toi? *(Matthieu 18:33)*

## Les dangers du non pardon

Le non pardon est totalement négatif et destructeur et il n'y a rien à gagner à ne pas pardonner.

- *Le non pardon provoque la détresse*

Le serviteur méchant fut jeté en prison et livré au créancier ou aux bourreaux jusqu'à ce qu'il ait tout payé. Cela signifie que tant que nous refusons de pardonner aux autres, nous allons perdre la paix du cœur et nous serons vulnérables à la détresse. Celle-ci prendra la forme de l'anxiété, le stress, la douleur et d'autres types de dommages émotionnels.

*Et son maître, irrité, le livra aux bourreaux, jusqu'à ce qu'il ait payé tout ce qu'il devait. C'est ainsi que mon Père céleste vous traitera, si chacun de vous ne pardonne à son frère de tout son cœur. (Matthieu 18:34-35)*

- *Le non pardon bloque le pardon parental de Dieu*

Dans la prière du Notre Père, Jésus nous enseigne à pardonner quotidiennement à tous ceux qui pèchent contre nous. Il nous avertit que notre père céleste retiendra son pardon parental envers nous si nous le retenons à notre prochain.

*Si vous pardonnez aux hommes leurs offenses, votre Père céleste vous pardonnera aussi; mais si vous ne pardonnez pas aux hommes, votre Père ne vous pardonnera pas non plus vos offenses. (Matthieu 6:14-15)*

Lorsque Dieu retient son pardon parental, il ne nous remet pas sous la condamnation. Nos péchés ne pourront jamais s'élever contre nous de nouveau car Dieu les a totalement pardonnés et oubliés. Il a annulé notre dette et a crédité notre compte avec la justice de Christ. Nous avons reçu son pardon judiciaire une fois pour toutes par la foi dans le sang de Jésus. Dieu, le juste juge, a jugé tous nos péchés sur la croix et ôté la condamnation de nos vies pour toujours!

Maintenant nous pouvons comprendre que notre Père céleste ne rejettera ni n'abandonnera jamais ses enfants, même si nous le laissons tomber. Mais lorsque nous péchons, cela freine notre communion avec lui, spécialement lorsque nous retenons notre pardon vis-à-vis d'autres personnes. La seule manière dont Dieu nous bénit est par sa grâce. Ainsi lorsque nous nous éloignons de ces principes, Dieu ne peut plus faire pleuvoir ses bénédictions sur nous. Donc le Père nous rappelle toujours à revenir vers sa grâce. Quelqu'un qui marche vraiment dans la grâce marchera aussi à la lumière du pardon total de Dieu et n'aura pas de problèmes pour pardonner les autres.

Chaque jour nous venons devant notre Père céleste et nous le remercions pour son pardon – le pardon qui fait de nous ses fils et ses filles. Chaque jour, nous lui montrons que nous marchons dans la grâce en pardonnant aux autres leurs offenses faites contre nous. Ainsi la bénédiction du Père peut couler librement dans nos vies.

- *Le non pardon donne au diable un accès*

Le diable n'aime rien autant que lorsque les gens gardent de l'amertume et du non pardon. Cela lui donne un accès dans la situation et si le problème n'est pas résolu, l'accès peut devenir une forteresse. Le refus de pardonner donne au diable une porte ouverte pour apporter sa division et sa destruction dans telle situation ou relation.

*Si vous vous mettez en colère, ne péchez point; que le soleil ne se couche pas sur votre colère, et ne donnez pas accès au diable. (Ephésiens 4:26-27)*

- *Le non pardon empêche à la prière d'être efficace*

Notre vie de prière peut être sérieusement mise à mal par le refus de pardonner. En retenant le pardon à notre prochain, nous empêchons à notre foi d'opérer librement et cela peut nous voler les bénédictions de Dieu et bloquer la libération de ses promesses dans nos vies. La grâce est la seule base sur laquelle nous nous appuyons avec confiance pour savoir que nos prières seront exaucées.

LA GUÉRISON INTÉRIEURE

Nous n'obtenons jamais d'exaucements parce que nous les méritons. C'est pourquoi Dieu nous ramène au principe de la grâce chaque fois que nous prions. Or, nous ne marchons pas dans la grâce lorsque nous gardons du non pardon dans notre cœur. Lorsque nous prions nous devons nous rappeler la grâce que Dieu nous a montré et étendre cette grâce à ceux qui nous entourent. C'est comme cela que la prière fonctionne.

**Les conséquences de l'esprit de jugement**

Le péché consistant à juger notre prochain est étroitement lié au non pardon. Les jugements durs et négatifs que vous portez sur les autres retomberont toujours sur vous.

*Celui qui creuse une fosse y tombe, et la pierre revient sur celui qui la roule. (Proverbes 26:27)*

Beaucoup de gens s'infligent des souffrances à eux-mêmes en prononçant des jugements amers sur les autres. Jésus nous a avertis sévèrement de ne pas tomber dans ce piège:

*Ne jugez point, afin que vous ne soyez point jugés. Car on vous jugera du jugement dont vous jugez, et l'on vous mesurera avec la mesure dont vous mesurez. (Matthieu 7:1-2)*

Les jugements que nous faisons les uns sur les autres retombent sur nous et cela peut provoquer des résultats tragiques dans nos vies. Lorsque nous jugeons les autres, nous fermons notre cœur à la provision miséricordieuse de Dieu pour nous et cela peut empêcher la bénédiction de Dieu de couler sur nous en abondance.

Par exemple, l'une des raisons pour lesquelles les péchés, commis par les parents dans leur rôle parental, peuvent réapparaître chez leurs enfants est due à ce principe. L'amertume de l'enfant, retenue contre ses parents à cause de la violence, l'abus, le divorce ou l'alcoolisme peut donner à Satan l'occasion de reproduire les problèmes des parents chez l'enfant devenu grand. C'est l'une des manières dont le péché des parents peut retomber sur leurs enfants pendant plusieurs générations.

*Tu ne te prosterneras point devant elles, et tu ne les serviras point ; car moi, l'Eternel, ton Dieu, je suis un Dieu jaloux, qui punis l'iniquité des pères sur les enfants jusqu'à la troisième et à la quatrième génération de ceux qui me haïssent, et qui fais miséricorde jusqu'à mille générations à ceux qui m'aiment et qui gardent mes commandements. (Exode 20:5-6)*

Nous sommes libérés de tous les péchés des générations précédentes lorsque nous venons à Christ. Le sang de Jésus a réglé le problème (*1 Pierre 1:18-19*). Mais nous aurons des difficultés à entrer dans une pleine liberté si nous refusons de pardonner à nos parents ou à toute autre figure parentale qui ont péché contre nous.

## Les péchés des parents

Les relations avec les parents sont cruciales dans le développement d'une personne. Votre relation avec vos parents est de la plus grande importance pour toute votre vie selon ce que dit l'Ecriture: « Honore ton père et ta mère (c'est le premier commandement avec une promesse), afin que tu sois heureux et que tu vives longtemps sur la terre. » (*Ephésiens 6:2-3*). La valeur que Dieu attache aux parents ne pourra jamais être assez soulignée (voir *Lévitique 19:3*; *20:9*; *Proverbes 17:6*).

Dieu a prévu la relation parents enfants en tant que modèle et préparation de notre relation avec Dieu. Ainsi, toute rébellion ou manque de respect à l'égard des parents est un péché grave commis contre cette provision faite par le Seigneur en vue de notre relation avec lui. Tout abus d'autorité ou tout défaut dans l'obligation d'accomplir le rôle de parents devant le Seigneur est une offense grave aux yeux du Seigneur (*Ephésiens 6:4*).

## Le ressentiment des enfants

Il est particulièrement important que vous examiniez votre cœur et voyiez si vous avez retenu de la rancune à l'égard de vos parents. Aucun parent n'a jamais complètement répondu aux exigences de Dieu concernant ce rôle et la plupart des parents commettent de graves erreurs qui sont en réalité de graves péchés contre leurs enfants. Les réactions négatives des enfants dues à ces péchés peuvent s'inscrire dans le cœur du jeune et se transformer rapidement en ressentiment destructeur. Jésus nous a averti à propos du principe selon lequel nos jugements durs et nos ressentiments amers ont un effet destructeur sur nous-mêmes (*Matthieu 7:1*). L'expérience montre justement à quel point le ressentiment peut avoir un effet dévastateur dans le cadre d'une relation aussi significative.

## Marcher dans le pardon

Nous avons vu que la colère, le ressentiment et l'amertume sont à la racine de beaucoup de choses négatives et destructrices dans notre vie et nos relations avec les autres. Nous devons donc apprendre à marcher dans le pardon – d'abord le pardon de Dieu à notre égard, ensuite le pardon qu'il nous appelle à offrir aux autres.

Lorsque nous marchons dans la grâce de Dieu et dans son pardon, nous pouvons rejeter les accusations calomnieuses et injustes que l'ennemi utilise contre

## LA GUÉRISON INTÉRIEURE

nous dans le monde spirituel. Satan nous dit que nous sommes des pécheurs dignes de la condamnation et totalement disqualifiés de ses bénédictions et de sa faveur. Cela était vrai autrefois. Mais ce n'est plus vrai maintenant. Le sang de Jésus nous a rendus justes devant Dieu. Nous ne sommes même pas des « pécheurs sauvés par grâce ». Nous sommes la justice de Dieu en Christ comme le dit si clairement l'apôtre Paul.

*Celui qui n'a point connu le péché, il l'a fait devenir péché pour nous, afin que nous devenions en lui justice de Dieu. (2 Corinthiens 5:20)*

Dans la prière du Notre Père, Jésus nous a enseigné les principes qui nous permettent d'organiser notre prière sur une base quotidienne. Par exemple, il nous a enseignés à dépendre de lui pour notre provision quotidienne: « Donne-nous aujourd'hui notre pain quotidien ».

Nous sommes aussi instruits à marcher à la lumière de son pardon: « Pardonne-nous nos offenses comme nous aussi nous pardonnons à ceux qui nous ont offensés. » Beaucoup ne comprennent pas ce que Jésus veut dire par là. Ils pensent que le Seigneur enseigne qu'aucun péché ne peut être pardonné à moins que nous l'ayons confessé de manière spécifique à Dieu. Mais rappelez-vous que Dieu a déjà pardonné tous nos péchés à la croix. Nous avons reçu son pardon judiciaire une fois pour toutes.

Jésus ne revient pas sur sa parole. En fait, le Notre Père nous pousse à nous rappeler quotidiennement que Dieu est notre Père céleste – à savoir que nous vivons sous son pardon et sa purification de manière judiciaire. Cela signifie que nous devons rejeter toute introspection morbide qu'exigent certains maîtres religieux. Ils nous demandent de tenir des « comptes réguliers avec le Seigneur », en recherchant au fond de nous-mêmes toute imperfection et en confessant tout nouveau péché découvert, parce qu'à moins de faire cela, ces péchés resteraient non pardonnés. Rien ne nous éloigne plus de la vérité que ce genre d'enseignement. Jésus a pris tous nos péchés et les a cloués sur la croix. Cela signifie que le jugement de Dieu a été totalement levé. Dieu nous a entièrement pardonnés. Il a oublié tous nos péchés, passés, présents et futurs.

Certains se demandent alors comment Dieu peut nous pardonner les péchés que nous n'avons pas encore commis ! Lorsque Jésus est mort, vous n'étiez pas encore né ! Vous n'aviez pas encore commis un seul péché, tous vos péchés étaient dans l'avenir. Jésus est pourtant devenu le sacrifice substitutif pour vos péchés il y a bientôt 2000 ans. Dieu a déjà jugé tous vos péchés sur la croix, parce que vous avez cru en Jésus. Il serait donc maintenant totalement injuste de la part de Dieu de demander un jugement supplémentaire. Jésus a porté vos péchés sur la croix afin que vous n'ayez plus jamais à les porter.

Nous recevons le pardon total de Dieu en mettant notre confiance dans l'œuvre accomplie par Christ à la croix. Lorsque nous avons cru en Jésus, Dieu nous a déclarés justes, non du fait de nos propres œuvres ou efforts, mais par sa grâce. Cela signifie que nos péchés ne seront plus jamais retenus par Dieu contre nous. Cette vérité est clairement exposée par Paul dans Romains chapitre 4 lorsqu'il cite le Psaume de David:

*Or, à celui qui fait une œuvre, le salaire est imputé, non comme une grâce, mais comme une chose due; et à celui qui ne fait point d'œuvre, mais qui croit en celui qui justifie l'impie, sa foi lui est imputée à justice. De même David exprime le bonheur de l'homme à qui Dieu impute la justice sans les œuvres: Heureux ceux dont les iniquités sont pardonnées, Et dont les péchés sont couverts! Heureux l'homme à qui le Seigneur n'impute pas son péché! (Romains 4:4-8)*

Cela nous montre que le pardon est totalement gratuit – il ne dépend pas de nos œuvres. Nous sommes pardonnés parce que nous croyons de manière juste, et non parce que nous vivons de manière juste. Le pardon est aussi total et complet. Dieu ne permettra à aucun péché (passé, présent ou futur) d'être mis à notre charge. Dieu ne nous imputera jamais un péché, il ne mettra jamais à notre compte les péchés que nous commettons. Au lieu de cela, il impute à notre compte la justice infinie de Jésus-Christ.

Certains disent que cela est impossible car cela signifierait que l'on pourrait continuer à pécher sans qu'il y ait de conséquences. Faux. Une vie sainte ne s'obtient pas en vivant sous la menace du jugement. Elle naît de la connaissance de ce pardon véritable de tous nos péchés. Nous vivons de manière juste parce que sommes pardonnés. Jésus a dit « celui a qui a été beaucoup pardonné aime beaucoup. » En d'autres termes, lorsque nous marchons dans la grâce et le pardon du Père, nous laissons de côté l'ancienne manière de vivre – en fait, nous mourons à l'ancienne habitude du péché lorsque nous échappons à sa culpabilité et à sa condamnation. Regardez comment Paul répond à cette question:

*Que dirons-nous donc? Demeurerions-nous dans le péché, afin que la grâce abonde? Loin de là! Nous qui sommes morts au péché, comment vivrions-nous encore dans le péché? (Romains 6:1-2)*

Nous sommes libérés du péché en marchant dans le pardon que Dieu nous a donné. Si nous pensons constamment au fait qu'il y a toujours plus de péchés à nous faire pardonner parce que nous vivons de manière imparfaite, nous ne serons pas libérés du tout.

Ainsi, lorsque Jésus nous dit de demander quotidiennement au Père de pardonner nos péchés, il parle du pardon *parental* de Dieu et non de son pardon *judiciaire*. Nous sommes rendus justes devant Dieu par son pardon judiciaire qu'il nous a accordé une fois pour toutes à la croix. Toutefois, marcher dans son pardon parental signifie rester en communion avec le Père jour après jour, dépendant de sa grâce et de la purification continuelle de son sang.

En appelant Dieu « notre Père », nous nous rappelons que tous nos péchés ont été jugés à la croix. Nous revenons au principe de la grâce. Nous savons que le sang de Jésus nous a purifiés et continue à nous purifier de tout péché. Savoir ces choses, c'est le secret d'une vie de victoire. Jean, le disciple qui en savait plus que nous tous sur l'amour de Jésus enseigne ce principe dans sa lettre adressée à des chrétiens:

*Mes petits enfants, je vous écris ces choses, afin que vous ne péchiez point. Et si quelqu'un a péché, nous avons un avocat auprès du Père, Jésus Christ le juste. Il est lui-même une victime expiatoire pour nos péchés, non seulement pour les nôtres, mais aussi pour ceux du monde entier. (1 Jean 2:1-2)*

Que nous dit Jean ici? « Nous devons confesser nos péchés sinon nous serons condamnés »? Non! Il nous rappelle que si nous péchons, nous avons quelqu'un qui parle au *Père pour notre défense* – quelqu'un qui nous maintient dans notre position de « plus de condamnation » devant Dieu. Plutôt dans cette lettre, lorsque Jean parle du besoin de confesser les péchés, il se réfère au moment où nous sommes venus à Jésus-Christ en lui confessant que nous étions des pécheurs et que nous avions besoin du salut divin. Jean nous montre clairement que « le sang de Jésus continue à nous purifier de tout péché » (*1 Jean 1:7*, noter le présent continu). Lorsque nous avons confessé notre péché et reçu le don divin du salut, nous marchons dans le pardon de Dieu.

*Si nous disons que nous n'avons pas de péché, nous nous séduisons nous-mêmes, et la vérité n'est point en nous. Si nous confessons nos péchés, il est fidèle et juste pour nous les pardonner, et pour nous purifier de toute iniquité. Si nous disons que nous n'avons pas péché, nous le faisons menteur, et sa parole n'est point en nous. (1 Jean 1:8-10)*

Jésus est venu nous libérer de l'esclavage de l'enseignement religieux qui continue à nous maintenir dans les chaînes du péché – toujours plus de choses à faire, toujours plus de péché à nous faire pardonner, toujours plus de repentance nécessaire. Or, nous avons été sauvés « d'une extrême à l'autre », à savoir d'un état d'extrême péché et de condamnation à un état de salut extrême. Ce salut extrême caractérisé par un pardon total est garantit par Jésus-Christ notre souverain sacrificateur.

*C'est aussi pour cela qu'il peut sauver parfaitement ceux qui s'approchent de Dieu par lui, étant toujours vivant pour intercéder en leur faveur. (Hébreux 7:25)*

Une fois que nous sommes sauvés, notre relation avec Dieu se situe sur un plan totalement différent. Nous vivons maintenant sous le sang de Jésus. Par le sang Dieu devient notre Père. Il ne nous traite plus en fonction de la loi. Par le sang, la condamnation de la loi ne nous concerne plus, plus jamais. En tant que Père aimant, il nous attire toujours plus près de son cœur et nous conduit hors des œuvres de ténèbres afin que nous puissions jouir de la communion avec lui dans la lumière.

En d'autres termes, nous avons été purifiés une fois pour toutes à la croix et le sang de Jésus continue à nous purifier alors que nous marchons dans la lumière avec lui. Lorsque nous péchons, nous mettons les choses en lumière, avec l'entière assurance que le sang nous purifie et ôte tout obstacle à notre communion avec Dieu. Notre propre péché se trouve dans sa sainte présence dans le seul but que nous puissions le renier à la lumière de sa grâce et de son pardon. Nous ne permettons jamais à la culpabilité ou à la conscience du péché de s'installer dans notre cœur. Nous maintenons une conscience claire devant Dieu en marchant à la lumière de son amour. C'est là la vraie repentance: nous rejetons notre péché et nous embrassons ce que nous sommes réellement en Christ.

**Pardonner aux autres**

Jésus a aussi renversé les barrières du légalisme religieux en parlant de pardonner nos ennemis et tous ceux qui pèchent contre nous. La loi de Moïse donnait le droit de se venger: « œil pour œil et dent pour dent ». Jésus nous a montré une voie meilleure, le chemin de la grâce et du pardon. Il a dit:

*Mais aimez vos ennemis, faites du bien, et prêtez sans rien espérer. Et votre récompense sera grande, et vous serez fils du Très Haut, car il est bon pour les ingrats et pour les méchants. Soyez donc miséricordieux, comme votre Père est miséricordieux. Ne jugez point, et vous ne serez point jugés; ne condamnez point, et vous ne serez point condamnés; absolvez, et vous serez absous. (Luc 6:35-37)*

Comme nous l'avons vu, la prière du Notre Père nous enseigne la discipline du pardon offert à notre prochain jour après jour. Jésus nous dit de prier « pardonne-nous nos offenses comme nous les pardonnons à ceux qui nous ont offensé. » Paul nous rappelle que nous devons être « bons les uns envers les autres, compatissants, vous pardonnant réciproquement, comme Dieu vous a pardonné en Christ ». Cela nous montre que l'un des traits de caractère les plus importants de la famille de Dieu est notre volonté de pardonner notre prochain. Ce simple fait démontre que nous vivons dans la grâce et que nous sommes véritablement les fils de notre Père céleste.

Que signifie alors le fait de se pardonner les uns les autres comme Dieu nous a pardonnés en Christ? Lorsque Dieu nous pardonne il promet qu'il « ne se souviendra plus » de nos péchés. C'est la promesse d'oublier et cela signifie que pour autant que Dieu soit concerné, nos péchés n'ont jamais eu lieu!

# LA GUÉRISON INTÉRIEURE

*« Voici l'alliance que je ferai avec eux, après ces jours-là, dit le Seigneur: je mettrai mes lois dans leur cœur, et je les écrirai dans leur esprit »*, il ajoute: *« Et je ne me souviendrai plus de leurs péchés ni de leurs iniquités. »* (Hébreux 10:16-17)

Donc, lorsque vous pardonnez quelqu'un comme Dieu vous a pardonné, cela signifie que vous promettez de ne plus vous souvenir de ces péchés. En d'autres termes, le pardon veut dire que vous faites la promesse de ne plus jamais rappeler ces péchés pour les utiliser de manière négative contre la personne concernée. Vous promettez aussi de ne jamais rappeler à cette personne (ou à d'autres, ou à vous-mêmes) leur péché contre vous. Parce que c'est ainsi que Dieu nous a pardonné.

## Les fruits du pardon

Le pardon vous rend libre d'aimer ceux qui vous ont offensé. Il les aide à résoudre le problème sous-jacent qui avait provoqué l'offense au départ. C'est à ce moment-là que nous pouvons aider les gens avec amour selon l'enseignement de Jésus:

*Pourquoi vois-tu la paille qui est dans l'œil de ton frère, et n'aperçois-tu pas la poutre qui est dans ton œil? Ou comment peux-tu dire à ton frère: Laisse-moi ôter une paille de ton œil, toi qui a une poutre dans le tien? Hypocrite, ôte premièrement la poutre de ton œil, et alors tu verras comment ôter la paille de l'œil de ton frère. (Matthieu 7:3-5)*

## La guérison intérieure

Une fois que nous avons réglé le problème de notre propre péché et de la dureté de notre cœur, (y compris le non pardon), nous pouvons commencer à aider notre frère à se relever. Le Nouveau Testament nous montre que c'est notre responsabilité d'aider notre frère, mais que nous devons d'abord régler le problème de l'offense qui est en nous avant de pouvoir aider celui qui nous a offensés.

*Frères, si un homme vient à être surpris en faute, vous qui êtes spirituels, redressez-le avec un esprit de douceur. Prends garde à toi-même de peur que tu ne sois aussi tenté. Portez les fardeaux les uns des autres, et vous accomplirez ainsi la loi de Christ. (Galates 6:1-2)*

Nous ne pouvons travailler à la restauration des relations que si nous le faisons avec l'attitude de Christ, avec sa douceur, avec un cœur complètement libéré de tout ressentiment et avec un esprit qui ne cherche pas à se venger. Jésus nous a dit comment gagner un frère qui avait péché contre nous. Nous nous approchons de lui dans une attitude de pardon et de réconciliation.

*Si ton frère a péché, va et reprends-le entre toi et lui seul. S'il t'écoute, tu as gagné ton frère. (Matthieu 18:15)*

Marcher dans le pardon vous libère de tous les effets négatifs du non pardon. La puissance de Dieu est libérée pour œuvrer dans la situation. Très souvent, lors de nos week-ends de Rencontre, nous voyons les effets extraordinaires du pardon. Nous montrons aux gens comment le pardon libère les autres des offenses qu'ils ont commises contre eux.

Quand ils pardonnent, des choses extraordinaires se passent. Les gens sont guéris et les relations restaurées (souvent de manière surnaturelle) et les familles se retrouvent de nouveau ensemble. Il semble aussi que le pardon libère les gens des sentences à caractère de malédiction qui les ont gardés liés et emprisonnés par des circonstances négatives. La grâce que Dieu libère apporte souvent des changements spectaculaires dans les situations en question.

**Un père revient à la maison**

Les principes spirituels dont nous avons parlé sont très réels et pratiques. Durant un temps de ministère lors d'un Week-end de Rencontre, une des jeunes femmes du réseau des jeunes partagea ses sentiments de blessure et de déception concernant son père qui l'avait abandonnée, elle et sa mère, quelques temps auparavant. Elle n'avait plus entendu parler de son père depuis qu'il avait quitté la maison.

Le temps de ministère conduisit la jeune femme dans un temps de guérison intérieure par rapport à sa blessure. Elle fut aidée et comprit que Jésus se préoccupait profondément d'elle, ne l'abandonnerait jamais et ne la délaisserait jamais. Elle trouva aussi la force dans son cœur de pardonner à son père et de le libérer de la puissance du non pardon et du ressentiment. Elle pria aussi que Dieu puisse lui parler.

Le jour suivant, alors qu'elle rentrait chez elle dans le bus, elle reçu un coup de téléphone de sa mère disant que son père s'était repenti et était retourné à la maison. C'est la puissance du pardon.

**Comment gérer nos blessures**

Nous avons commencé à comprendre à quel point le pardon est une chose importante. Non seulement nous avons besoin du pardon de Dieu dans nos vies, mais nous avons aussi besoin de pardonner et recevoir le pardon dans nos relations humaines. *Luc 6:27-38* nous donne quelques indications puissantes qui nous entraînent dans la direction du pardon et nous rendent capables de

# LA GUÉRISON INTÉRIEURE

recevoir la guérison intérieure. Lisez ce passage maintenant pour vous préparer aux étapes qui vont suivre.

Lorsqu'on a péché contre vous ou que vous avez été blessé par les offenses d'autres personnes, souvenez-vous que vous n'êtes pas responsable de ce que les autres vous ont fait. Il s'agit de leur offense contre vous. Mais, vous êtes responsables de votre réaction face à cette offense. Votre part consiste à refuser de vivre dans la colère, l'amertume ou le ressentiment. Votre rôle est plutôt celui de pardonner et de libérer les gens de leur offense en faisant preuve de la même grâce que Dieu a eu pour vous. Les étapes suivantes vous montre comment ce processus fonctionne pratiquement:

### 1. Reconnaissez que vous avez été blessé

Vous ne pouvez pas régler la question de vos émotions négatives en niant leur existence. La première chose à faire consiste à reconnaître que vous avez été blessé et que ce n'est pas de votre faute. Votre douleur est réelle et doit être reconnue. Cela peut vous sembler difficile au premier abord, car vous n'en êtes peut-être même pas conscient. Peut-être avez-vous refoulé cette souffrance depuis si longtemps et peut être avez-vous peur de la douleur qui sera causée par le fait d'y faire face une nouvelle fois. Mais un regard réaliste sur votre vie vous montrera sûrement que vous ne pouvez porter cette souffrance plus longtemps ni faire comme si elle n'existait pas. Rappelez-vous qu'une souffrance intérieure non résolue est très destructrice pour votre personnalité. Vous pouvez l'enterrer, mais lorsque vous enterrez une peine non résolue, vous l'enterrez vivante. Elle continue à vivre profondément en vous et commence lentement mais sûrement à vous handicaper spirituellement, émotionnellement et physiquement. Demandez à Dieu de vous révéler vos blessures intérieures et vous aider à y faire face à sa manière.

### 2. Donnez et recevez le pardon aussi souvent que nécessaire

Assurez-vous d'avoir pardonné à tous ceux qui ont péché contre vous. Si votre douleur est le résultat de votre propre péché, ou si vous avez permis à votre blessure de s'infecter par l'amertume, alors vous avez besoin de recevoir le pardon de Dieu pour vous-mêmes. Cette démarche doit être sincère et accompagnée de la volonté de franchir toutes les étapes nécessaires afin que la situation soit réglée de votre côté.

### 3. Demandez à Jésus de vous guérir de vos douleurs émotionnelles

Jésus ressent chacune de vos douleurs avec vous.

*Car nous n'avons pas un souverain sacrificateur qui ne puisse compatir à nos faiblesses. (Hébreux 4:15)*

Vos larmes sont enregistrées au ciel.

*Recueille mes larmes dans ton outre (ou: « fais la liste de mes larmes sur ton parchemin »): ne sont-elles pas inscrites dans ton livre? (Psaume 56:9)*

Que la puissance de guérison du Seigneur vienne et vous libère de la douleur de votre blessure intérieure. Vous devez être d'accord de laisser partir la douleur et de faire confiance à Dieu. Il déversera l'huile de guérison et pansera vos blessures intérieures.

*Il guérit ceux qui ont le cœur brisé, et il panse leurs blessures. (Psaume 147:3)*

### 4. Développez des réactions qui honorent Dieu
Voir Luc 6:27 et Romains 12:17-21

**Jésus a dit:** Aimez vos ennemis, faites du bien à ceux qui vous haïssent, bénissez ceux qui vous maudissent et priez pour ceux qui vous maltraitent.

### 5. Construisez des relations qui honorent Dieu
Comme les versets suivants de la Bible le montrent, nous avons été appelés à vivre en paix avec ceux qui nous entourent et autant que possible à vivre cette paix dans toutes nos relations, pardonnant ceux qui nous font du mal et réagissant dans la compassion à l'égard de ceux qui nous blessent.

*Au reste, frères, soyez dans la joie, perfectionnez-vous, consolez-vous, ayez un même sentiment, vivez en paix; et le Dieu d'amour et de paix sera avec vous. (2 Corinthiens 13:11)*

*S'il est possible, autant que cela dépend de vous, soyez en paix avec tous les hommes. Ne vous vengez point vous-mêmes, bien-aimés, mais laissez agir la colère; car il est écrit: à moi la vengeance, à moi la rétribution, dit le Seigneur. Mais si ton ennemi a faim, donne-lui à manger; s'il a soif, donne-lui à boire; car en agissant ainsi, tu amasseras des charbons ardents sur sa tête. Ne te laisse pas vaincre par le mal, mais surmonte le mal par le bien. (Romains 12:18-21)*

La guérison intérieure joue un rôle important dans le processus de vivre libre en Jésus. Il est important de continuer à vous rappeler à vous-mêmes que la bénédiction de Dieu et sa faveur sur votre vie est réelle et durable. Cela ne dépend pas de votre état intérieur, ni de vos sentiments, ni de vos circonstances personnelles. Alors que vous vous attachez fortement à la grâce de Dieu à l'œuvre en vous, vous serez toujours mieux assuré de son amour et de sa guérison dans votre vie.

Vous pouvez trouver un modèle de prière pour vous libérer de l'amertume ou du ressentiment concernant quelqu'un qui a péché contre vous à la fin du chapitre « pardon et guérison intérieure » dans la troisième partie du livre (problèmes de vie). Rappelez-vous toujours de confesser votre justice en Jésus-Christ tout en marchant dans le pardon de Dieu.

THÈME 7

# GÉRER VOS ÉMOTIONS

Lors de la précédente leçon (thème 6), nous avons vu comment nous pouvons recevoir la guérison de nos émotions brisées. Nous avons notamment pris en considération ceux d'entre nous qui ont été blessés ou rejetés par d'autres. Nous avons découvert que Dieu veut nous guérir de tous les dommages émotionnels que nous avons pu subir. Nous allons voir maintenant comment nous pouvons reconquérir notre santé émotionnelle. Il s'agit de faire face à nos émotions négatives en remontant à leur source.

La vie chrétienne, c'est Jésus-Christ. Jésus est au centre de notre vie nouvelle. Dieu a envoyé son Fils dans le monde pour nous racheter de toute injustice. Il nous a ainsi ouvert la porte à une vie abondante et heureuse en lui. Jésus est aussi venu pour annuler les dommages causés par le péché et le diable. Il est venu pour apporter la santé à tous les domaines de notre vie, y compris celui des émotions.

*Le voleur ne vient que pour dérober, égorger et détruire; moi, je suis venu afin que les brebis aient la vie, et qu'elles soient dans l'abondance. (Jean 10:10)*

La santé émotionnelle est un aspect important d'une vie accomplie en Christ. Dieu désire que nous ayons des sentiments sains afin que nous puissions trouver en lui notre joie et apprécier la vie qu'il nous donne. Le Saint-Esprit nous enseigne à nous élever au-dessus des émotions négatives qui nous tirent si facilement vers le bas. Dieu ne veut pas que nous restions esclaves de nos blessures émotionnelles. Puisque nous vivons dans la faveur et la bénédiction de Dieu, nous devrions être les gens les plus heureux, positifs et épanouis sur terre.

Pourquoi tant de chrétiens donnent-ils l'impression d'être esclaves de leurs émotions? L'une des raisons est le déni. Beaucoup de gens pensent qu'un bon chrétien doit nier ses émotions. Ce point de vue est erroné et peut avoir des conséquences assez désastreuses. Dieu veut justement que nous commencions par reconnaitre nos émotions. Il désire ensuite que nous apprenions à les placer sous le contrôle du Saint-Esprit.

Sur le chemin qui mène à la santé émotionnelle, la première étape consiste à identifier les sentiments négatifs qui nous habitent. Paradoxalement, bien que nous vivions dans un monde dominé par les sentiments, beaucoup de gens ne sont pas en contact avec leurs propres émotions, notamment celles qui sont négatives. Parfois nous ne sommes pas conscients de nos sentiments, de leur force ou de ce qui les a causés.

Notre éducation occidentale nous a enseigné à analyser et à appréhender le monde intellectuel des idées. Mais il y a bien peu d'éducation donnée au sujet de nos émotions. Nous sommes formés à penser de la bonne manière. En revanche, nous n'avons pas appris à identifier la nature des émotions qui surgissent des profondeurs, chez nous ou chez les autres.

Il y a aussi des questions culturelles à régler. Nous pourrions parler des britanniques « guindés » mais il y a d'autres cultures dans lesquelles l'expression des émotions en public est également réfrénée. Imaginez un instant une vie dont les émotions seraient totalement absentes, tel que Spouk, le personnage à moitié homme et à moitié vulcain de la fameuse série télévisée Star Trek. Ce serait une expérience bien ennuyeuse et insipide!

Il y a souvent un prix élevé à payer lorsque nous n'exprimons pas nos sentiments. Ne pas être conscient de nos émotions peut signifier que nous ne sommes pas conscients de la manière dont ces émotions nous affectent et affectent ceux qui nous entourent. Mais lorsque nous partageons nos émotions et lorsque nous exprimons notre vulnérabilité, nous découvrons que cela peut nous aider à nous connecter avec les autres, à résoudre les conflits et à construire des relations authentiques.

**Les émotions – les signaux envoyés par notre coeur**

Mais il y a des raisons encore plus importantes pour lesquelles nous devrions devenir des experts dans le domaine qui consiste à discerner, identifier et reconnaître nos émotions. Nous expérimentons tous, de temps en temps les effets d'émotions blessées ou négatives dans nos vies. Et ces émotions peuvent être une indication claire de ce qui se passe à l'intérieur de nous. Cette compréhension de soi est vitale si nous voulons pouvoir régler les problèmes qui se trouvent enfouis dans nos vies.

## GÉRER VOS ÉMOTIONS

Nos sentiments sont les signaux de ce qui se passe dans notre cœur. Ils mettent en lumière nos besoins profonds et nous indiquent s'ils sont satisfaits ou ne le sont pas. Si nos attentes ne sont pas déçues, nous expérimentons des émotions positives. Nous nous sentons heureux, contents ou satisfaits. Mais si nos besoins ne sont pas satisfaits, nous expérimentons des émotions négatives comme la peur, l'anxiété, la colère ou la tristesse.

Cela ne signifie pas que nos sentiments nous disent toujours la vérité. Le monde dit : « Si cela procure du plaisir, c'est que c'est bon. » Mais ce n'est pas toujours le cas. Quelque chose peut nous satisfaire, au moins temporairement, mais peut en même temps être destructeur. Au bout du compte, seules les bonnes choses qui viennent de Dieu nous satisfont réellement. Si nous comprenons que Dieu est bon et nous bénit avec de bonnes choses, nous avons la réponse. Il nous a déjà donné ce qu'il a de plus précieux, son Fils unique. Pour cette raison même il ne nous refusera aucun bien.

*Lui, qui n'a point épargné son propre Fils, mais qui l'a livré pour nous tous, comment ne nous donnera-t-il pas aussi toutes choses avec lui ? (Romains 8:32)*

Dieu sait ce qui nous apportera une satisfaction durable. S'il nous interdit quelque chose, c'est pour une bonne raison. La seule manière d'éviter la déception que nous vivons systématiquement lorsque nous suivons nos propres désirs, c'est de comprendre que les voies de Dieu sont les meilleures. C'est le seul chemin qui mène à la bénédiction et l'épanouissement.

*Sentez et voyez combien l'Éternel est bon ! Heureux l'homme qui cherche en lui son refuge ! (Psaume 34:8)*

Comment se peut-il que quelque chose de dangereux et finalement insatisfaisant puisse avoir tant d'attraits et nous paraître si bon sur le moment ? Nous avons notre propre conception erronée de ce qui peut nous rendre heureux. Si la chose que nous envisageons de faire correspond à notre idéal de bonheur, nous la trouvons désirable. Si, par exemple, nous croyons que l'amour et le sentiment d'être accepté et consolé se trouvent dans le sexe, nous aurons de la difficulté à nous éloigner des relations immorales, même si nous savons qu'elles sont mauvaises. Même si nous savons qu'elles ne nous apportent pas la satisfaction profonde après laquelle nous soupirons. Nous ne serons jamais vraiment libres dans ce domaine tant que nous n'aurons pas pris conscience que ces choses ne pourront jamais répondre à nos attentes les plus profondes. Nous devons donc creuser profondément pour dégager les fondations sur lesquelles notre vie est construite. Et nous devons ensuite décider de changer nos croyances fondamentales sur ce qui d'après nous apporte la vraie satisfaction. Or la réponse c'est que cet épanouissement se trouve dans la vie abondante que Jésus nous offre.

Prenons un autre exemple. Lorsque quelqu'un nous blesse, si notre réaction est celle de la vengeance, nous nous sentirons bien sur le moment mais à la fin notre réaction nous aura encore plus éloigné et séparé de la personne en question. Nous nous sentons vite isolé et solitaire. Nous nous sentons plus rejeté que jamais. Qu'est-ce qui s'est donc passé pour que les choses tournent mal? Nous avons cru à tort que nous pouvions nous sentir mieux en rendant coup pour coup. La satisfaction de voir l'autre personne se sentir mal à cause du mal que nous percevons qu'elle nous a fait a créé en nous un sentiment de bien-être éphémère. Mais la joie de la vengeance est bien vite passée et nous nous sommes retrouvés avec les émotions négatives de vide et de solitude. Ce cycle destructeur se répétera encore et encore tant que nous n'aurons pas changé les fausses croyances qui en sont le ressort.

Pouvez-vous voir à quel point nous sommes impuissants ? Nous n'arriverons pas à échapper à ces modèles de comportement tant que nous n'aurons pas expérimenté l'amour profond que Dieu a pour nous. Seule la bonté de Christ peut nous libérer. Essayer de faire les bonnes choses ne crée qu'une plus grande frustration. La lutte consistant à vivre de manière juste et à obéir à Dieu conduit toujours à l'échec. En d'autres termes, nous ne pouvons pas vaincre la chair par la chair. Nous avons besoin d'un changement de cœur. Seule la grâce de Dieu en Christ peut obtenir ce résultat. Le Saint-Esprit nous montre la beauté à couper le souffle du Seigneur et toutes les richesses que nous possédons en lui. Il canalise nos passions en les détournant de ce qui ne peut nous satisfaire pour les orienter vers la plénitude qui se trouve en lui.

**Nos émotions sont révélatrices de nos croyances**

Nos émotions peuvent nous aider à voir ce qui se passe au fond de nous. Elles nous révèlent ce que nous croyons sur la vraie source de notre épanouissement personnel. Nous nous sentons bien lorsque nous avons l'impression que nos besoins sont satisfaits et nous nous sentons mal lorsque nous nous apercevons que ces besoins ne sont pas satisfaits. En d'autres termes, nos émotions nous servent d'indicateurs sur ce que nous percevons comme bon ou mauvais pour nous. Nos sentiments révèlent ce que nous croyons sur ce qui est sensé nous satisfaire vraiment.

Les émotions ne viennent pas spontanément. Elles sont des sous-produits. Elles ont toujours une cause. Par exemple, si nous attachons de la valeur au silence et à la solitude parce que nous avons besoin de réfléchir tranquillement, nous nous sentirons irrités si nous sommes constamment interrompus. Mais si nous sommes seuls et que nous avons besoin de compagnie, nous nous sentirons bien si quelqu'un nous appelle. Nous ne verrons pas du tout cette sollicitation comme une perturbation. Ce sera au contraire l'occasion toute trouvée de satisfaire notre besoin d'avoir de la compagnie.

Ainsi, nos émotions sont des clefs qui nous aident à comprendre nos besoins. Une fois que nous comprenons que nos fausses croyances sont à la racine de nos émotions négatives, nous pouvons commencer à régler la question de ces fausses croyances. La personne qui se sent déprimée lorsque les autres ne semblent pas l'apprécier va peut être découvrir que sa réaction négative provient d'une croyance erronée. Elle est convaincue que pour se sentir bien dans sa peau elle doit être appréciée par tous ceux qui l'entourent. Elle cherche donc à se valoriser par le regard des autres. Cette fausse manière de voir génère en elle une anxiété constante à propos de ce que les autres pensent d'elle. Elle finit par se retrouver prisonnière de ses angoisses. Elle cherche à se faire apprécier par tous les moyens.

Les personnes ainsi prisonnières de leurs émotions douloureuses doivent changer ce qu'elles croient profondément sur leur propre valeur. Une fois qu'une telle personne comprend sa valeur inestimable en Christ, elle sera moins dépendante de l'opinion des autres. Lorsque ces personnes se sentent rejetés par les autres, elles se rappellent simplement de l'amour de Dieu et du fait qu'elles sont pleinement acceptées en Christ. A partir du moment où nous saisissons que notre épanouissement se trouve en Christ et lui seul, nous pouvons abandonner toutes ces croyances destructrices et ainsi faire face aux émotions négatives qui envahissent notre vie.

**Les buts non atteints sont à la racine de nos émotions négatives**

Vous êtes-vous déjà demandé pourquoi dans certaines situations des émotions qui ne sont pas les bienvenues semblent remonter à la surface? Lorsque nos émotions sont négatives, nous pouvons nous sentir coupables et mal à l'aise par rapport à elles, même si dès le départ nous ne savions pas exactement pourquoi nous expérimentions ces émotions. Nous nous sentons mal à cause de la colère que nous ressentons à l'intérieur, nous déplorons en nous la dépression et l'anxiété, mais souvent nous ne savons pas pourquoi nous ressentons ces choses. Nous essayons alors de masquer nos émotions ou de les justifier tout en sachant tout au fond de nous que cela ne sonne pas juste.

Comme nous l'avons vu plus haut, il y a une manière pratique de comprendre ce qui provoque en nous ces émotions négatives. C'est en relation avec ce que nous croyons au sujet de ce qui va répondre à nos besoins et nous donner un sentiment du bien-être. Pour dire les choses autrement, c'est en relation avec nos buts. Laissez moi vous expliquez ce que j'entends ici par un « but »:

**Un but est une chose à laquelle nous attachons de la valeur ou que nous désirons parce que nous croyons qu'elle va répondre à un besoin intérieur.**

Par exemple, nous attacherons de la valeur à l'amitié parce que nous croyons qu'elle satisfera un besoin de compagnie qui se trouve en nous. Ainsi, nous poursuivrons le but d'avoir des amitiés et de les entretenir. Ou, si nous avons besoin de sécurité, nous pourrons désirer avoir de l'argent ou des richesses parce que nous croirons que ces choses nous donneront la sécurité désirée.

Tout cela est parfait jusqu'au moment où ces buts deviennent des idoles. C'est-à-dire jusqu'au moment où ils remplacent Dieu et où nous nous surprenons en train de poursuivre ces choses plutôt que Dieu lui-même. Après tout, seul Dieu peut satisfaire nos besoins les plus profonds de sécurité, de raison d'être et d'identité. Dans le thème n°4, nous avons vu comment, en tant qu'êtres humains, nous avons des besoins essentiels de :

Sécurité – se sentir en sécurité, en présence d'un amour inconditionnel qui nous accepte tel que nous sommes.

Raison d'être – avoir un impact, donner un sens, sachant que nous pouvons faire une différence et que notre présence sur terre a de l'importance.

Identité – savoir que nous sommes une personne dont la valeur est inestimable, se sentir estimé à notre juste valeur.

Nous avons aussi vu que la motivation profonde de nos vies se trouve dans ce que nous croyons au sujet de la manière dont ces besoins seront satisfaits ou l'endroit où ils seront satisfaits. Si nous reconnaissons que ces besoins ne peuvent être satisfaits qu'en Dieu et par lui, alors nous le poursuivrons de tout notre cœur. Mais, en tant qu'êtres humains déchus et pécheurs, nous avons développé des croyances idolâtres. Nous croyons que nos besoins peuvent trouver leur réponse dans des choses qui ne sont pas Dieu et qu'il nous a pourtant données dans sa grâce. En d'autres termes, pour nous, Dieu n'est pas suffisant.

Jésus a parlé de cela dans la parabole du semeur. Il décrit la semence qui tombe sur un sol avec des épines. La semence porte du fruit. Les épines représentent trois choses : les soucis de ce monde, la séduction des richesses et les autres convoitises.

*D'autres reçoivent la semence parmi les épines; ce sont ceux qui entendent la parole, mais en qui les soucis du siècle, la séduction des richesses et l'invasion des autres convoitises, étouffent la parole, et la rendent infructueuse. D'autres reçoivent la semence dans la bonne terre; ce sont ceux qui entendent la parole, la reçoivent, et portent du fruit, trente, soixante, et cent pour un. Marc (4:18-20)*

Pouvez-vous voir où Jésus veut en venir ici tout simplement? Il dit que lorsque nous croyons que nos besoins peuvent être satisfaits en dehors de lui, la Parole de Dieu ne porte plus de fruit en nous. Nous l'étouffons par les soucis de la vie. Nous pensons que l'argent nous apporte le bonheur et ainsi nous oublions Dieu et nous nous lançons corps et âme à la poursuite des richesses. Nous tournons nos cœurs vers ces « autres choses » en croyant qu'elles pourront nous satisfaire. Jésus met ainsi en lumière nos croyances idolâtres et montre quel effet négatif elles produisent dans nos cœurs.

Observez comment ces fausses croyances influencent nos émotions. Du fait que nos idoles nous laissent toujours tomber au bout d'un moment, nous sommes remplis d'émotions négatives de peur, d'anxiété, de frustration, de colère, de tristesse ou de dépression. Tant que nous nous attendons à quelque chose ou à quelqu'un d'autre que le Seigneur pour satisfaire nos besoins fondamentaux de sécurité, de raison d'être et d'identité, nous resterons vides.

Seul le Seigneur peut répondre à ces besoins. Les buts non atteints sont toujours à la racine de nos émotions négatives.

**Comprendre diverses sortes d'émotions**

Pour clarifier les choses, il peut être utile de regrouper les diverses émotions que nous éprouvons. Les catégories qui suivent nous montrent toute la gamme des émotions. Elles nous révèlent nos buts – l'endroit où nous pensons que nous besoins seront satisfaits. Elles nous montrent aussi si nous ressentons que ces besoins sont satisfaits ou non. En suivant ce principe, on trouve quatre catégories principales d'émotions qui toutes indiquent ce qui se passe à l'intérieur de nous:

La joie – un besoin a été satisfait ou un but atteint.

La peur ou l'anxiété – nous ne sommes pas sûrs si un besoin sera satisfait ou un but atteint.

La colère ou l'amertume – notre besoin ne peut être satisfait ou notre but atteint à cause d'un empêchement ou d'un obstacle.

La tristesse – nous ne pensons pas qu'un jour notre besoin sera satisfait ou notre but atteint.

Parce que notre « vocabulaire émotionnel » est très limité, il peut être utile de consulter des listes comme celles qui suivent afin de mieux identifier nos émotions:

## Quatre catégories d'émotions, avec des exemples

| Catégorie | Niveau élevé | Niveau moyen |
|---|---|---|
| Sentiment de joie | Extase | Plaisant |
| | Transport de joie | Heureux |
| | Marcher sur des nuages | Gai |
| | Ravissement | Confiant |
| | Grande satisfaction | Content |
| | Enchantement | Calme |
| | Forte joie | Affectionné |
| | | |
| Sentiment de peur | Pétrifié | Anxieux |
| | Terrifié | Insécurisé |
| | Profondément choqué | Nerveux |
| | Horrifié | Tremblant |
| | Paniqué | Prudent |
| | Glacé | Incertain |
| | Déconcerté | |
| | Confus | |
| | Perdu | |
| | Peur du lendemain | |
| | Menacé | |
| | Vulnérable | |
| | Effrayé | |
| | | |
| Sentiment de colère | Dégoûté | Colère |
| | Furieux | Exaspéré |
| | Amer | Frustré |
| | Fulminant | Ennuyé |
| | Provoqué | |
| | Aigri | |
| | Contrarié | |
| | Ras-le-bol | |
| | | |
| | | |
| | | |

# GÉRER VOS ÉMOTIONS

| Catégorie | Niveau élevé | Niveau moyen |
|---|---|---|
| Sentiment de tristesse | Déprimé | Découragé |
| | Défait | Malheureux |
| | Dévasté | Bas |
| | Vide | Froissé |
| | Inutile | Déçu |
| | Désespéré | Blessé |
| | Ecrasé | Honteux |
| | Abattu | Déconcerté |
| | Coupable | |
| | Sombre | |
| | Ras-le-bol | |

*Liste tirée du livre « The Counsellor's Handbook (divers auteurs), Stanley Thornes, pages 64-65*

**Prendre la responsabilité de nos sentiments**

C'est notamment pour pouvoir prendre la responsabilité de nos émotions que nous devrions être capables de les identifier et de les exprimer. Elles sont nos émotions, ne sont le fait de personne d'autre que nous-mêmes et nous en portons l'entière responsabilité.

Ce que nous ressentons n'est *jamais* la faute des autres. A vrai dire, personne ne peut vous faire ressentir quoi que ce soit. Vos sentiments ne sont jamais causés par quoi que ce soit qui pourrait vous être dit ou fait par quiconque. Ce que les autres nous font, pensent de nous ou disent de nous peut déclencher nos sentiments mais n'en sera jamais la cause. Nos sentiments sont le résultat combiné de la manière dont nous choisissons de recevoir ce que les autres disent et font, ainsi que nos besoins et nos attentes personnels à ce moment-là.

Il est important d'apprendre à accepter de prendre la responsabilité de ce que nous faisons pour induire nos émotions. Chaque fois que quelqu'un fait ou nous dit quelque chose de négatif, nous réagissons facilement de façon négative. Nous nous blâmons nous-mêmes. Nous croyons mériter l'action ou de l'évaluation négative que d'autres ont faites à notre égard et nous l'acceptons. Ou bien nous pouvons nous mettre sur la défensive et contre-attaquer, sous l'impression de ce que nous percevons comme une attaque personnelle. Ces deux manières de réagir sont négatives, stériles et improductives parce qu'elles génèrent des émotions négatives et provoquent des réactions en chaîne elles aussi négatives.

Entrer dans le jeu du blâme ou du jugement, que ce soit dirigé contre les autres ou contre nous-mêmes est négatif et destructeur. Le fait de vous blâmer vous-mêmes à cause de vos sentiments négatifs – se sentir mal parce qu'on se sent mal – ne nous permet pas d'atteindre la racine du mal. Vous avez plutôt intérêt à exercer de la compassion envers vous-mêmes en vous posant la question: « quel besoin est-ce que j'essaye de satisfaire dans cette situation? » De cette manière vous pouvez réorienter votre cœur vers le Seigneur et sa grâce et trouver votre plénitude en lui. Le fait est que nos émotions nous montrent ce qui se passe à l'intérieur de nous. Elles pointent sur nos pensées intérieures, notre manière de percevoir les choses et nos valeurs. Blâmer les autres de ne pas répondre à nos besoins correspond à un jugement négatif qui aura des effets négatifs. Cela va stimuler les mauvais sentiments en nous, colère, ressentiment, pitié de soi, etc. Ce jugement va provoquer des réactions négatives à partir de ces émotions négatives: hostilité, rejet ou froide indifférence.

**Les besoins à la racine de nos sentiments**

Comprendre nos besoins en tant qu'être humain signifie reconnaître que notre besoin ultime est notre besoin de Dieu. Tout ce dont nous désirons ardemment dans cette vie se trouve en lui et dans les choses qu'il nous accorde dans son amour. Lorsque nous jugeons les autres, lorsque nous les blâmons, lorsque nous les critiquons ou que nous laissons éclater notre colère contre eux, tout ce que nous faisons en réalité c'est de crier notre besoin pour qu'il soit satisfait. Il s'agit d'une tragique erreur de communication parce que les autres n'entendent que notre colère et se mettent immédiatement en position de défense ou de contre-offensive pour faire face aux émotions négatives que notre colère vient juste de provoquer en eux!

Mais lorsque nous saurons que Dieu est là pour nous aider, nous arrêterons de chercher chez les autres la satisfaction de nos plus profonds besoins émotionnels. Satisfaits en Jésus, nous expérimenterons beaucoup moins d'émotions négatives. Nous n'aurons plus le réflexe de blâmer les autres en réagissant au « quart de tour » à cause de ce que nous ressentons de négatif en nous. Nous apprendrons à nous exprimer et à exprimer nos émotions de manière adéquate. Nous serons moins exigeants envers les autres et plus assurés de l'amour de Dieu pour nous. Nous supporterons mieux les situations où les gens nous laissent tomber parce que nous ne dépendrons pas d'eux pour répondre à nos besoins fondamentaux.

Cela nous aidera, par conséquent, à éviter les pensées, les paroles et les actions qui nous isolent si souvent des autres. Nous serons aussi plus conscients des besoins des autres, et nous aurons plus de sympathie à leur égard. Car nous aurons appris à entendre, derrière la critique et les paroles dures, le cri réel de leur cœur nous demandant de satisfaire leur besoin. Nous saurons que leurs besoins aussi bien que les nôtres ne peuvent être satisfaits vraiment en Christ. Ainsi nous changerons notre manière de communiquer. Au lieu d'utiliser la manipulation et le calcul pour faire dire ou faire aux gens ce qui nous apporte la satisfaction recherchée, nous serons plus intéressés par leurs besoins et nous y répondrons par des paroles de grâce et d'amour.

*Qu'il ne sorte de votre bouche aucune parole mauvaise, mais, s'il y a lieu, quelque bonne parole, qui serve à l'édification et communique une grâce à ceux qui l'entendent. (Ephésiens 4:29)*

Dans ce verset, l'apôtre Paul nous montre qu'une communication corrompue et malsaine déchire la personne à qui l'on s'adresse. Nous devrions donc plutôt prononcer des paroles positives et encourageantes qui dirigeront ces gens vers la grâce de Dieu à l'œuvre dans leur vie. Une fois que nous aurons appris à faire pleinement confiance à Dieu pour satisfaire nos besoins, nous serons mieux préparés à répondre aux besoins de ceux qui nous entourent.

**Faire face à nos croyances idolâtres**

Nous avons vu que nos fausses croyances sur la manière dont nos besoins peuvent être satisfaits sont à la racine de beaucoup d'émotions négatives. C'est sur la base de cette manière de penser erronée sur ce qui nous rend heureux que nous essayons d'amener les autres à répondre à nos besoins. Cette attitude détruit nos relations parce que les gens ne pourront jamais vraiment répondre à nos besoins profonds.

Nous avons aussi vu que ces fausses croyances sont en fait des buts qui nous motivent. Ils nous poussent fortement dans la direction où nous pensons que nos besoins seront satisfaits. En d'autres termes il s'agit d'idolâtrie. Une idole est tout ce qui remplace Dieu. Si nous dépendons de quelque chose plus que de Dieu, il s'agit d'une idole. Pour mieux comprendre ce principe, nous devons aller au fond du cœur humain. Jérémie a parlé de notre tendance à être attiré par d'autres choses que Dieu:

*Le cœur est tortueux par-dessus tout, et il est méchant. Qui peut le connaître? (Jérémie 17:9)*

Ainsi que l'explique clairement Jérémie, nos problèmes viennent de la tromperie qui se trouve au fond de nos cœurs. Nous sommes influencés par de fausses croyances qui nous détournent de Dieu. Le désir d'aller dans la direction déterminée par nos croyances concernant notre épanouissement est fort – qu'importe à quel point ces croyances sont fausses. Nos buts idolâtres dirigent nos vies. En général ils soulèvent en nous beaucoup de passion et peuvent parfois nous conduire à l'obsession. Nous devons donc apprendre à rediriger cette passion vers Dieu, en identifiant les fausses croyances qui appartiennent à notre ancienne manière de penser et en y renonçant. C'est de cela que Dieu parle lorsqu'il dit:

*Ne vous conformez pas au siècle présent, mais soyez transformés par le renouvellement de l'intelligence, afin que vous discerniez quelle est la volonté de Dieu, ce qui est bon, agréable et parfait. (Romains 12:2)*

## Détruire vos idoles

Chaque fois que nous nous détournons de Dieu, nous suivons des substituts de Dieu ou des idoles. Ainsi, une croyance juste sur qui est Dieu et comment il satisfait nos besoins est un élément vital si nous voulons voir notre vie changer. Si nous croyons des mensonges sur l'endroit où nous pouvons trouver notre vraie identité, notre passion pour Christ nous est volée. Nous devons retrouver cette passion et rejeter toutes nos idées fausses sur le bonheur et l'épanouissement. Une fois que nous voyons à quel point le Seigneur est tout suffisant pour nous, nous serons d'accord d'identifier et d'abandonner nos idoles et les croyances négatives qui leur donnait un pouvoir sur nos vies.

En général, nos buts idolâtres révèlent nos traits de caractère principaux. Ce sont les choses qui nous font réagir, les cordes sensibles sur lesquelles les autres peuvent jouer. Si donc nous voulons changer à partir de l'intérieur, nous devons faire face à ces buts idolâtres. Lorsque nous comprenons que notre plénitude est en Christ, le vrai chemin qui mène à la vie devient clair et nous commençons à nous réjouir sur ce chemin. C'est alors que nous pouvons démasquer nos idoles et entreprendre de les détruire. En d'autres termes, nous nous prouverons à nous-mêmes que la manière de faire de Dieu marche et que le bien suprême consiste à suivre Dieu.

Nous pouvons voir un exemple de ce processus dans la manière dont Jésus a résolu les problèmes de la femme samaritaine.

## La femme samaritaine

Nous trouvons ce récit remarquable concernant Jésus et la femme Samaritaine dans *l'Evangile de Jean*, chapitre 4. Nous y voyons Jésus renversant les barrières de religion, de race, culturelles, sociales et personnelles derrière lesquelles cette femme se cachait. Et pourtant elle était en recherche. Son approche consistant à jouer à cache-cache perce à travers cette histoire. Elle se cache derrière le fait qu'elle est une femme et Jésus est un homme. Elle se cache enfin derrière le fait qu'elle est une Samaritaine, qu'il est Juif et que les Juifs et les Samaritains ont une religion et des croyances différentes sur la manière dont il faut adorer Dieu.

*La femme samaritaine lui dit: comment, toi qui es Juif, me demandes-tu à boire, à moi qui suis une femme samaritaine? – les Juifs, en effet, n'ont pas de relations avec les samaritains. (Jean 4:9)*

Jésus lui demanda de tirer de l'eau du puits et lui donner à boire. Mais son intention réelle était de lui révéler l'eau de la vie que lui seul pouvait donner. Il vit clair, discernant derrière son masque religieux quels étaient les vrais besoins de son cœur.

C'était elle qui avait vraiment soif et qui cherchait une vraie satisfaction et ce qui apporterait l'épanouissement dans sa vie. Sa religion ne lui apportait pas ces choses. Elle adorait ce qu'elle ne connaissait pas mais Jésus, le Messie de toutes les nations, était la véritable réponse à son besoin et il démasqua tout ce qu'elle prétendait être pour exposer le vrai besoin de son cœur.

*« Va, appelle ton mari et viens ici, » lui dit-il. Et elle lui répondit qu'elle n'avait pas de mari. Jésus fut d'accord avec elle et lui dit: « Tu as eu raison de dire: je n'ai point de mari. Car tu as eu cinq maris et celui que tu as maintenant n'est pas ton mari. » (Jean 4:16-17)*

Elle était sous le choc. Jésus avait dit la vérité, non seulement dans les faits qu'il révélait à son sujet, mais aussi parce qu'il avait mis en lumière les secrets de son cœur. Il avait mis à découvert les buts idolâtres de sa vie. Plus tard, elle devait décrire Jésus comme l'homme qui lui avait dit tout ce qu'elle avait fait. En d'autres termes toute sa vie pouvait se résumer par ses relations brisées et malheureuses avec des hommes. Elle adorait le mauvais dieu.

Pour elle c'était un moment de vérité qui allait changer sa vie. Parce que Jésus vit dans son cœur et vit le besoin qu'elle essayait de satisfaire. Elle avait recherché l'amour et la satisfaction mais ne l'avait jamais trouvé, dans aucune de ses relations. C'était elle qui avait vraiment soif. Il n'y a donc rien d'étonnant au fait que Jésus ait dit:

*Si tu connaissais le don de Dieu, qui est celui qui te dit : Donne-moi à boire ! Tu lui aurais toi-même demandé à boire, et il t'aurait donné de l'eau vive. (Jean 4:10)*

La femme ne sembla pas comprendre la signification spirituelle de ces paroles. Elle était enfermée dans le monde naturel. Comme la plupart d'entre nous, elle ne pouvait penser qu'en termes de réalités physiques, que dans le cadre de ce monde et ce qu'il peut offrir. Mais Jésus l'aida à se concentrer sur la vraie réponse.

*Jésus lui répondit : Quiconque boit de cette eau aura encore soif. Mais celui qui boira de l'eau que je lui donnerai n'aura jamais soif et l'eau que je lui donnerai deviendra en lui une source d'eau qui jaillira jusque dans la vie éternelle. (Jean 4:13-14)*

La femme ne sembla pas comprendre la signification spirituelle de ces mots. Elle était attachée au monde naturel. Comme beaucoup d'entre nous, elle ne pouvait penser qu'en termes physique de ce monde et ce qu'il peut nous offrir. Mais Jésus l'aida à se concentrer sur les vraies réponses.

*Jésus lui répondit: « Quiconque boit de cette eau aura encore soif; mais celui qui boira de l'eau que je lui donnerai n'aura jamais soif, et l'eau que je lui donnerai deviendra en lui une source d'eau qui jaillira jusque dans la vie éternelle. » (Jean 4:13-14)*

Cette femme, comme nous tous, avait de la difficulté à trouver l'endroit où son besoin pouvait réellement être satisfait. Nous nous sommes détournés de Dieu par ignorance, désillusion et rébellion. En nous éloignant de Dieu, nous avons abandonné le seul chemin qui aurait pu nous permettre de goûter aux eaux fraîches de la satisfaction. Jérémie a prophétisé au sujet du peuple de Juda à son époque, mais ces paroles s'appliquent à nous aussi:

*Car mon peuple a commis un double péché: ils m'ont abandonné, moi qui suis une source d'eau vive, pour se creuser des citernes, des citernes crevassées, qui ne retiennent pas l'eau. (Jérémie 2:13)*

Adorer le vrai Dieu, Abba Père, en esprit et en vérité, ressemble au fait de revenir à la vraie fontaine et source de satisfaction. Cela signifie abandonner nos voies idolâtres et rejeter les croyances qui nous ont conduits loin de Dieu. La vraie repentance signifie que nous renonçons à toute croyance à laquelle nous tenons et qui nous indique où la vraie satisfaction et le vrai épanouissement sont sensés se trouver. Ensuite, nous venons et nous buvons à la seule fontaine d'eau vive.

*Dieu est Esprit, et ceux qui l'adorent doivent l'adorer en esprit et en vérité. (Jean 4:24)*

Quelles sont vos croyances idolâtres? Où croyez-vous que vos besoins seront réellement satisfaits? Dans quelle mesure poursuivez-vous la satisfaction et l'épanouissement dans des choses différentes que Dieu et sa provision pour votre vie?

Des réponses honnêtes à ces questions révéleront votre cœur et ce qui donne un but à votre vie. En général, ces réponses mettent en lumière les domaines de votre vie où se trouvent des problèmes. Or, ces problèmes ne seront jamais résolus tant que vous ne reconnaîtrez pas que vous avez été trompés. La joie éternelle et la plénitude ne se trouvent qu'en Christ.

Vos émotions négatives peuvent être les meilleures clefs que vous possédez pour découvrir ce que vous croyez au sujet du lieu où vos besoins peuvent être satisfaits. Ces émotions peuvent révéler vos croyances secrètes sur l'endroit où se trouve le vrai bonheur. Comme nous l'avons déjà vu, les émotions négatives pointent sur des besoins intérieurs qui ne sont pas satisfaits. Mais elles sont aussi liées à ce que nous pensons sur la manière dont ces besoins trouveront réponse, et l'endroit où ils seront satisfaits. Comme nous l'avons vu dans le thème 4, ces croyances sont souvent acquises dans notre enfance, par des expériences répétées. Il est temps de rejeter ces pensées ancrées en nous dans un véritable esprit de repentance et de saisir la révélation de Dieu en Jésus-Christ:

*Quiconque boit de cette eau aura encore soif. Mais celui qui boira de l'eau que je lui donnerai n'aura jamais soif et l'eau que je lui donnerai deviendra en lui une source d'eau qui jaillira jusque dans la vie éternelle. (Jean 4:13-14)*

**Gérer les émotions négatives**

Maintenant, nous pouvons comprendre comment Dieu veut que nous gérions nos émotions. D'abord nous avons besoin de prendre conscience de ce que nous ressentons. Posez-vous la question: « Qu'est-ce que je ressens tout de suite? » Ensuite, demandez-vous pourquoi vous ressentez ces émotions. Si ces sentiments sont positifs, demandez-vous s'il s'agit d'un besoin sain, satisfait de manière saine? Ou est-ce un exemple de besoin satisfait de manière éphémère par le fait d'avoir suivi une idole? Le cas échéant, repentez-vous d'avoir cru que vous pouviez trouver satisfaction dans quelque chose qui abaisse Dieu dans votre vie.

Si vous vous sentez contrarié ou frustré, demandez-vous: « Quel besoin n'a pu être satisfait à cause d'un empêchement? » Ou, si vous avez peur ou si vous avez de l'anxiété, demandez-vous: « Quel besoin ne suis-je pas certain de voir satisfait? » Ou, si vous avez des sentiments de désespoir ou de dépression, considérez quel est le besoin que vous avez et dont la satisfaction vous semble impossible pour l'instant. Les listes précédentes vous aideront à identifier vos émotions.

Vous pourrez alors compléter la phrase suivante:

Pour satisfaire mon besoin de _____ ,
je crois que je dois _____
Voilà qui révèle votre but idolâtre.

Maintenant vous pouvez rejeter le but idolâtre qui vous éloigne du Seigneur. Ayant reconnu une fois de plus que vos besoins ne peuvent être satisfaits que par lui, vous pourrez alors canaliser votre passion vers lui et commencer à le chercher de tout votre cœur, lui faisant confiance pour qu'il réponde à vos besoins fondamentaux. Les émotions négatives correspondantes vont peu à peu perdre de leur influence sur vous et les émotions positives suivront rapidement.

Dans ce processus, la chose la plus importante consiste à goûter à la bonté de Dieu en se concentrant sur Christ, la seule vraie source de satisfaction durable. Trouvez en lui la réponse aux soupirs les plus profonds de votre cœur et de votre âme. En faisant cela vous découvrirez que les vieilles croyances idolâtres perdent de leur pouvoir sur vous. Rappelez-vous que vous êtes poussé à aller dans la direction où vous croyez que vos besoins seront satisfaits. Découvrez le vrai Jésus, celui qui répond à vos besoins les plus profonds.

Jésus vous donne la *sécurité éternelle* car il ne vous abandonnera jamais, ne vous laissera jamais tomber. Vous êtes *infiniment important* à ses yeux parce qu'en lui vous êtes super béni, favorisé et aimé. Pour le père vous êtes quelqu'un *d'infiniment précieux* parce qu'il vous a donné son Fils unique qui est mort sur la croix pour vous racheter.

THÈME 8

# VRAIMENT LIBRE

Dans ce chapitre, nous apprenons à entrer dans l'expérience de liberté que Jésus-Christ nous a obtenue. Nous découvrons comment Jésus nous a apporté une victoire complète par sa mort sur la croix et sa résurrection d'entre les morts. Nous apprenons comment vivre par la grâce de Dieu dans notre marche quotidienne et à vaincre chaque tentative de l'ennemi de nous ramener dans l'esclavage.

**La victoire complète de Jésus-Christ à la croix**

La victoire amène la liberté alors que la défaite conduit à l'esclavage. Dans les guerres de l'antiquité, l'issue d'une bataille déterminait si vous restiez libres ou si vous étiez réduit à l'esclavage par l'armée ennemie. La nation victorieuse emmenait en captivité celle qui était vaincue. Donc vous combattiez vraiment pour votre liberté. Avant d'accepter Christ, nous vivions dans la défaite, dans un état d'esclavage permanent. Lisez les versets suivants de l'épître aux Ephésiens et interrogez-vous sur ce que vous voyez dans ce texte

*Vous étiez morts par vos offenses et par vos péchés, dans lesquels vous marchiez autrefois, selon le train de ce monde, selon le prince de la puissance de l'air, de l'esprit qui agit maintenant dans les fils de la rébellion. Nous tous aussi, nous étions de leur nombre, et nous vivions autrefois selon les convoitises de notre chair, accomplissant les volontés de la chair et de nos pensées, et nous étions par nature des enfants de colère, comme les autres (Ephésiens 2:1-3)*

De quoi est-il question? A mon point de vue, qu'une seule chose: l'esclavage et les chaînes spirituelles. Avant de venir à Christ, nous étions esclaves du péché, de la mort, de l'enfer et de la tombe. Mais ce n'est pas la fin de l'histoire! Continuons notre lecture:

*Mais Dieu, qui est riche en miséricorde, à cause du grand amour dont il nous a aimés, nous qui étions morts par nos offenses, nous a rendus à la vie avec Christ (c'est par grâce que vous êtes sauvés); il nous a ressuscités ensemble, et nous a fait asseoir ensemble dans les lieux célestes, en Jésus Christ, afin de montrer dans les siècles à venir l'infinie richesse de sa grâce par sa bonté envers nous en Jésus Christ. (Ephésiens 2:4-7)*

Dieu nous a libérés par la grâce et la miséricorde qu'il nous a montrées en Jésus-Christ. Pouvez-vous voir à quel point Dieu a été bon envers nous? Par Christ, nous avons été libérés de l'esclavage de Satan, Dieu nous a relevés et nous avons reçu la vie nouvelle de Christ. Nous sommes en fait assis avec lui, en ce moment même, dans les lieux célestes. Cela signifie que nous sommes assis sur le trône de l'univers, un lieu de victoire, d'honneur, d'autorité et de bénédiction. Et qu'avons-nous fait pour atteindre ce sommet? Absolument rien! Nous avons seulement reçu le don du salut divin par la foi.

Dans les temps anciens, le roi qui avait vaincu avait aussi coutume d'inscrire sur le marchepied de son trône le nom des rois et des royaumes qu'il avait conquis. Il se réjouissait de ce que ses ennemis étaient sous ses pieds. Cette coutume nous aide à comprendre l'image utilisée à propos de la victoire de Jésus dans Ephésiens chapitre un.

*Il a tout mis sous ses pieds, et il l'a donné pour chef suprême à l'Église, qui est son corps, la plénitude de celui qui remplit tout en tous. (Ephésiens 1:22-23)*

Mettons maintenant ces deux vérités côte à côte: Jésus est assis sur le trône où il triomphe avec toutes choses sous ses pieds – et nous sommes sur le même trône avec lui! Cela signifie que son triomphe est devenu notre triomphe, sa victoire est devenue notre victoire. Nous sommes libérés de tout ce qui nous liait et nous retenait esclaves, par la victoire gagnée par Christ une fois pour toutes.

Notre liberté en Christ provient d'une seule source – la victoire que Christ a remportée pour nous à la croix. Par le sang de Jésus, nous avons été rachetés de toute la culpabilité et la puissance du péché. Nous avons été libérés de tout lien sous lequel Satan nous tenait encore prisonniers.

**La victoire est un don de la grâce de Dieu**

La victoire et la liberté qui en découle sont les dons de Dieu. Nous ne pouvons rien faire pour les gagner ni les mériter. Notre victoire en Christ est totalement une grâce de Dieu.

*L'aiguillon de la mort, c'est le péché; et la puissance du péché, c'est la loi. Mais grâces soient rendues à Dieu, qui nous donne la victoire par notre Seigneur Jésus Christ! (1 Corinthiens 15:56-57)*

# VRAIMENT LIBRE

Dieu nous a rendus victorieux par sa grâce, sa pure grâce. Et nous la recevons par la foi simple. C'est comme cela que nous jouissons de toutes les bénédictions de Dieu – par la foi simple. Cela signifie que nous ne pouvons rien faire pour essayer d'obtenir ces bénédictions par nos propres efforts. Nous entrons simplement dans la victoire de Christ. Beaucoup de gens trouvent cela difficile à accepter. Ils sont encore retenus prisonniers dans le légalisme religieux. Ce légalisme se concentre toujours sur ce que nous avons à faire pour Dieu. La grâce nous enseigne à nous concentrer sur ce que Dieu a fait pour nous. Le légalisme religieux est l'arme suprême de l'ennemi. Il nous convainc que nous devons gagner ou mériter les bénédictions de Dieu et nous accuse ensuite lorsque nous échouons. Il nous dit que Dieu n'est jamais réellement satisfait avec nous. Nous devons toujours faire quelque chose de plus. Ainsi nous finissons par être de nouveau dans l'esclavage.

L'une des manières principales dont Satan essaye de nous empêcher de voir notre vraie liberté en Christ consiste à nous maintenir sous l'esclavage de la loi. Tant qu'il peut nous convaincre que nous sommes encore sous la loi, nous ne sortirons jamais de notre sentiment de culpabilité et de condamnation. Tant qu'il peut nous persuader de suivre les idées légalistes il peut nous empêcher de voir notre délivrance et notre liberté en Christ.

La tactique de Satan est toujours de nous accuser et il utilise la loi pour le faire. Tant que nous croyons qu'il nous reste plus de choses à faire pour être libres, plus de lois à respecter, plus de changements à opérer avant de pouvoir vivre dans la victoire, il nous maintiendra pour toujours dans la défaite. Le légalisme ne nous permet jamais d'échapper à notre péché. Il nous emprisonne dans ses filets et nous ramène sous l'influence de la loi, avec la malédiction qui lui est attachée.

Mais le Saint-Esprit nous donne une révélation de la suffisance de Christ et du triomphe total de la croix. Jésus a combattu toutes les batailles auxquelles nous ferons face un jour, il a vaincu toutes les forces de l'ennemi que nous pourrons confronter. Jésus s'est battu et il a vaincu. Sa victoire est complète et absolue. Tout ce qu'il nous reste à faire est de recevoir la victoire de Christ comme un don et de marcher dans cette victoire jour après jour par la foi. Vous ne pourrez jamais vivre libre en essayant de vous qualifier vous-mêmes pour la bénédiction de Dieu. La vérité c'est qu'en tant que chrétien, vous n'avez même pas besoin d'essayer. Tout vient par grâce, par la foi. La Bible dit que nous avons déjà été bénis de toute bénédiction spirituelle dans les lieux célestes. Nous sommes déjà acceptés et spécialement favorisés dans le bien-aimé (*Ephésiens 1:3-6*). Nous sommes plus que vainqueurs par Christ qui nous a aimés (*Romains 8:37*).

## Etre libérés

Comme nous l'avons vu, les croyants en Christ sont absolument libres. Si vous appartenez à Christ, vous êtes assis avec lui dans les lieux célestes. Le diable ne peut pas vous toucher. Mais vous devez apprendre à assurer cette position dans votre confrontation quotidienne avec le péché et le diable, à la fois en vous et dans le monde qui vous entoure. Cela veut dire que vous devez « tenir ferme » contre le diable et toutes ses œuvres. Le diable est un ennemi défait, mais il est aussi une force persistante et résistante. Vous devez apprendre à lui résister de tout le pouvoir et la force spirituels que Dieu vous a donnés.

## La victoire de Jésus sur le diable

Jésus a été tenté par le diable dans le désert. Mais en fait, l'Esprit était sur Jésus pour qu'il aille dans le désert à la recherche du diable dans le but de le vaincre ! Jésus est retourné en Galilée, rempli de la puissance de l'Esprit et prêt à entreprendre son ministère de salut, de guérison et de délivrance. Il n'a pas cédé à Satan une seule fois. Or, la même puissance de victoire de Jésus vit en vous pour vous donner la victoire sur la tentation et le péché.

*Aucune tentation ne vous est survenue qui n'ait été humaine, et Dieu, qui est fidèle, ne permettra pas que vous soyez tentés au-delà de vos forces; mais avec la tentation il préparera aussi le moyen d'en sortir, afin que vous puissiez la supporter. (1 Corinthiens 10:13)*

Lorsque Jésus est mort sur la croix, sa victoire sur l'ennemi a été complète et lorsqu'il est ressuscité des morts sa victoire a été manifeste pour tous.

*Le Fils de Dieu a paru afin de détruire les œuvres du diable. (1 Jean 3:8)*

## Satan est vaincu!

Les versets suivants montrent la victoire complète de Jésus sur l'ennemi.

- Jésus a détruit le diable en réduisant à néant son activité contre nous.

*Ainsi donc, puisque les enfants participent au sang et à la chair, il y a également participé lui-même, afin que, par la mort, il rende impuissant (ou « détruise ») celui qui avait la puissance de la mort, c'est-à-dire le diable. (Hébreux 2:14)*

- Jésus a désarmé le diable en ôtant toutes ses armes et en le dépouillant de toute prétention au pouvoir ou à l'autorité

*Il a dépouillé (ou « désarmé ») les dominations et les autorités, et les a livrées publiquement en spectacle, en triomphant d'elles par la croix. (Colossiens 2:15)*

- Jésus a chassé le diable de sa position dans le ciel à partir de laquelle il aveuglait les nations

*Maintenant a lieu le jugement de ce monde; maintenant le prince de ce monde sera jeté dehors. (Jean 12:31)*

Et Jésus nous a donné la même victoire sur les liens et les influences démoniaques de l'ennemi!

*Voici, je vous ai donné le pouvoir de marcher sur les serpents et les scorpions, et sur toute la puissance de l'ennemi; et rien ne pourra vous nuire. (Luc 10:19)*

**Vivre dans la victoire**

Le secret d'une vie de victoire consiste à découvrir et affirmer ce que vous êtes en Christ. Vous êtes déjà victorieux et vous pouvez vivre victorieusement. Vous êtes déjà libres en Christ et vous pouvez apprendre à vivre dans cette liberté. Cela veut dire que vous devez apprendre à défendre votre territoire face aux attaques de l'ennemi. Cinq fois dans *Ephésiens 6*, Paul nous dit de tenir ferme dans ce que nous sommes en Christ. Par exemple au *verset 13*,

*C'est pourquoi, prenez toutes les armes de Dieu, afin de pouvoir résister dans le mauvais jour, et tenir ferme après avoir tout surmonté. (Ephésiens 6:13)*

Pour l'ennemi, la meilleure manière de nous atteindre, c'est de nous faire croire que nous ne sommes pas réellement libres et que nous ne sommes pas protégés contre lui. Toutefois, l'armure spirituelle que Dieu nous donne est d'une efficacité sans failles contre toutes les attaques de l'ennemi. Nous nous tenons dans la victoire que Christ a gagnée pour nous. Nous vivons dans l'identité que nous avons en lui. Et c'est de cette manière que nous menons la bataille contre l'ennemi.

Dans toutes ces choses, le vrai champ de bataille se situe dans le monde de nos pensées. Lorsque vous avez la pensée de Christ, vous comprenez que l'ennemi n'a pas de pouvoir sur vous. Mais si vous permettez au diable d'intervenir au niveau de vos pensées, vous commencerez à douter de votre position en Christ. Il aime vous rappeler vos péchés et vous accuser dans votre cœur. Il vous dit que vous êtes un pécheur coupable et que Dieu ne pourra jamais vous accepter. Il vous montre vos échecs et vous fait retomber dans les ornières de la condamnation. La guerre spirituelle efficace consiste entièrement à amener toutes ces pensées captives en les soumettant à la vérité de ce que vous êtes en Christ.

*Car les armes avec lesquelles nous combattons ne sont pas charnelles; mais elles sont puissantes, par la vertu de Dieu, pour renverser des forteresses. Nous renversons les raisonnements et toute hauteur qui s'élève contre la connaissance de Dieu, et nous amenons toute pensée captive à l'obéissance de Christ. (2 Corinthiens 10:4-5)*

**Ne retombez pas dans l'esclavage**

Lorsque nous réalisons à quel point la victoire de Jésus sur l'ennemi est complète, la pensée que Satan pourrait nous ramener dans son esclavage peut paraître étrange. C'est pourtant bien ce qui peut se passer si nous ne nous attachons pas fermement à la liberté que nous avons en Christ par sa grâce. Paul nous avertit de ce danger dans son épitre aux Galates. Les croyants de l'époque avaient commencé à se remettre sous la loi et se retrouvaient donc une fois de plus dans l'esclavage.

*C'est pour la liberté que Christ nous a affranchis. Demeurez donc fermes, et ne vous laissez pas mettre de nouveau sous le joug de la servitude. (Galates 5:1)*

Vous noterez que le joug de l'esclavage dont Paul parle ici est celui de la loi. La loi conduit toujours à l'esclavage. Lorsque nous nous remettons sous la loi, nous commençons à perdre notre liberté. Lorsque nous nous éloignons du principe de la grâce dans n'importe quel aspect de notre vie chrétienne, nous nous exposons au risque d'un retour à l'esclavage.

Voici comment les choses fonctionnent: lorsque nous nous concentrons sur la grâce de Dieu pour nous, nous vivons dans les bénédictions de la foi. Mais lorsque que nous quittons Jésus des yeux, nous commençons à nous appuyer de nouveau sur nos œuvres. Nous pensons que Dieu ne nous bénira que si nous le méritons. Lorsque nous réintroduisons le principe de la loi dans notre vie, nous ouvrons la porte aux accusations constantes de Satan qui nous rappelle nos échecs et notre indignité. Nous lui donnons une occasion en or de patauger une fois de plus dans notre vie. Lorsque nous succombons à la tentation de mettre de côté le principe de la grâce, nous découvrons que nous n'arrivons plus à nous réjouir des promesses de Dieu. Nous nous sentons toujours plus indignes. Nous trouvons toujours plus difficile de croire que Dieu peut nous bénir. De ce fait, nous trouvons toujours plus dur de nous défendre des attaques que l'ennemi dirige contre nous.

La bénédiction et la liberté viennent de la justice de la foi et non des œuvres de la loi. Nous sommes bénis parce que nous sommes devenus la justice de Dieu par la foi en Christ, et non parce que nous avons mérité d'être bénis. Tant que nous tenons fermes dans cette vérité, l'ennemi ne peut pas nous toucher. Mais si nous faisons de nouveau le jeu de la loi en cherchant à satisfaire ses exigences, nous nous soumettons une fois de plus au contrôle de la chair. Rappelez-vous que la loi vous rendra toujours esclave du péché et vous liera aux exigences de la chair.

La délivrance la plus importante que nous puissions expérimenter est la délivrance de la loi. La loi maintient en nous le péché en vie. Elle ouvre la porte à l'ennemi pour qu'il nous tourmente avec sa culpabilité et sa condamnation. Chaque lien que nous pouvons avoir dans notre vie est opérant sur le principe de la loi. Lorsque nous comprenons que nous avons été libérés de la loi, nous pouvons alors réellement marcher dans la liberté de Christ.

Lorsque vous saisissez le principe de la grâce par la foi, vous réalisez que Dieu vous a complètement libéré de toutes les exigences et de toutes les conséquences de la loi. Marcher par la foi signifie dépendre de la grâce de Dieu et non de nos propres mérites. C'est l'Esprit de Dieu qui nous donne la liberté et non les efforts produits par la chair. Lorsque vous abandonnez tous vos efforts d'observer la loi et que vous vous soumettez à l'œuvre du Saint-Esprit en vous, vous marchez dans la liberté et l'ennemi ne peut pas vous toucher. Etre libre du péché signifie être libéré de la loi. Regardez l'erreur que commettaient les Galates :

*Etes-vous tellement dépourvus de sens ? Après avoir commencé par l'Esprit, voulez-vous maintenant finir par la chair ? (Galates 3:3)*

**Ne donnez pas accès au diable !**

L'ennemi essaye de vous garder prisonnier en vous persuadant de faire ce que Dieu vous demande par les efforts de votre chair. Tant que vous essayerez de vous perfectionner vous-mêmes par la loi, vous resterez esclave de la chair. Les efforts de la chair ne peuvent produire que ce qui est conforme à sa nature :

*Or, les oeuvres de la chair sont manifestes, ce sont l'impudicité, l'impureté, la dissolution, l'idolâtrie, la magie, les inimitiés, les querelles, les jalousies, les animosités, les disputes, les divisions, les sectes, l'envie, l'ivrognerie, les excès de table, et les choses semblables. (Galates 5:19-21)*

Pour être franc, ceux qui essayent encore de vivre sous la loi sont les personnes les plus susceptibles de tomber dans les pièges du diable. Mais si nous vivons selon le principe de la grâce, nous serons vainqueurs sur le péché, nous nous réjouirons dans la vraie liberté et nous aurons la victoire sur toutes les tentatives de l'ennemi de nous rendre à nouveau esclaves.

VIVRE LIBRE

Maintenant que nous avons compris notre victoire et notre liberté en Christ, nous allons regarder comment nous pouvons détruire tous les stratagèmes de l'ennemi pour nous ramener sous son esclavage. Nous allons couvrir les domaines suivants:

- La délivrance des puissances démoniaques
- La délivrance des liens de l'âme
- La délivrance des malédictions
- La délivrance des liens héréditaires

Après chacun de ces domaines, il y a une déclaration de libération. Apprenez à dire ces proclamations à voix haute fréquemment, en croyant que chaque mot que vous prononcez s'applique à vous. C'est de cette manière que vous vous entraînerez à penser juste, à vaincre les accusations de Satan et à développer une mentalité de liberté.

**La délivrance des puissances démoniaques**

Les attaques démoniaques sont l'une des manières dont Satan essaye de nous voler notre liberté. Pour combattre ces assauts, nous devons être sûrs de notre victoire et notre liberté absolues en Christ. Nous devons savoir que nous avons été totalement délivrés de toutes les puissances de ténèbres et que nous avons été transportés dans le royaume de Dieu.

*Il nous a délivrés de la puissance des ténèbres et nous a transportés dans le royaume du Fils de son amour. (Colossiens 1:13)*

Cela signifie qu'aucun démon de l'enfer ne pourra jamais plus vous posséder ou prendre le pouvoir dans votre vie. Mais, si le diable peut vous convaincre que le péché a encore un pouvoir quelconque sur vous, il peut alors avoir un accès dans votre cœur. Vous perdez de vue le fait que vous avez autorité sur ses œuvres. Votre confiance faiblit et lorsque vous résistez au diable et aux forces qui veulent envahir votre vie, vous manquez de conviction. Le diable essaye d'attirer toute votre attention sur les influences négatives qui sont en vous, le péché, vos problèmes et vos faiblesses. Une fois qu'il vous rend conscients du péché, il lui est facile du vous convaincre que vous êtes la cible de ses attaques et des influences démoniaques. Le péché est multiforme et le diable essayera d'utiliser toutes ces facettes du péché pour vous accuser et ouvrir ainsi des portes aux influences démoniaques dans votre vie:

- Les péchés héréditaires – les péchés des pères punis (littéralement: visités) sur les enfants.

*Tu ne te prosterneras point devant elles, et tu ne les serviras point; car moi, l'Éternel, ton Dieu, je suis un Dieu jaloux, qui punis (« visite ») l'iniquité des pères sur les enfants jusqu'à la troisième et à la quatrième génération de ceux qui me haïssent, et qui fais miséricorde jusqu'en mille générations à ceux qui m'aiment et qui gardent mes commandements. (Deutéronome 5:9-10)*

Remarquez que le péché générationnel ne s'applique qu'à ceux qui rejettent le Seigneur. Lorsque vous venez à Christ, ce pouvoir du péché est brisé. Dieu établit une nouvelle lignée de miséricorde et de grâce qui s'étend jusqu'à mille générations. C'est ce dont parle l'apôtre Pierre:

*Sachant que ce n'est pas par des choses périssables, par de l'argent ou de l'or, que vous avez été rachetés de la vaine manière de vivre que vous avez héritée de vos pères, mais par le sang précieux de Christ, comme d'un agneau sans défaut et sans tache. (1 Pierre 1:18)*

Le sang de Jésus vous libère de toute injustice que vous avez héritée de vos ancêtres. Au moment où vous affirmez cette liberté sur votre vie et sur votre famille, l'ennemi ne peut plus vous retenir dans l'esclavage du péché générationnel. Ce point d'accès pour l'activité du diable dans votre vie est définitivement fermé.

- *Les puissances occultes* – en clair, tout lien avec l'occultisme dans notre vie fait de nous une proie facile pour un lien démoniaque. Mais dès que nous réalisons que le sang de Jésus nous purifie de tout péché, nous pouvons rejeter tout démon qui essaye de trouver une entrée dans notre vie par une activité occulte.
- *Les péchés habituels* – le péché commis régulièrement peut offrir une couverture aux forces d'invasion de l'ennemi. Souvent les péchés habituels dominent toute notre vie, comme les esclavages d'ordre sexuel, ou les addictions comme la drogue ou l'alcool. Toutefois, quand nous prenons conscience que Christ nous a libérés de la puissance du péché, nous sommes libérés de ces liens et le diable ne peut plus avoir de pouvoir sur nous.
- *L'idolâtrie* – l'adoration des idoles attire les activités démoniaques. Le diable est avide de l'adoration qui n'est réservée qu'à Dieu seul. Une fois purifié de vos péchés, vous devenez un véritable adorateur du Père et la puissance de l'idolâtrie est brisée dans votre vie.
- *Les fausses religions ou croyances* – le diable se trouve derrière tout enseignement de fausse philosophie et fausse religion. Mais lorsque nous comprenons la grâce et la vérité qui sont venues par Jésus-Christ, ces fausses croyances perdent leur pouvoir sur nous et l'œuvre de l'ennemi dans notre vie est détruite.
- *Les malédictions* – il s'agit souvent d'une oppression de l'ennemi. Toutes les maladies mentales ne sont pas causées par les démons, mais dans la plupart des cas, il semble qu'elles soient exploitées par

le diable. La réponse à ce problème se trouve dans l'affirmation de 1 Corinthiens 2:16 « nous avons la pensée de Christ. » La saine pensée de Christ nous protégera de toute affliction mentale.

- *Le non pardon* – voici l'une des causes les plus répandues des attaques démoniaques. Du moment que nous refusons de pardonner à quelqu'un, nous invoquons nos « droits » à être défendus sous le régime de la loi. Nous nous remettons donc sous le principe de la loi et cela peut ouvrir la porte au diable. Mais lorsque nous marchons dans la grâce, nous échangeons l'esprit de vengeance contre l'esprit de pardon et le diable perd son pouvoir sur nous.

## Le chemin vers l'affranchissement des puissances démoniaques

La vérité est simple: lorsque nous marchons avec le Seigneur, nous marchons loin des liens démoniaques. Les points qui suivent ne sont pas une formule de délivrance en plusieurs étapes. Il s'agit plutôt de rappels importants concernant votre liberté en Christ et la manière dont vous pouvez déclarer cette liberté sur toute la puissance du diable.

### 1. Confessez votre justice en Christ

*Celui qui n'a point connu le péché, il l'a fait devenir péché pour nous, afin que nous devenions en lui justice de Dieu. (2 Corinthiens 5:21)*

Apprenez à confesser que vous êtes la justice de Dieu en Christ. Tous vos péchés sont cloués sur la croix. Le sang de Jésus a résolu le problème du péché de manière totale. Parce que vous êtes en Christ, vous êtes affranchi et le diable n'a plus de pouvoir sur vous. Le diable n'a plus de pouvoir sur vous qu'il en a sur Jésus. Notez ce que Jésus a dit de lui-même, juste avant d'aller sur la croix:

*Je ne parlerai plus guère avec vous; car le prince du monde vient. Il n'a rien en moi (Jean 14:30)*

Il est ensuite allé directement à la croix, a été crucifié et il est ressuscité des morts afin que le diable ne puisse plus avoir aucune raison de nous accuser.

*Tel il est, tels nous sommes aussi dans ce monde: c'est en cela que l'amour est parfait en nous, afin que nous ayons de l'assurance au jour du jugement. (Jean 4:17)*

### 2. Concentrez-vous sur Christ, et non sur votre péché

Toute la Bible nous montre comment Dieu a réglé le problème de notre péché par la puissance de sa grâce. Les Saintes Ecritures ont été données pour nous montrer comment être sauvé du péché par la foi en Christ (*2 Timothée 3:15*).

Nous devrions donc nous concentrer sur Christ et sur ce qu'il a accompli à la croix. Si nous sommes toujours préoccupés par notre péché, le diable jouera sur nos complexes. Nous devons apprendre à être toujours préoccupés par notre justice. Lorsque nous voyons tout ce que Jésus a accompli pour nous et qui nous sommes en lui, le péché perd de son influence sur nous.

L'attitude centrée sur la justice correspond à la vraie repentance. Lorsque nous nous tournons vers Christ, nous tournons le dos au passé avec tous ses péchés et ses échecs. C'est aussi efficace que de dire: « arrière de moi Satan! Tu n'as pas de pouvoir sur moi! » C'est cela, vaincre Satan par le sang de l'Agneau et par la parole de votre témoignage.

*Ils l'ont vaincu à cause du sang de l'agneau et à cause de la parole de leur témoignage, et ils n'ont pas aimé leur vie jusqu'à craindre la mort. (Apocalypse 12:11)*

Votre témoignage n'est pas ce que vous avez fait pour Dieu, mais ce qu'il a fait pour vous par le sang de l'Agneau. Vous n'avez pas besoin de plaider le sang, c'est le sang qui plaide pour vous. Hébreux dit que nous nous sommes approchés...

*de Jésus qui est le médiateur de la nouvelle alliance, et du sang de l'aspersion qui parle mieux que celui d'Abel. (Hébreux 12:24)*

Le sang d'Abel plaidait pour la vengeance, mais le sang de Jésus plaide pour la miséricorde! Dieu a pourvu à tout ce qui concerne nos péchés: passés, présents et futurs. Arrêtez de regarder à vos péchés et à vos échecs. Regardez à Jésus, votre avocat céleste et le diable détournera la tête dans la honte!

*Mes petits enfants, je vous écris ces choses, afin que vous ne péchiez point. Et si quelqu'un a péché, nous avons un avocat auprès du Père, Jésus Christ le juste. Il est lui-même une victime expiatoire pour nos péchés, non seulement pour les nôtres, mais aussi pour ceux du monde entier. (1 Jean 2:1-2)*

### 3. Faites grâce à tous ceux qui ont péché contre vous

Dans le thème 6, nous avons vu que si nous nous conduisons envers les autres selon la loi de la vengeance, nous nous exposons à subir les conséquences du même principe. La Bible nous montre que Dieu nous a totalement pardonnés nos péchés et que nous ne le rencontrons jamais comme un Juge pour recevoir sa condamnation. La relation qu'il a maintenant avec nous est celle d'un Père aimant qui s'occupe de ses enfants. Si vous marchez dans le non pardon, vous perdrez votre confiance dans l'amour et la bénédiction du Père. Il ne vous jugera pas, mais il vous disciplinera. Nous avons déjà étudié ces paroles qui se trouvent à la fin de la prière du Notre Père.

*Si vous pardonnez aux hommes leurs offenses, votre Père céleste vous pardonnera aussi; mais si vous ne pardonnez pas aux hommes, votre Père ne vous pardonnera pas non plus vos offenses. (Matthieu 6:14-15)*

Nous retrouvons ce même principe établi dans la parabole du serviteur sans miséricorde qui ne voulait pas remettre une petite dette alors même que son maître lui avait remis son énorme dette.

*Et son maître, irrité, le livra aux bourreaux, jusqu'à ce qu'il eût payé tout ce qu'il devait. C'est ainsi que mon Père céleste vous traitera, si chacun de vous ne pardonne à son frère de tout son cœur. (Matthieu 18:34-35)*

Il y a une bénédiction et une intimité avec le Père qui viennent de son pardon. La seule manière de vivre la joie de cette communion avec Dieu est de donner le même pardon à ceux qui nous ont offensés. Dès que nous utilisons la loi contre quelqu'un pour lui faire « payer » le mal qu'il nous a fait, nous affaiblissons notre propre confiance dans la grâce de Dieu. Nous commençons à douter de son amour pour nous et nous nous exposons au tourment de l'ennemi en étant assaillis par la culpabilité et un sentiment d'indignité. Ceux qui sont pardonnés pardonnent aux autres.

**4. Résistez à tout démon et expulsez toute mauvaise présence de votre vie.**

L'une des vérités les plus importantes que le peuple de Dieu doit apprendre est qu'il a le pouvoir de résister au diable. Nous n'avons plus besoin de nous soumettre à lui. En fait c'est à lui de se soumettre à nous. Toutefois, il y a une condition à remplir. L'humilité. Nous devons nous soumettre à Dieu avec humilité, comme Jacques nous l'explique:

*Soumettez-vous donc à Dieu; résistez au diable, et il fuira loin de vous. (Jacques 4:7)*

De quelle sorte d'humilité nous parle Jacques dans sa lettre? Il s'agit de capituler devant la grâce de Dieu. Il n'y a rien de plus humiliant. La grâce détrône l'arrogance de la chair. Lorsque nous réalisons que nous ne pouvons rien faire pour mériter la faveur de Dieu, nous n'essayons même plus d'obtenir quoi que ce soit par nos propres efforts et nous sommes prêts à nous abandonner à la grâce et à la miséricorde de Dieu.

*Il accorde, au contraire, une grâce plus excellente; c'est pourquoi l'Écriture dit: Dieu résiste aux orgueilleux, Mais il fait grâce aux humbles. (Jacques 4:6)*

*Humiliez-vous devant le Seigneur, et il vous élèvera. (Jacques 4:10)*

Jacques nous dit que lorsque nous nous humilions nous-mêmes, nous recevons plus de grâce. Dieu vous donne tout ce dont vous avez besoin pour vous détourner du mal et le vaincre au nom de Jésus. Lorsque vous humiliez sous la main pleine de grâce de Dieu, il vous relève et vous délivre de tout lien. Il vous donne la force de vaincre toutes les attaques du diable et de rejeter toute présence démoniaque de votre vie.

### 5. Louez et magnifiez le Seigneur

Lorsque vous voyez votre position glorieuse en Jésus-Christ, votre cœur sera rempli de reconnaissance et votre bouche sera remplie de louange. C'est l'un des antidotes les plus puissants contre les activités démoniaques, quelles qu'elles soient.

*Par la bouche des enfants et de ceux qui sont à la mamelle tu as fondé ta gloire, pour confondre tes adversaires, pour imposer silence à l'ennemi et au vindicatif. (Psaume 8:3)*

Dieu impose le silence à l'ennemi par votre louange. Le vindicatif ne peut supporter d'entendre la louange de Dieu. Il ne peut se tenir dans la présence de ceux qui savent qui ils sont en Christ et le louent pour cela. Lorsque nous louons le nom de Jésus, le diable doit plier les genoux.

### 6. Cherchez à être une nouvelle fois rempli du Saint-Esprit

Aucun démon ne peut résister au Saint-Esprit. Lorsque vous êtes rempli du Saint-Esprit, le diable doit s'enfuir. Le Saint-Esprit vous rendra sensible à Christ, conscient de sa présence et de sa puissance. Certaines personnes sont tellement préoccupées par les démons qu'on pourrait presque dire qu'ils sont sensibles aux démons. Il est dès lors facile de comprendre pourquoi l'ennemi les entoure d'attaques démoniaques. Mais si vous restez rempli du Saint-Esprit, vous serez toujours plus sensible à Christ qu'au diable. Vous connaîtrez la joie de l'aimer et de le servir.

*Soyez, au contraire, remplis de l'Esprit; entretenez-vous par des psaumes, par des hymnes, et par des cantiques spirituels, chantant et célébrant de tout votre cœur (Ephésiens 5:18-19)*

### Libération des puissances démoniaques Déclaration de délivrance

Je confesse et déclare que je connais la liberté absolue de Dieu et en jouis. Jésus-Christ m'a libéré de la culpabilité et de la puissance du péché! Et je suis réellement libre!

J'ai été crucifié avec Christ, et j'ai été ressuscité pour vivre de sa vie de résurrection et de parfaite liberté.

Je sais que le Fils de Dieu a paru pour détruire toutes les œuvres diaboliques de l'ennemi. Et je sais qu'il a fait cela en moi.

Je marche dans la liberté de l'Esprit et j'ai été libéré par la loi de l'amour. J'ai été délivré de la malédiction de la loi, et je ne suis plus lié par le péché, ou la chair ou le diable.

Je proclame que je suis maintenant vraiment libre de faire ce qui est juste, d'obéir à la volonté de Dieu et de servir mon Seigneur et Sauveur de tout mon être.

Je sais que je ne m'appartiens plus car j'ai été racheté à un grand prix, celui du sang de Jésus. J'appartiens maintenant à Jésus et j'ai hâte de lui obéir.

Je renonce au péché, à Satan et à toutes ses œuvres mauvaises. Je m'appuie fermement sur ma liberté et je vis dans la victoire de Christ pour toujours.

**La libération des liens de l'âme**

Il y a diverses sortes de liens qui peuvent nous affecter de diverses manières. Par exemple ces liens peuvent être:

- physiques – dépendance de l'alcool ou de la drogue
- émotionnels – liens de l'âme
- spirituels – démoniaques

Nous devons comprendre toutes ces dimensions de l'être humain pour traiter des « comportements compulsifs ». Mais souvent celle qui échappe à notre attention est le lien psychologique et émotionnel qui vient par notre implication dans le péché. Le lien mental et émotionnel, ou « lien de l'âme » est souvent la partie la plus solide du lien global.

La dépendance physique de la drogue (par exemple l'héroïne) peut être réglée en « cure » en l'espace de quelques jours de traitements médicaux et de désintoxication. Mais la dépendance psychologique de la drogue prendra beaucoup plus de temps à être traitée ainsi que les raisons sous-jacentes mentales, émotionnelles et de motivation qui ont conduit cette personne à prendre de la drogue au départ.

**Qu'est-ce qu'un lien de l'âme?**

Il s'agit de liens puissants qui prennent effet dans le domaine de l'âme. Ils nous attachent à des personnes, des lieux ou des objets qui nous relient à notre vie passée. L'âme humaine a trois facultés principales, celle de penser, de ressentir et de décider. Les liens de l'âme sont des liens mentaux ou émotionnels qui nous attachent à une situation, une personne ou un lieu et nous retiennent ainsi à notre ancienne vie. Ces liens détournent votre regard de Jésus et vous obligent à vous concentrer sur votre passé. Ils jouent sur nos émotions et notre cœur est distrait par rapport à ce que nous sommes véritablement en Christ. C'est la raison pour laquelle nous trouvons difficile de nous défaire de vieilles habitudes, nos anciennes manières de penser et de nous comporter. Les liens de l'âme nous retiennent dans notre passé à la manière d'une bouée de sauvetage qui permet à nos vieilles habitudes de survivre. Ces liens font partie de la puissance du péché capable de nous enchaîner et nous séduire. Ils doivent être brisés pour que nous puissions jouir pleinement de la liberté que nous avons en Christ.

Les liens de l'âme sont plus profonds qu'un simple attachement sentimental et sont souvent chargés de puissances spirituelles. Cet élément spirituel ou démoniaque a des caractéristiques similaires à une addiction ou à un comportement compulsif. La délivrance peut se faire en quelques instants, au nom de Jésus. Mais les problèmes sous-jacents dans la vie de la personne prendront souvent plus de temps à se résoudre. L'un de ces problèmes peut être un lien de l'âme qui doit être brisé par la repentance et la foi.

**Comment les liens de l'âme opèrent**

Les liens de l'âme peuvent se développer à partir du moment où existe un rapport dans le péché avec une personne, un lieu ou un objet en relation avec vos anciennes habitudes de péché. Il y a une dépendance émotionnelle, psychologique et parfois spirituelle qui grandit et vous attache aux péchés du passé. C'est comme un pont qui vous relie à votre vie passée.

Paul nous avertit sur les dangers de retourner à notre ancienne manière de vivre. Il dit que cela revient à sacrifier notre liberté en Christ.

*Ne savez-vous pas qu'en vous livrant à quelqu'un comme esclaves pour lui obéir, vous êtes esclaves de celui à qui vous obéissez, soit du péché qui conduit à la mort, soit de l'obéissance qui conduit à la justice? (Romains 6:16)*

Si nous retombons dans les péchés dont nous avons été délivrés, nous pouvons nous remettre sous le joug de l'esclavage. Nous rebâtissons les ponts qui nous relient au péché et que Christ avait détruits.

- Les liens de l'âme peuvent venir par le péché sexuel, ou les liens émotionnels qui voisinent avec les péchés sexuels.

## VIVRE LIBRE

Ce que vous faites avec vos pensées et votre imagination peut être tout aussi destructeur que ce que vous faites avec votre corps. L'immoralité mentale et l'adultère sont aussi graves que l'acte physique correspondant, c'est du péché.

*Mais moi, je vous dis que quiconque regarde une femme pour la convoiter a déjà commis un adultère avec elle dans son cœur. Matthieu 5:28)*

- Les liens de l'âme vous lient à d'anciens schémas de pensées et de conduite.

Parfois, les gens trouvent difficile d'abandonner d'anciens partenaires sexuels (ou des gens qui ressemblent à ces anciens partenaires dans leur apparence ou leur caractère). Ils trouvent difficile de reléguer ces choses dans le passé et de vraiment aller de l'avant avec Dieu. Le lien de l'âme doit être brisé.

- Les liens de l'âme sont parfois les vrais problèmes au fond du cœur de la personne et la première raison qui la conduit à pécher.

Les besoins que nous cherchons à satisfaire nous attirent dans les voies de péché. Comme nous l'avons vu dans le chapitre 4, nous sommes transformés par le renouvellement de notre intelligence. Nous devons briser la puissance de nos idoles et confronter les forteresses de nos pensées afin de pouvoir nous libérer du péché qui tient notre vie captive.

- Les liens de l'âme sont souvent enracinés dans le non pardon

Si vous gardez du non pardon en vous, vous serez lié à la situation, aux gens ou aux circonstances attachés à votre manque de pardon. Vous devez pardonner si vous voulez pouvoir être libéré du lien formé par les offenses que les autres vous ont faites.

*Ne jugez point, et vous ne serez point jugés; ne condamnez point, et vous ne serez point condamnés; absolvez, et vous serez absous. Donnez, et il vous sera donné: on versera dans votre sein une bonne mesure, serrée, secouée et qui déborde; car on vous mesurera avec la mesure dont vous vous serez servis. (Luc 6:37-38)*

La mesure dont vous vous servez pour mesurer les autres sera utilisée pour vous mesurer. Cela signifie que si vous retenez du non pardon, vous ne serez jamais libre de la chose que vous refusez de pardonner. Un indescriptible dommage émotionnel et spirituel vous est infligé lorsque vous retenez le pardon. Cette attitude donne accès au diable dans votre vie.

## Comment vous libérer des liens de l'âme

Il est impossible de vous libérer d'un lien de l'âme tant que vous ne voyez pas qu'en Christ vous êtes mort au péché et à toutes ses connexions et associations dans votre vie. La liberté en Christ signifie que non seulement vous avez été libéré du péché mais aussi que les ponts qui vous reliaient au péché ont été détruits. Jésus a vaincu tous les aspects du péché dans votre vie, y compris tous les liens avec votre passé. Vous êtes mort avec Christ et de ce fait le péché n'a plus de pouvoir sur vous, pas plus que si vous étiez mort physiquement!

*sachant que notre vieil homme a été crucifié avec lui, afin que le corps du péché fût détruit, pour que nous ne soyons plus esclaves du péché; car celui qui est mort est libre du péché. (Romains 6:6-7)*

La seule manière dont nous pouvons revenir dans l'esclavage du péché consiste à inviter activement le péché à régner de nouveau sur nous. Paul est très clair sur ce point.

*Ne livrez pas vos membres au péché, comme des instruments d'iniquité; mais donnez-vous vous-mêmes à Dieu, comme étant vivants de morts que vous étiez, et offrez à Dieu vos membres, comme des instruments de justice. (Romains 6:13)*

Dieu veut que nous nous débarrassions de tout contact avec notre vie ancienne de péché en nous présentant à lui comme des serviteurs de la justice. En d'autres termes nous abandonnons tous les péchés du passé et, conscients de notre justice en Jésus-Christ, nous vivons à la lumière de ce que nous sommes – nous nous présentons à Dieu en tant que serviteurs de la justice.

Les liens de l'âme appartiennent à l'ancienne manière de vivre à laquelle nous avons renoncé en Christ – ils n'ont rien à voir avec notre vie en Christ.

*Ceux qui sont à Jésus Christ ont crucifié la chair avec ses passions et ses désirs. (Galates 5:24)*

La liste qui va suivre n'est pas une formule mais un survol des principes qui conduisent à la liberté. En suivant ces principes, vous redécouvrirez qui vous êtes en Christ et vous détruirez toutes les ponts qui vous reliaient au péché et que vous aviez reconstruits dans votre vie.

1. Amenez le lien de l'âme devant le Seigneur – le contact physique ou émotionnel que vous avez maintenu avec la personne, le lieu ou l'objet physique vous reliant à votre vie passée.
2. Renoncez à ce contact – nommez la personne et la situation
3. Abandonnez-le entièrement de tout votre cœur
4. Pardonnez à tous ceux qui vous ont offensé, utilisé ou abusé

5. Rompez tout contact inutile avec la personne – physiquement, y compris avec des objets de cette personne, souvenirs, cadeaux, photos etc…
6. Affirmez votre liberté en Christ – confessez que vous êtes la justice de Dieu en Jésus-Christ.
7. Tournez votre cœur vers le Seigneur pour tous vos besoins.

L'un des aspects les plus dangereux des liens de l'âme c'est qu'ils détournent votre regard de Jésus. Ne vous laissez pas piéger de cette manière. La chose la plus importante que vous devez faire est de centrer votre cœur sur tout ce que vous êtes et tout ce que vous avez en Christ. Les versets suivants de Colossiens vous aideront.

*Si donc vous êtes ressuscités avec Christ, cherchez les choses d'en haut, où Christ est assis à la droite de Dieu. Affectionnez-vous aux choses d'en haut, et non à celles qui sont sur la terre. Car vous êtes morts, et votre vie est cachée avec Christ en Dieu. Quand Christ, votre vie, paraîtra, alors vous paraîtrez aussi avec lui dans la gloire. (Colossiens 3:1-4)*

### Liens de l'âme Déclaration de libération

Dieu mon Père, je te remercie de ce que tu me sanctifieras entièrement et de ce que tu me présenteras irrépréhensible au retour de Christ. Tu sauveras la totalité de mon esprit, mon âme et mon corps. Je te remercie de ce que Jésus et son sacrifice sont tout suffisants pour moi. Je confesse que je n'ai plus besoin de quoi que ce soit de ma vie ancienne de péché pour être satisfait. Jésus seul satisfait tous les besoins de mon cœur.

Je rejette maintenant, je renonce à tout contact et répudie totalement tout contact, connexion, et toute association avec ce lien de l'âme. J'abandonne tout péché et mauvaise action liée avec ce lien de l'âme.

Je déclare que je suis libéré, coupé et totalement affranchi de ce lien de l'âme. Je ne suis plus lié par aucune attitude passée, pensée, sentiment, émotion, acte ou habitude associés avec ce lien de l'âme. Je suis maintenant libre d'aller de l'avant dans ma vie. Je tourne mon cœur vers toi Jésus, je reviens à toi. Tu es mon Seigneur, sur mon esprit, mon âme et mon corps. Amen!

### Libération des malédictions
La Bible nous enseigne comment nous pouvons être libérés de toutes les malédictions et comment nous pouvons vivre dans la bénédiction de Dieu. Dans la victoire de la croix pour notre vie, il y a la délivrance pour toutes sortes de malédictions. Dieu nous a libérés de la malédiction du péché, la malédiction de la loi et de toute autre forme de malédiction que l'ennemi essaye de nous lancer. Même les malédictions qui nous ont été transmises de génération en génération ont été annulées par le sang de Jésus!

L'Ancien Testament nous montre que les effets du péché générationnel se font ressentir à la fois dans la famille immédiate et dans la famille élargie.

*L'Eternel est lent à la colère et riche en bonté, il pardonne l'iniquité et la rébellion; mais il ne tient point le coupable pour innocent, et il punit (litt: visite) l'iniquité des pères sur les enfants jusqu'à la troisième et la quatrième génération. (Nombres 14:18)*

*Tu ne te prosterneras point devant elles, et tu ne les serviras point; car moi l'Eternel, ton Dieu, je suis un Dieu jaloux, qui punis (visite) l'iniquité des pères sur les enfants jusqu'à la troisième et à la quatrième génération de ceux qui me haïssent, et qui fais miséricorde jusqu'en mille générations à ceux qui m'aiment et qui gardent mes commandements. (Deutéronome 5:9-10)*

Notez que même l'Ancien Testament montre que la grâce de Dieu est plus forte que le pouvoir des malédictions. Les péchés des pères sont visités sur leurs enfants jusqu'à la troisième et quatrième génération alors que la bénédiction de Dieu sur le juste dure mille générations!

Mais plus que cela encore, le Nouveau Testament révèle que Jésus nous a libérés de toutes les malédictions générationnelles. Cela inclut la pire des malédictions – la malédiction originale de la mort qui est venue par le péché d'Adam et s'est répandu sur tous ceux qui l'ont suivi.

*Si par l'offense d'un seul la mort a régné par lui seul, à plus forte raison ceux qui reçoivent l'abondance de la grâce et du don de la justice régneront-ils dans la vie par Jésus Christ lui seul. (Romains 5:17)*

La malédiction prononcée sur le péché était la mort. Elle est venue sur nous par la transgression d'Adam. Mais Dieu, dans l'abondance de sa grâce, a envoyé le second Adam, Jésus-Christ qui nous accorde le don de la justice. Délivrés de la mort, nous régnons maintenant dans la vie par Christ. Cela signifie qu'aucune malédiction ne peut nous toucher. Nous régnons sur toutes les malédictions que l'ennemi peut nous lancer.

*Comme l'oiseau s'échappe, comme l'hirondelle s'envole, Ainsi la malédiction sans cause n'a point d'effet. (Proverbes 26:2)*

Jésus a réglé la question de cette malédiction du péché et pour cette raison, aucune malédiction ne peut avoir d'effet sur nous. Nous sommes les fils et les filles justes du Dieu Très-Haut. Jésus nous qualifie pour la bénédiction à la place de la malédiction.

### Les bénédictions de Dieu

*Ephésiens 1:3* déclare que nous avons été bénis de toute bénédiction spirituelle en Christ. Le mot « bénédiction » veut dire « bien parler de quelqu'un ». Dieu parle bien de nous parce que nous sommes en Christ. Parce que nous héritons des bénédictions du Fils, le Père peut dire de nous la même chose qu'il a dite de Jésus lorsqu'il était sur la terre: « Celui-ci est mon Fils bien-aimé, en qui j'ai mis toute mon affection. » Après tout, nous sommes « favorisés dans le bien-aimé » (*Ephésiens 1:6*).

Dieu nous bénit continuellement par la Parole de sa bouche prononcée par le souffle de son Esprit. Il prononce sur nous – bénédiction sur bénédiction, par Christ. Nous ne sommes pas bénis en fonction de nos mérites et maudits en fonction de nos méfaits. Nous sommes seulement bénis, par la grâce de Dieu.

*Et nous avons tous reçu de sa plénitude, et grâce pour grâce. (Jean 1:16)*

Selon une autre traduction « de la plénitude de sa grâce, nous avons tous reçu bénédiction sur bénédiction. »

Cela signifie que nous sommes bénis parce que Dieu a prononcé ou soufflé sa bénédiction sur nos vies. Le livre du Deutéronome donne la liste de nombreuses bénédictions de l'ancienne alliance. (Vous pouvez les lire dans *Deutéronome 8:13-15* et *28:1-14*) Ces bénédictions comprennent:

1. la fertilité
2. la santé
3. la victoire
4. la prospérité
5. la bonne réputation
6. l'harmonie familiale
7. le succès.

Comme nous l'avons vu dans le Nouveau Testament, les bénédictions de l'ancienne alliance sont étendues au point d'inclure « toute bénédiction spirituelle dans les lieux célestes en Christ » (*Ephésiens 1:3*).

Les bénédictions physiques de l'Ancien Testament n'ont jamais été révoquées. Au lieu de cela, elles vous sont accordées avec toutes les bénédictions spirituelles que le Saint-Esprit déverse dans votre vie. Vous pouvez lire ce qui concerne ces bénédictions dans *Ephésiens 1:4-14*. Elles incluent:

1. l'élection
2. la liberté
3. le pardon
4. la sainteté
5. la présence de Dieu
6. l'adoption.

Les bénédictions de l'Ancien Testament ont été accordées à Israël lorsqu'ils obéissaient à la loi de Moïse. Mais dans la nouvelle alliance, toutes les bénédictions de Dieu sont nôtres par grâce, par la foi en Christ.

### Qu'est-ce qu'une malédiction?

Lorsque nous bénissons quelqu'un, nous proclamons sur cette personne le bien-être de Dieu. Mais Dieu prononce toujours une malédiction sur le péché. Les premières malédictions de Dieu ont été prononcées dans le jardin d'Eden. Sa malédiction sur le péché a amené toute la race humaine sous la condamnation. La création elle-même a été soumise à la vanité. Par conséquent, nous vivons dans un monde déchu, de souffrances où les cœurs sont brisés. Lorsque Dieu a proclamé sa malédiction à l'origine, il a aussi révélé sa grâce et sa miséricorde. Il a dit au serpent:

*Je mettrai inimitié entre toi et la femme, entre ta postérité et sa postérité: celle-ci t'écrasera la tête, et tu lui blesseras le talon. (Genèse 3:15)*

Ce fut la première promesse de liberté de la malédiction du péché qui fut donnée à l'humanité. Dieu dit que « la semence » de la femme écraserait la tête du serpent. Dieu indiquait à l'avance la victoire de Jésus sur la croix, lorsqu'il ôterait le péché, vaincrait Satan et payerait le prix pour que la malédiction du péché soit enlevée! En tant que croyants sur cette terre, nous commençons à expérimenter la liberté de la croix. Et lorsque nous atteindrons le ciel, nous découvrirons que la malédiction prononcée sur le péché aura complètement disparu de nos vies.

*Il essuiera toute larme de leurs yeux, et la mort ne sera plus; il n'y aura plus ni deuil, ni cri, ni douleur, car les premières choses ont disparu. (Apocalypse 21:4)*

Cela nous montre comment Satan s'y prend. Il opère par le péché et la malédiction. C'est le seul territoire sur lequel il peut agir! Mais il est un ennemi vaincu et se trouve sous le jugement de Dieu. Une fois que la question du péché a été réglée, la puissance de Satan est complètement brisée. Il ne peut influencer que ceux qui sont sous la malédiction de Dieu. Là où il n'y a pas de malédiction, le diable n'a pas de pouvoir. Jésus a défait Satan sur la croix en réglant la question de la malédiction conséquente au péché.

### La malédiction de la loi

Dieu a donné la loi au peuple d'Israël. Il les a séparés des autres nations et leur a enseigné la sainteté de Dieu. Leur obéissance à la loi libérait la bénédiction de Dieu et leur désobéissance attirait le jugement de Dieu, ou sa malédiction. Vous pouvez lire à ce sujet dans *Deutéronome 28* et *29*.

Jésus n'a pas seulement réglé la question de la malédiction du péché, mais aussi celle de la malédiction de la loi. Lorsqu'il est mort sur la croix, il est lui-même devenu une malédiction selon les critères de la loi de Moïse. Il a donc pris la malédiction de la loi sur lui et ouvert le chemin pour que la bénédiction de Dieu vienne sur nous par la foi.

*Christ nous a rachetés de la malédiction de la loi, étant devenu malédiction pour nous – car il est écrit: Maudit est quiconque est pendu au bois, – afin que la bénédiction d'Abraham ait pour les païens son accomplissement en Jésus-Christ, et que nous recevions par la foi l'Esprit qui avait été promis. (Galates 3:13-14)*

Cela signifie que ceux qui croient en Jésus ne sont plus sous la malédiction de la loi. La vie dans l'Esprit est une existence exempte de la malédiction! A cause de cette liberté en Christ, nous sommes maintenant libérés de la malédiction du péché et de la loi. Et si ces malédictions ne peuvent pas nous affecter, comment toute autre malédiction prononcée par les hommes ou le diable nous affecterait?

Certaines personnes vivent dans la crainte et la superstition concernant les malédictions. Ils sont terrifiés quand ils entendent que quelqu'un a été maudit. Ils tremblent si on leur dit qu'un certain lieu ou qu'un objet est porteur d'une malédiction potentielle. Christ n'est-il pas plus grand que tout cela? N'a-t-il pas triomphé sur toutes choses? Un croyant n'a rien à craindre des malédictions.

Vous me demanderez alors: où est donc le problème après tout? Il n'y a pas de problème! Il nous faut seulement nous reposer dans la sécurité et la protection de Christ et de son sang. Nous avons été libérés par le sang de Jésus de toute influence négative – y compris toutes les malédictions lancées contre nous, mais nous devons être prêts à résister à l'ennemi et à tenir ferme dans notre liberté.

**Est-ce que les malédictions peuvent avoir un impact aujourd'hui?**

Je ne dis pas que les malédictions n'existent pas. Elles sont bien réelles. Une malédiction peut comporter un élément surnaturel qui s'ajoute à la puissance destructrice de la langue sur le plan naturel. Nous savons que les rapportages, la calomnie et les paroles négatives font beaucoup de mal. Les paroles peuvent blesser plus efficacement et opérer beaucoup plus de dommages qu'une attaque physique.

Lorsque quelqu'un parle dans l'intention de blesser une personne, une famille ou une situation, ses paroles possèdent une certaine puissance naturelle. Toutefois, celui qui parle ainsi ne réalise probablement pas que ses paroles blessantes peuvent aussi être une sorte de « prière » que le diable peut choisir de renforcer. En disant: « je souhaite que tu sois mort », quelqu'un ne souhaitera peut-être rien de plus que de blesser la personne émotionnellement. Mais, le destructeur peut prendre sa requête à la lettre et commencer à agir physiquement en accord avec cette parole. Le diable se fait un délice de diffamer et détruire les gens, et les malédictions peuvent attiser ses influences négatives. La Bible enseigne que ceux qui prononcent une malédiction sont prêts à exciter une influence démoniaque.

*Qu'elle soit maudite par ceux qui maudissent les jours, par ceux qui savent exciter le Léviathan! (Job 3:8)*

Le Léviathan était un monstre marin parfois utilisé dans la Bible pour représenter Satan. Ce verset montre que le diable peut être excité à agir lorsqu'une personne en maudit une autre. Chaque parole négative, ou proclamation à caractère de malédiction, donne à Satan une occasion de diffamer et détruire quelqu'un.

**Qu'est-ce qui cause une malédiction?**

Toute parole que vous prononcez contre vous-même, ou contre d'autres personnes, vous expose vous et eux à la puissance destructrice de l'ennemi. Mais la Bible nous montre que les malédictions sont enracinées dans le péché. Les malédictions viennent sur les personnes qui sont exposées à quelque chose qui rend cette malédiction efficace pour eux.

La liste suivante fait état des choses apportant une malédiction. Nous devons renoncer à ces choses si nous voulons vivre dans liberté de Christ.

1. l'anti-sémitisme – *Genèse 12:1-3*
2. l'adoration des faux dieux – *Deutéronome 27:15*
3. désobéissance à Dieu – *Deutéronome 27:26*
4. utiliser le nom de Dieu pour des choses mauvaises – *Jérémie 29:23*
5. déshonorer ses parents – *Exode 21:17*
6. les péchés sexuels – *Lévitique 20:10-16*
7. les activités occultes – *Lévitique 20:27.*

**La libération des malédictions**

La bonne nouvelle, c'est que toutes les malédictions ont été détruites à la croix. Elles ont perdu leur pouvoir sur vous lorsque vous êtes venu à Christ dans la repentance et dans la foi. Nous avons été libérés au nom puissant de Jésus! Lorsque vous apprenez à vivre dans la liberté de la croix vous pouvez vous élever au-dessus de toute malédiction, quelle que soit son origine. Si quelqu'un vous maudit, vous pouvez le bénir, sachant que ses paroles ne vous affectent pas. Lorsque le diable maudit, vous pouvez en rire, parce que le diable ne peut pas maudire ceux que Dieu a bénis (*Nombres 23:8*). En fait, ceux qui nous maudissent apportent sur eux-mêmes une malédiction (*Nombres 24:9*).

Une des choses qui vous permettra de vivre à l'abri des malédictions consiste à vous concentrer sur les bénédictions de Christ, sans vous préoccuper des influences de ténèbres que vous supposez venir de votre famille, de vos voisins, de vos collègues au travail ou même de vos ennemis. Toutes vos inquiétudes concernant le désir de l'ennemi de vous maudire disparaîtront à la lumière de la gloire et la grâce de Dieu.

**La libération des malédictions Déclaration de délivrance**

Père, dans le nom tout-puissant de Jésus-Christ, je prends autorité sur toute parole négative qui a été prononcée contre moi.

Je les annule maintenant.

Par le sang de Jésus, je suis libéré de toute influence mauvaise, et de toute malédiction qui a été lancée contre moi.

Je réponds à la malédiction par la bénédiction et déclare que je suis béni de toute bénédiction en Christ. Amen.

**La libération des liens héréditaires**

Marcher dans la liberté et la bénédiction de Dieu signifie s'occuper de tout blocage spirituel dans votre vie et annuler tout jugement prononcé contre vous par l'ennemi. Parfois l'ennemi vous accuse en vous faisant croire que vous n'êtes pas digne de la bénédiction de Dieu à cause des péchés commis par vos ancêtres et par votre parenté.Considérez le passage suivant du Nouveau Testament:

*Vous savez que ce n'est pas par des choses périssables, par de l'argent ou de l'or, que vous avez été rachetés de la vaine manière de vivre que vous aviez héritée de vos pères, mais par le sang précieux de Christ, comme d'un agneau sans défaut et sans tache (1 Pierre 1:18-19)*

Considérez cette phrase avec attention: « la vaine manière de vivre que vous aviez héritée de vos pères ». Elle se réfère à quelque chose qui nous a été transmis par les générations passées, à des choses qui affectent notre manière de vivre et notre expérience présente.

## Les problèmes des générations passées

Nous portons tous un certain bagage des générations passées de nos familles qui produisent cette « vaine manière de vivre », c'est-à-dire une vie vécue en dehors de la bénédiction de Dieu. Il s'agit d'une manière de vivre dont nous avons besoin d'être rachetés, libérés. Et c'est exactement ce que Jésus a fait pour nous par le sang de sa croix. Il nous a rachetés de tous les modèles de vanité, de futilité et d'improductivité dont nous avons hérité. Le sang a pris soin de ces choses!

Pourquoi, dès lors, tant de chrétiens vivent-ils encore des vies inutiles qui reflètent si peu la réalité de la riche bénédiction de Dieu? Disons que c'est une chose de savoir citer un bon verset, mais c'en est une autre de savoir vivre dans la réalité des bonnes choses décrites par ce même verset! Comme pour toute promesse divine, il peut être nécessaire de se saisir de la Parole de Dieu et de s'y accrocher de manière agressive. Vous devez vous battre pour vos droits en Christ et les faire respecter face à un ennemi qui souhaiterait que vous restiez dans la médiocrité.

Avant de pouvoir prendre le pays promis, le peuple d'Israël a du en déposséder ses ennemis. Ils ne purent prendre possession de leur héritage qu'à la condition d'entrer dans le repos de Dieu. Dieu nous invite à entrer dans son repos. En d'autres termes, les batailles sont finies, l'ennemi a été chassé et tout ce qui nous reste à faire c'est de nous installer dans le repos de Dieu.

*Il y a donc un repos de sabbat réservé au peuple de Dieu. Car celui qui entre dans le repos de Dieu se repose de ses œuvres, comme Dieu s'est reposé des siennes. (Hébreux 4:8-10)*

Le repos de Dieu est le fruit de ce qu'il a accompli pour vous en Christ. Vous savez que vous vous reposez sur l'œuvre achevée par Christ lorsque vous avez cessé vos propres efforts et vos luttes en vue de la victoire. Une fois que vous aurez appris à vous reposer sur les promesses de liberté et de victoire, ces paroles commenceront à opérer dans votre vie. Laissez votre altitude déterminer votre attitude ! Laissez votre position en Christ gouverner le monde de vos pensées.

## Les attachements naturels

Apprenez à vaincre les penchants naturels de vos raisonnements. Il y a premièrement votre propre attitude face à ces problèmes générationnels. Il semble évident que les problèmes générationnels sont par nature très profonds. Nous avons tendance à être très attachés aux choses dont nous héritons, les attitudes autant que les antiquités! Les traditions familiales ont la vie dure. Les attitudes et les croyances que nous avons reprises de nos parents (qui les ont apprises de leurs parents, qui les ont apprises de...) peuvent être solidement enracinées en nous. Il se peut que nous n'en soyons même pas conscients.

**La dimension surnaturelle**

Il y a aussi une puissante dimension surnaturelle liée aux problèmes générationnels. Si Dieu aime bénir les générations successives d'une famille, vous pouvez être sûr que le diable voudra les maudire. Les malédictions et d'autres formes de liens spirituels se transmettent souvent dans les familles. Rappelez-vous que nous ne sommes pas des îles perdues au milieu de la mer de la vie. Nos actions et nos attitudes affectent d'autres personnes, et surtout nos enfants. Les péchés des parents sont réellement transmis aux enfants. Le diable aime bien s'immiscer dans cette « dynamique familiale » pour l'utiliser afin d'introduire un lien familial ou générationnel.

Nous avons vu qu'il est impossible que ces éléments négatifs nous affectent une fois que nous sommes nés de nouveau et purifiés par le sang de Jésus. Nous sommes rachetés. Nous avons été libérés par le sang de Jésus de toutes ces choses. Il s'agit d'une réalité spirituelle et d'un fait accompli. Mais nous devons apprendre à jouir de cette liberté. Nous devons apprendre à vivre les bienfaits de ce que Christ obtenu pour nous. Vous vous trouvez dans une bataille! Un combat terrible se livre dans le monde de vos pensées, dans votre volonté et vos émotions.

Vous devez tenir ferme et conformément à votre position. Vous devez activement vous saisir de vos bénédictions et de vos possessions en Christ. Parfois, il s'agit simplement d'une question de proclamer la promesse de la Parole – et vous expérimentez la libération immédiatement! Parfois, toutefois, vous devez tenir ferme et résister avec persévérance jusqu'à ce que vous fassiez l'expérience de la victoire qui légalement vous appartient. Une fois de plus, la réponse est d'arrêter de regarder à soi et de fixer notre regard sur Jésus, car c'est de lui que viennent la faveur et la bénédiction.

**La liberté par rapport au passé**

La bonne nouvelle glorieuse de l'Evangile proclame que vous avez été libéré de votre passé lorsque vous avez mis votre confiance en Jésus comme votre Seigneur et Sauveur personnel. Toutes les choses que vous avez pu penser, dire ou faire qui sont contraires à la volonté de Dieu, quelles qu'elles soient, ont été totalement effacées par son sang!

Mais qu'en est-il des péchés de vos ancêtres? Etes-vous libérés de leurs effets? Si Dieu fait retomber les péchés des parents sur leurs enfants jusqu'à la troisième et la quatrième génération, qu'arrive-t-il à ces « péchés générationnels » lorsque nous mettons notre confiance en Jésus? La bonne nouvelle c'est qu'il pourvoit à un salut complet. Rien n'a été négligé. Cela signifie que tous nos péchés sont effacés – y compris ceux dont nous avons hérité.

Son sang est tellement puissant qu'il atteint même les générations qui nous ont précédés. Il nous libère de tous les effets hérités des péchés de nos parents, même jusqu'à la troisième et à la quatrième génération. C'est inclus dans ce que Pierre veut dire ici:

*Vous avez été rachetés de la vaine manière de vivre que vous aviez héritée de vos pères... par le sang précieux de Christ. (1 Pierre 1:18-19)*

**Une grande délivrance**

Il n'y a qu'une seule force qui peut nous libérer de l'influence négative de nos pères. Ce n'est pas le dernier livre qui est sorti sur notre épanouissement personnel, ni une technique psychologique, mais c'est le sang précieux de Christ. Le sang a opéré son œuvre puissante. Considérez un instant l'ampleur sans limites de votre délivrance. Si les iniquités des parents retombent sur leurs enfants jusqu'à la troisième ou à la quatrième génération, nous pouvons être affectés par les péchés de près de trente personnes de notre arbre généalogique. Et ce nombre est multiplié par deux quand nous nous marrions!

Sans le sang de Jésus, quel espoir nous resterait-il d'être libéré? Le péché pollue et détruit, il répand son influence mauvaise et apporte une malédiction qui nous fait récolter une terrible moisson. Et tous ces effets négatifs sont transmis aux générations suivantes, jusqu'à ce que le sang de Christ les efface tous. Ces influences négatives prennent plusieurs formes. Elles peuvent être à la fois physiques et spirituelles.

- Maladies héréditaires

Une maladie peut être transmise aux générations suivantes. Même la profession médicale reconnaît maintenant que beaucoup de maladies sont héréditaires. Certaines maladies peuvent toucher différentes générations simplement parce que les péchés des parents se reportent sur leurs enfants, sans cause médicale reconnue.

- Les péchés hérités

Toutes sortes de liens de péché semblent passer d'une génération à l'autre dans les familles. L'alcoolisme, l'immoralité sexuelle, le divorce, les activités criminelles, sont autant de choses qui influenceront les générations à venir.

- Les influences démoniaques

L'activité démoniaque peut aussi être transmise d'une génération à l'autre. Il semble que le diable lui aussi essaye de travailler en utilisant les lignées familiales.

**La liberté parfaite**

La bonne nouvelle, c'est que vous avez été libérés de ces choses par le sang parfait de Jésus. Lorsque par la foi vous vous saisissez de tout ce que le sang a fait, le résultat est une liberté parfaite. Cela ne signifie pas, bien sûr, qu'il ne vous reste plus rien à combattre dans ces domaines. En fait, vous devrez peut-être vous élever avec beaucoup de force contre les influences héréditaires du passé.

Vous aurez peut-être à combattre « le bon combat de la foi » pour pouvoir expérimenter l'affranchissement des efforts de l'ennemi pour vous rendre esclave d'une forme ou d'une autre de peur ou de lien. Rappelez-vous de votre position. Sachez ce que Jésus a accompli pour vous sur la croix. Reconnaissez que vous avez vraiment été libéré de la vaine manière de vivre que vous avez héritée de vos pères.

- Vous n'avez pas besoin de souffrir des mêmes maladies dont vos parents ont souffert.
- Vous n'avez pas besoin d'être affectés par le mauvais tempérament que vous avez hérité de votre père.
- Vous n'avez pas besoin de tomber dans les tentations qui ont ruiné d'autres membres de votre famille
- Votre mariage n'a pas besoin de finir par un divorce comme celui de vos parents, ou de leurs parents dans une génération précédente.
- Vous n'avez pas besoin d'être affectés par les peurs démoniaques qui ont été un fléau dans votre famille depuis des générations.

Vous avez été libéré. Alors prenez position aujourd'hui contre les ruses du diable. Résistez à toutes ses tactiques et stratégies. Jésus est Seigneur sur votre esprit, si bien qu'aucun autre esprit ne peut jouer au Seigneur sur votre vie !

**La libération des liens héréditaires**
**Déclaration de délivrance**

Père, je te remercie de ce que le sang de Christ m'a libéré de la vaine manière de vivre qui m'a été transmise par mes ancêtres. Je me tiens maintenant dans ma position de liberté en Christ.

Je déclare que je suis libéré de toute malédiction et liens hérités de ma famille. Je suis purifié de l'iniquité de mes pères. Je suis libéré de toute forme d'influence héréditaire négative.

Je commande à toute ma personne de vivre dans la réalité des bonnes choses contenues dans cette promesse. Et je déclare que je suis sain dans mon corps, mon intellect et mon esprit. Mes émotions et ma volonté sont entièrement assujetties au Saint-Esprit de Dieu.

Jésus est Seigneur sur mon être entier. Louez soit son saint nom! Amen!

THÈME 9

# LA VIE REMPLIE DE L'ESPRIT

Il y a 2000 ans, l'Eglise de Jésus-Christ a été baptisée de puissance et revêtue d'une capacité surnaturelle afin de remplir sa mission dans le monde.

*Voici, j'enverrai sur vous ce que mon Père a promis; mais vous, restez dans la ville jusqu'à ce que vous soyez revêtus de la puissance d'en haut. (Luc 24:49)*

Dieu n'a jamais eu l'intention de nous envoyer à nus dans la bataille. Il désire que nous soyons entièrement équipés et revêtus de la puissance de Dieu dans nos vies. Il s'agit de la capacité divine dont nous avons besoin pour vivre pour Dieu et pour témoigner de Jésus-Christ.

*Mais vous recevrez une puissance, le Saint-Esprit survenant sur vous, et vous serez mes témoins à Jérusalem, dans toute la Judée, dans la Samarie, et jusqu'aux extrémités de la terre. (Actes 1:8)*

**Baptisés dans le Saint-Esprit**

Nous devons examiner avec attention cette déclaration de Jésus. Car elle est fondamentale pour notre compréhension du rôle spécifique du Saint-Esprit quand il revêt les croyants de puissance pour être témoins.

Le livre des Actes est le second volume d'une série écrite en deux parties sur l'œuvre de Jésus. Son auteur, Luc, explique que dans la première partie de son ouvrage il a décrit « les choses que Jésus a commencées de faire et d'enseigner ». *(Actes 1:1)*

Il indique par-là que le second volume de sa série concernera les choses que Jésus a continuées de faire et d'enseigner. Après quelques versets, Luc montre comment Jésus a été enlevé au ciel. Il montre comment à partir de cette nouvelle position Jésus a envoyé son Esprit pour équiper l'Eglise afin qu'elle continue son œuvre sur la terre.

Dès ces premiers versets des Actes, nous voyons précisément ce que Jésus voulait que l'Esprit entreprenne. Tout d'abord, nous observons qu'après sa résurrection, Jésus se montre à ses disciples pour leur prouver qu'il était vivant et les enseigner sur le royaume de Dieu.

*Après qu'il eut souffert, il leur apparu vivant, et leur en donna plusieurs preuves, se montrant à eux pendant quarante jours, et parlant des choses qui concernent le royaume de Dieu. (Actes 1:3)*

Durant cette période de 40 jours, Jésus fut son propre témoin, produisant les preuves qui indiquaient qu'il était vivant. Il n'a pas argumenté. Il leur est simplement apparu physiquement, leur montrant qu'il était en vie. Mais, il leur expliqua ensuite qu'il n'allait pas continuer à faire cela. Il leur dit qu'il allait retourner vers son Père et que de cette nouvelle position il allait leur envoyer l'Esprit. C'est la raison pour laquelle les disciples devaient attendre à Jérusalem jusqu'à ce qu'ils fussent revêtus de la puissance de l'Esprit.

Jésus a décrit cette expérience comme le fait d'être baptisé dans (ou avec) le Saint-Esprit.

*Car Jean a baptisé d'eau, mais vous, dans peu de jours, vous serez baptisés du Saint-Esprit. (Actes 1:5)*

Jean-Baptiste a désigné Jésus comme étant l'Agneau de Dieu qui ôte le péché du monde. Il a aussi dit que les croyants seraient baptisés du Saint-Esprit. C'est ensuite Jésus qui fait clairement connaître le but de la venue de l'Esprit lorsqu'il baptise les croyants du Saint-Esprit. Il dit: « Vous recevrez une puissance... » (*Actes 1:8*). Le mot grec pour « puissance » est *dunamis* et signifie « faculté de faire quelque chose ». Il s'agit de recevoir la capacité de faire ce que vous ne pouviez pas faire normalement. Donc, le Saint-Esprit vient pour nous rendre capables, pour nous donner le pouvoir de faire ce que nous n'aurions jamais pu faire de nous-mêmes. Mais de quelle chose nous rend-il exactement capables?

**Produire des preuves**

Le Saint-Esprit nous rend capables de produire la preuve que Jésus est vivant. Lorsque quelqu'un se présente en tant que témoin en cour de justice, il est attendu de lui qu'il apporte l'évidence de ce qu'il affirme. Le témoin est un producteur de preuve. En premier lieu, Jésus a été son propre témoin, produisant la preuve qu'il était vivant. Mais, lorsqu'il est retourné au ciel, il a reçu le Saint-Esprit promis et l'a répandu sur l'église qui l'attendait ici-bas.

## LA VIE REMPLIE DE L'ESPRIT

Ils devenaient maintenant ses témoins et ceux qui produiraient les preuves qu'il était vivant. Les disciples commencèrent à faire ce qu'ils n'auraient pas réussi à faire auparavant. Le jour de la Pentecôte, Pierre prêcha aux multitudes et des milliers de personnes vinrent à Christ. Les apôtres opérèrent de grands signes et miracles, les morts ressuscitaient, les boiteux marchaient, les sourds entendaient et les aveugles recouvraient la vue.

Le Saint-Esprit donne ainsi à l'église la puissance de faire connaître Christ par la prédication de l'Evangile accompagnée par des signes, des miracles et des dons du Saint-Esprit, comme le montre clairement l'épître aux Hébreux:

*... un si grand salut, qui, annoncé d'abord par le Seigneur, nous a été confirmé par ceux qui l'ont entendu, Dieu appuyant leur témoignage par des signes, des prodiges, et divers miracles, et par les dons du Saint-Esprit distribués selon sa volonté. (Hébreux 2:3-4)*

Ce texte met en exergue le but principal de la venue de l'Esprit dans l'église. Jésus a expliqué que le Saint-Esprit nous serait donné pour eux. C'est-à-dire que l'Esprit nous est donné à nous qui sommes croyants, en vue d'atteindre ceux qui ne connaissent pas encore Christ. Jésus a montré clairement qu'il était impossible à des incroyants de recevoir le Saint-Esprit.

*l'Esprit de vérité, que le monde ne peut recevoir, parce qu'il ne le voit point et ne le connaît point; mais vous, vous le connaissez, car il demeure avec vous, et il sera en vous. (Jean 14:17)*

Avant de venir à Christ, nous dépendons de l'œuvre du Saint-Esprit pour nous convaincre de péché, et nous amener à Christ, comme Jésus l'a dit:

*Et quand il sera venu, il convaincra le monde en ce qui concerne le péché, la justice, et le jugement. (Jean 16:8)*

Toutefois, il y a une œuvre supplémentaire de l'Esprit dans notre vie. Il n'est pas suffisant d'avoir seulement l'influence de l'Esprit qui nous amène à Christ ou d'avoir l'expérience de la nouvelle naissance dans laquelle l'Esprit de Dieu vient dans notre vie et nous donne une nouvelle nature, une nature spirituelle comme la sienne. Vous avez besoin d'expérimenter une œuvre supplémentaire de Dieu dans votre vie. Vous avez besoin de naître de nouveau, oui, mais vous avez aussi besoin d'être baptisé dans l'Esprit. Vous avez besoin de connaître l'œuvre de l'Esprit dans la régénération. C'est à dire que vous êtes né de l'Esprit dans le royaume de Dieu et qu'ainsi vous devenez chrétien. Mais vous avez aussi besoin d'être baptisé dans l'Esprit afin que vous puissiez recevoir le pouvoir de témoigner de Christ.

L'une des erreurs communes commise par les enseignants de la Bible aujourd'hui consiste à supposer que chaque croyant a la puissance du Saint-Esprit une fois qu'il est devenu chrétien. Mais l'enseignement du Nouveau Testament est clair sur ce point: l'Esprit de Dieu est donné à des croyants. D'abord vous croyez en Christ, et ensuite vous recevez l'Esprit. Cela signifie qu'il y a quelque chose de plus à expérimenter une fois que vous êtes venu à Christ. Vous avez besoin d'être rempli de l'Esprit.

### Subséquent et évident

Nous avons vu que le but de la venue de l'Esprit dans notre vie est de nous donner la puissance pour témoigner. Mais, il y a deux autres points clefs à comprendre en ce qui concerne le baptême dans l'Esprit, à savoir que ce baptême est « subséquent » et « évident ». Ces deux termes nous indiquent quand nous recevons l'Esprit et ce qui se passe lorsque l'Esprit vient.

Or, comme je l'ai souligné, l'Esprit vient sur ceux qui croient. Il est donné aux croyants. L'expérience du Saint-Esprit est quelque chose qui suit la foi. Elle est subséquente à la foi. Cela signifie que le baptême de l'Esprit n'est pas une expérience automatique. Le simple fait que vous soyez devenu chrétien ne signifie pas que vous ayez automatiquement été baptisé du Saint-Esprit. L'Esprit est promis à tous ceux qui croient, mais normalement il vous faut demander à Jésus, le Baptiseur, de vous baptiser dans le Saint-Esprit. Parfois, il donne l'Esprit sans que quelqu'un ait besoin de rechercher cette expérience, mais cela n'est pas habituellement le cas dans le livre des Actes. Jésus donne le Saint-Esprit à ceux qui le lui demandent (*Luc 11:13*).

### Recevoir suit le fait de croire

Le livre des Actes est le seul livre du Nouveau Testament qui rapporte l'expérience précise de personnes recevant le Saint-Esprit. Et nous y trouvons à plusieurs reprises la description de la manière dont la réception suit la foi.

Dans *Actes*, chapitre 2, les disciples reçoivent l'Esprit alors qu'ils attendent sa venue, comme Jésus le leur a dit. Dans *Actes*, chapitre 8, nous lisons ce qui concerne les croyants Samaritains ayant reçu l'Esprit quelques jours après avoir cru et après que les apôtres étaient descendus de Jérusalem pour prier pour eux, afin qu'ils reçoivent le Saint-Esprit. Le chapitre 9 des *Actes* montre Saul, (l'apôtre Paul) recevoir l'Esprit après avoir cru en Jésus et après qu'Ananias, le disciple, lui a imposé les mains. Les Ephésiens, dans *Actes 19*, ont aussi reçu le Saint-Esprit après avoir cru en Jésus et après que Paul leur a imposé les mains et a prié pour eux.

Mais, il y a dans les Actes un exemple de gens qui reçoivent le Saint-Esprit, qui semble contredire cet enseignement sur la subséquence. Dans *Actes 10*, nous apprenons que Corneille et sa maison ont été baptisés dans l'Esprit alors que

LA VIE REMPLIE DE L'ESPRIT

l'Evangile leur était prêché. Il semble qu'ils aient reçu l'Esprit pendant qu'ils croyaient, c'est-à-dire au moment où ils ont mis leur foi en Christ.

*Comme Pierre prononçait encore ces mots, le Saint-Esprit descendit sur tous ceux qui écoutaient la parole. (Actes 10:44)*

Mais, lorsque nous considérons cet incident avec attention, il est clair que, là aussi, le Saint-Esprit a été donné à ces personnes après qu'elles ont cru. Pierre utilisa plus tard cet événement pour montrer que Corneille et sa famille étaient de vrais croyants. L'Esprit était venu sur eux et c'était la preuve que Dieu avait auparavant purifié leur cœur par la foi. En d'autres termes, ils ont d'abord cru et ensuite, immédiatement après, ils ont reçu le Saint-Esprit.

*Une grande discussion s'étant engagée, Pierre se leva, et leur dit: Hommes frères, vous savez que dès longtemps Dieu a fait un choix parmi vous, afin que, par ma bouche, les païens entendent la parole de l'Evangile et qu'ils croient. Et Dieu, qui connaît les cœurs, leur a rendu témoignage, en leur donnant le Saint-Esprit comme à nous; il n'a fait aucune différence entre nous et eux, ayant purifié leurs cœurs par la foi. (Actes 15:7-9)*

C'est exactement ce que Paul enseigne dans le livre des Ephésiens lorsqu'il dit que le Saint-Esprit est le sceau véritable de l'approbation de Dieu sur ceux qui ont cru en Christ.

*En lui vous aussi, après avoir entendu la parole de la vérité, l'Evangile de votre salut, en lui vous avez cru et vous avez été scellés du Saint-Esprit qui avait été promis. (Ephésiens 1:13)*

**Que se passe-t-il lorsque l'Esprit vient?**

L'histoire remonte à longtemps. En 1901, un certain Charles Parham convoqua les étudiants de son Collège biblique à Topeka, dans le Kansas, après leurs vacances de Noël, pour qu'ils lui fassent un rapport sur leur devoir à domicile. Quelques jours auparavant, il leur avait demandé d'étudier le Nouveau Testament et de découvrir ce que la Bible enseignait sur les choses qui arrivent lorsque l'Esprit vient dans la vie de quelqu'un. Lorsqu'ils revinrent, ils firent état de leurs découvertes: lorsque l'Esprit vient, beaucoup de choses se passent, mais la chose qui est sûre dans le Nouveau Testament, c'est que les gens parlent en langues. Suite à cet échange, une étudiante, du nom d'Agnès Ozman, demanda la prière et commença à parler en langues, exactement comme dans le Nouveau Testament.

Bientôt, des milliers de personnes avaient expérimenté le baptême du Saint-Esprit selon le livre des Actes. Ce fut le commencement du mouvement pentecôtiste qui a touché des millions de personnes dans le monde entier. Il y a 600 millions de personnes de toute dénomination dans le monde aujourd'hui qui ont expérimenté le Saint-Esprit avec l'évidence du parler en langues, comme Agnès l'expérimenta il y a tant d'années.

Chaque fois que le livre des Actes rapporte que des gens reçoivent le Saint-Esprit, il décrit des évidences claires, visibles ou vocales, de la présence de l'Esprit. Il y eut la manifestation d'un vent violent et de flammes de feu (*Actes 2*), et le bâtiment où les premiers chrétiens priaient a tremblé (*Actes 4*). Il s'agissait pour ces gens de manifestations particulières qui peuvent se répéter pour nous aujourd'hui, comme elles peuvent aussi ne pas avoir lieu. Mais, parallèlement à ces événements particuliers, on peut observer que la venue du Saint-Esprit suit un certain modèle. A chaque fois, les gens parlent en langues et prophétisent. Jésus a dit: « C'est de l'abondance du cœur que la bouche parle » (*Matthieu 12:34*). Lorsque votre cœur est plein de quelque chose, l'excès de ce qu'il contient sort de votre bouche. Lorsque vous êtes plein d'amour, vous prononcez des paroles d'amour. Et lorsque vous êtes plein du Saint-Esprit, des paroles spirituelles, des paroles qui appartiennent à l'Esprit, jaillissent de votre bouche.

**Les langues en tant que signe**

Le livre des Actes montre clairement que le signe auquel on reconnaissait que quelqu'un avait été baptisé dans le Saint-Esprit était le don des langues. Le jour de la Pentecôte, ils ont parlé en langues.

*Et ils furent tous remplis du Saint-Esprit, et commencèrent à parler en d'autres langues, selon que l'Esprit leur donnait de s'exprimer. (Actes 2:4)*

Les croyants de Samarie reçurent un signe précis de la présence de l'Esprit et Simon le magicien voulu donner de l'argent pour recevoir le pouvoir de transmettre l'Esprit aux gens de la manière dont il avait vu les choses se passer. Beaucoup d'érudits sur le plan biblique (y compris des non pentecôtistes) croient que Simon a été témoin de la manifestation du don des langues. Nous savons que l'apôtre Paul, qui a reçu l'Esprit dans *Actes*, chapitre 9, a parlé en langue (bien qu'Actes, chapitre 9, ne rapporte pas qu'il ait parlé en langue à ce moment-là).

*Je rends grâces à Dieu de ce que je parle en langue plus que vous tous. (1 Corinthiens 14:18)*

Corneille et sa maison ont aussi parlé en langues lorsque l'Esprit est venu sur eux. Et ce fut la preuve précise selon laquelle ils avaient bien reçu l'Esprit.

*Tous les fidèles circoncis qui étaient venus avec Pierre furent étonnés de ce que le don du Saint-Esprit était aussi répandu sur les païens. Car ils les entendaient parler en langues et glorifier Dieu. (Actes 10:45-46)*

# LA VIE REMPLIE DE L'ESPRIT

Les croyants d'Ephèse ont parlé en langues et prophétisé lorsque le Saint-Esprit est venu sur eux.

*Lorsque Paul leur eut imposé les mains, le Saint-Esprit vint sur eux, et ils parlaient en langues et prophétisaient. (Actes 19:6)*

Tout cela nous montre que le don des langues est un signe que Dieu donne aux gens en tant qu'évidence de leur baptême dans l'Esprit.

## La vie remplie de l'Esprit

L'expérience consistant à être rempli de l'Esprit n'est pas vécue de manière unique et définitive. Il est vrai que nous devrions être capables de nous référer à une expérience avec Dieu lors de laquelle nous avons été initialement baptisés de l'Esprit. Mais, comme nous l'avons vu dans le thème n° 2, ce baptême est sensé être une expérience continuelle. Nous devons rester dans le courant du Saint-Esprit.

De même qu'une éponge boit l'eau lorsqu'elle est immergée, de même nous devons apprendre à nous imprégner de la présence et de la puissance de Dieu. Nous sommes appelés à vivre dans la présence de Dieu en étant continuellement remplis de l'Esprit.

*Ne vous enivrez pas de vin: c'est de la débauche. Soyez, au contraire, remplis de l'Esprit. (Ephésiens 5:18)*

Ce verset compare les effets causés par le fait d'être plein de vin ou plein de l'Esprit. Les conséquences d'un excès d'alcool régulier sont débilitantes et affectent la vie entière d'une personne de manière négative. Des effets comparables sont causés par le fait d'être rempli de l'Esprit ou contrôlé par l'Esprit. Mais, il s'agit d'effets complètement opposés et tout à fait positifs.

Dieu nous demande d'être continuellement remplis de l'Esprit. Il faut abuser de l'alcool de manière continuelle et habituelle pour devenir un alcoolique. Et vous devez continuellement vous abandonner au Saint-Esprit pour pouvoir être vraiment « dépendant » ou rempli du Saint-Esprit.

Le commandement « soyez remplis » dans *Ephésiens 5:18* est donné à l'impératif présent et il signifie littéralement que nous devons être « continuellement remplis » du Saint-Esprit.

Cela signifie que nous devons constamment soumettre notre vie et nous abandonner à lui, toujours plus de lui, toujours plus de son influence. Le Saint-Esprit veut prendre le contrôle et diriger toute notre vie. Il veut nous conduire toujours plus près de Jésus, nous révéler toujours plus la parole de Christ et nous rendre toujours plus semblable à Jésus chaque jour.

**Les dons de l'Esprit**

Et durant tout ce processus, il nous équipe continuellement de sa capacité, par son œuvre surnaturelle dans notre vie. Les dons de l'Esprit figurant dans *1 Corinthiens*, chapitre 12, nous donnent un aperçu de la boîte à outils des ouvriers dans le royaume. Ces revêtements de puissance surnaturelle sont à la disposition de tous ceux qui marchent dans l'Esprit.

*Or, à chacun la manifestation de l'Esprit est donnée pour l'utilité commune. En effet, à l'un est donnée par l'Esprit une parole de sagesse; à un autre, une parole de connaissance, selon le même Esprit; à un autre, la foi, par le même Esprit; à un autre, le don des guérisons, par le même Esprit; à un autre, le don d'opérer des miracles; à un autre, la prophétie; à un autre, le discernement des esprits; à un autre, la diversité des langues; à un autre, l'interprétation des langues. Un seul et même Esprit opère toutes ces choses, les distribuant à chacun en particulier comme il veut.* (1 Corinthiens 12:7-11)

C'est donc le Saint-Esprit qui nous conduit à vivre le style de vie surnaturel du royaume de Dieu. Et il s'agit d'une expérience progressive. Ne vous contentez jamais de rester au même niveau dans les choses de l'Esprit. Dieu a toujours quelque chose de plus pour vous. Il y a des niveaux de la puissance du Saint-Esprit et de sa capacité et il y a des profondeurs de rencontres divines avec Christ dont vous n'avez même pas commencé à rêver. Soyez ouvert à tout ce que le Saint-Esprit tient en réserve pour vous dans votre vie chrétienne.

THÈME 10

# SERVIR DIEU

Tout ce que nous avons vu et découvert dans ce livre pointe vers ce but: *nous avons été appelés à servir Dieu en embrassant le ministère de Jésus-Christ.* Jésus nous a libérés afin que nous puissions remplir la tâche qu'il a donnée à chacun de nous.

L'enseignement du Nouveau Testament sur la vie de disciple se concentre sur l'appel à suivre l'exemple de Christ et à faire ce qu'il a fait lorsqu'il était sur la terre. C'est plus qu'un contrat moral et beaucoup, beaucoup plus que de simplement jouir de notre liberté et des bénédictions qu'il nous a données. Cet appel signifie que nous nous joignons à lui dans la grande mission et le but de son cœur. Nous devenons ses ambassadeurs dans ce monde.

Il s'agit d'un appel élevé et saint à être des agents de Christ et ses représentants dans ce monde. Et sans le Saint-Esprit, cela serait impossible. Jésus, lui même, a dit: « Sans moi vous ne pouvez rien faire » *(Jean 15:5).* Mais cela implique qu'avec lui nous pouvons tout.

**Utiliser notre liberté**

Dans la plus grande partie de ce livre, nous nous sommes penchés sur la manière dont vous pouviez trouver la guérison et jouir de votre liberté en Christ. Toutefois, ce cours poursuit aussi un but plus profond: que vous utilisiez votre liberté pour servir Christ, parce que vous avez été guéris pour servir. Ce fait est illustré par l'histoire toute simple de la guérison de la belle-mère de Pierre. Elle se trouvait au lit, frappée par une fièvre et nous lisons comment Jésus:

*s'étant approché, la fit lever en lui prenant la main, et à l'instant la fièvre la quitta. Puis elle les servit. (Marc 1:31)*

Jésus la guérit et elle se mit immédiatement à le servir. De la même manière, Jésus vous appelle à vivre votre vie à son service. La tâche qu'il nous a laissée à accomplir est si grande qu'elle exigera de nous rien de moins que notre entière consécration. Il faudra que nous fassions de l'accomplissement de son plan pour notre vie la priorité des priorités.

*« Allez, faites de toutes les nations des disciples, les baptisant au nom du Père, du Fils et du Saint-Esprit, et enseignez-leur à observer tout ce que je vous ai prescrit. Et voici, je suis avec vous tous les jours, jusqu'à la fin du monde. » (Matthieu 28:19-20)*

Le commandement de Jésus et la promesse qui l'accompagnent sont tous deux absolument clairs. Il ne nous a laissé aucun doute sur sa promesse d'être toujours avec nous pour nous aider à accomplir sa volonté.

**La grande commission**

Il s'agit du grand ordre missionnaire que vous ne pouvez ignorer, ni mettre de côté, si vous voulez être de réels disciples qui suivent Christ. Il faut que cela devienne votre but sur la terre et que ce but prenne le pas sur tout autre projet. Cela signifie que vous ne poursuivez plus vos plans égoïstes et vos petites ambitions. Vous suivez plutôt le plan de Christ pour vous.

Beaucoup de chrétiens n'arrivent pas à comprendre le caractère sérieux de ce commandement de Christ. Mais, nous devons nous souvenir ici de celui qui a donné le commandement. Il s'agit du Christ ressuscité, qui est le Seigneur de tous. Il est celui qui a dit: « Tout pouvoir m'a été donné dans le ciel et sur la terre » *(Matthieu 28:18)*.

Tragiquement, la plupart des églises ne font pas du dernier commandement de Jésus leur première préoccupation. La vie de l'église tourne souvent autour de tout sauf de l'accomplissement de la grande commission. Ce commandement est devenu la grande « omission » dans la vie du peuple de Dieu au niveau individuel et collectif. Nous devons changer tout cela et structurer notre vie personnelle et notre vie d'église de telle manière que nous puissions concrètement obéir au commandement de notre Seigneur, la tête de l'église.

Beaucoup de croyants pensent que s'ils font réellement des priorités de Dieu la priorité de leur vie, ils vont rater quelque chose. Rien ne peut être plus éloigné de la vérité! Il s'agit d'un pur mensonge de l'ennemi. Laissez votre cœur être pénétré de cette vérité: vous ne serez jamais désavantagé en choisissant le chemin de Dieu. Vous ne pouvez pas être perdant. Ecoutez Jésus dans le Sermon sur la Montagne:

## SERVIR DIEU

*Cherchez d'abord le royaume de Dieu et sa justice et toutes ces choses vous seront données en plus. (Matthieu 6:33)*

Il vous promet que si vous le mettez en premier et poursuivez sa volonté par-dessus tout, « toutes ces choses » vous seront également données. A quelles « choses » se réfère-t-il? Aux choses que les gens recherchent pour atteindre un statut social. Ainsi, le chemin vers la provision totale de l'abondance et de la bénédiction de Dieu, dans tous les domaines de notre vie, consiste à relever le défi du plan de Dieu pour votre vie et l'accomplir.

Beaucoup de gens permettent à leurs ambitions et à leurs désirs dans la vie de les éloigner des buts de Dieu pour eux. La vie chrétienne se résume alors à aller à l'église et à sauver les apparences d'un style de vie chrétien. Mais, cela n'est pas suffisant. Nous comparaîtrons devant le tribunal de Christ en ce jour-là pour répondre à une seule question: « Qu'as-tu fait de mon commandement? »

*C'est pour cela aussi que nous nous efforçons de lui être agréables, soit que nous demeurions dans ce corps, soit que nous le quittions. Car il nous faut tous comparaître devant le tribunal de Christ, afin que chacun reçoive selon le bien ou le mal qu'il aura fait, étant dans son corps. (2 Corinthiens 5:9-10)*

Au lieu de poursuivre notre carrière ou la direction que nous nous sommes fixée pour notre vie, Dieu veut que nous puissions nous demander comment nous pouvons le servir. Nous avons été envoyés dans le monde avec le même appel et le même commandement que celui que Jésus avait reçu, comme nous pouvons le voir dans la prière que Jésus adresse à son Père dans *Jean 17*:

*Comme tu m'as envoyé dans le monde, je les ai aussi envoyés dans le monde. (Jean 17:18)*

Cela signifie que nous sommes appelés à influencer le monde autant que possible en étant des disciples de Jésus là où il nous a placés. Votre carrière est la plate-forme que Dieu vous a donnée pour accomplir le grand ordre missionnaire de Jésus. Votre lieu de travail, votre collège, votre école, votre maison, votre famille et toute votre communauté sont votre champ missionnaire.

Lorsque vous aurez compris cela, votre vie ne sera plus jamais la même. Même vos moments de détente et vos loisirs revêtiront une nouvelle dimension. Car, ces choses sont comme des ponts entre vous et ceux qui ne connaissent pas encore Jésus et n'attendent que l'occasion de le voir dans votre vie.

Regardons le plan de Dieu pour vous plus en détails. *Matthieu 28* parle du commandement de Jésus de « faire de toutes les nations des disciples ». Cela signifie que nous devons d'abord devenir nous-mêmes des disciples et être des exemples de la vie de Christ pour ceux qui nous entourent. Nous ne pouvons pas prétendre faire des disciples efficacement sans que cette condition soit remplie. Christ doit d'abord être formé en nous avant de pouvoir être reproduit dans ceux dont nous voulons faire des disciples. Rappelez-vous que l'appel ne consiste pas seulement à conduire des gens à devenir des croyants, mais à devenir des disciples qui suivent Christ.

C'est pourquoi le commandement de faire des disciples implique, en fait, trois choses: faire des disciples, les faire mûrir et les mobiliser. Il s'agit d'un processus que nous pouvons subdiviser en quatre étapes:

- *gagner* – conduire les gens à la foi en Christ
- *consolider* – les aider à s'établir plus profondément en Christ
- *former* – former Christ en eux et les équiper pour qu'ils puissent conduire d'autres personnes
- *envoyer* – libérer les gens dans l'œuvre de Christ

Toutes ces choses sont contenues dans le grand ordre missionnaire. L'appel commence là où nous sommes mais il peut nous conduire jusqu'aux extrémités de la terre, selon la manière dont Jésus nous conduit.

**Les obstacles à faire tomber**

Lorsque les gens entendent parler de tout cela, leur première réaction consiste presque toujours à dire « Je ne peux pas y arriver, c'est trop dur! » Ils regardent à leurs faiblesses ou à leurs échecs et pensent à toutes les exigences de la vie présente pour finalement renoncer à l'appel de Dieu. Mon ami, comprends bien que cette option n'est pas viable. Il n'y a pas de solution alternative. Nous devons obéir au Seigneur et nous ne devons pas permettre à notre vie de devenir stérile comme la semence jetée parmi les épines dans la parole du semeur racontée par Jésus.

*D'autres reçoivent les semences parmi les épines ; ce sont ceux qui entendent la parole, mais en qui les soucis du siècle, la séduction des richesses et l'invasion des autres convoitises étouffent la parole, et la rendent infructueuse. (Marc 4:18-19)*

Dans un sens, ce livre se préoccupe entièrement de régler le problème des épines qui se trouvent dans votre vie. Nous avons vu comment nous pouvions être libérés de nos buts idolâtres qui n'apportent rien sinon une insatisfaction sans fruit. Pourquoi continuer à poursuivre ces choses? Pourquoi ne pas saisir l'appel de Dieu et nous engager à cent pour cent pour lui! C'est le chemin qui conduit à un fruit abondant et à la bénédiction.

*D'autres reçoivent la semence dans la bonne terre; ce sont ceux qui entendent la parole, la reçoivent, et portent du fruit, trente, soixante et cent pour un. (Marc 4:20)*

Souvenez-vous aussi que vous ne vous appartenez plus à vous-même. Le secours n'est pas loin! Jésus a passé la meilleure partie de son temps durant ses dernières heures avec les disciples pour les enseigner précisément sur ce sujet: comment résister aux pressions du monde et porter du fruit.

## Porter du fruit

La volonté de Dieu pour vous est que vous portiez du fruit. Et le chemin qui mène à ce fruit consiste à demeurer en Christ.

*Demeurez en moi, et je demeurerai en vous. Comme le sarment ne peut de lui-même porter du fruit, s'il ne demeure attaché au cep, ainsi vous ne le pouvez pas non plus, si vous ne demeurez en moi. (Jean 15:4)*

Ce commandement implique que nous avons quelque chose à faire si nous voulons le mettre en pratique. Le fait de porter du fruit n'est pas automatique. La fertilité ne vous tombe pas dessus du simple fait que vous êtes chrétien. Vous devez consciemment demeurer en lui. Vous devez habiter en lui et faire de lui votre demeure. Vous devez puiser en lui sa vie, sa force et sa puissance. Ce n'est qu'à ce moment-là que sa vie commencera à vous toucher et que le fruit d'une vie remplie de Christ commencera à poindre.

*Je suis le cep, vous êtes les sarments. Celui qui demeure en moi et en qui je demeure porte beaucoup de fruit, car sans moi vous ne pouvez rien faire. (Jean 15:5)*

## La nature du fruit

Si nous demeurons en lui et s'il demeure en nous le type de fruit que nous commencerons à porter sera un fruit qui lui ressemblera! Il s'agit de Christ qui est produit en nous afin qu'il puisse se reproduire par nous en d'autres. C'est le principe de la multiplication et ce principe est essentiel dans le processus consistant à faire des disciples.

Porter du fruit nous fait aussi entrer dans une promesse – l'accomplissement de nos désirs les plus profonds.

*Ce n'est pas vous qui m'avez choisi; mais moi, je vous ai choisis, et je vous ai établis, afin que vous alliez, et que vous portiez du fruit, et que votre fruit demeure, afin que ce que vous demanderez au Père en mon nom, il vous le donne. (Jean 15:16)*

Demeurer dans le cep et porter du fruit pour Christ signifie que vous avez une relation intime avec Christ et qu'il accomplira les désirs de votre cœur.

*Si vous demeurez en moi, et que mes paroles demeurent en vous, demandez ce que vous voudrez, et cela vous sera accordé. (Jean 15:7)*

Jésus nous montre dans le chapitre 15 de Jean beaucoup d'autres bénédictions attachées à l'obéissance et au fait de porter du fruit.

Porter du fruit:

- glorifie le Père

Verset 8: « *Si vous portez beaucoup de fruit, c'est ainsi que mon Père sera glorifié...* »

- prouve que vous êtes disciple

Verset 8: « *... et que vous serez mes disciples.* »

- fait de vous un ami de Dieu

Verset 14: « *Vous êtes mes amis, si vous faites ce que je vous commande.* »

**Un fruit qui demeure**

La promesse que nous fait Jésus est celle d'un fruit qui demeure (*Jean 15:16*). En d'autres termes, nous ne gaspillons pas notre vie lorsque nous le suivons et faisons des disciples selon son commandement. Toutes les autres œuvres seront consumées et nous subirons une perte (*1 Corinthiens 3:14-15*). Mais l'œuvre que nous faisons pour Christ, en répondant à son appel de faire des disciples, durera pour toujours. Par la reproduction spirituelle, nous laissons derrière nous un héritage durable. Nous construirons des générations de disciples en faisant disciples et en les enseignant à faire de même.

Beaucoup de croyants qui comprennent cet appel n'ont pas le soutien d'une église qui s'organise entièrement en fonction de cet appel à faire des disciples. Cette situation est tragique, car nous ne pouvons accomplir la volonté de Dieu que si nous travaillons ensemble à ce but de faire des disciples, les faire grandir et les mobiliser.

Regardons à la manière dont une église doit être organisée pour qu'elle puisse obéir à la grande commission.

## Les cellules

Tout d'abord, il doit y avoir un contexte qui permette aux croyants de se rassembler dans des groupes qui sont engagés à faire des disciples. Il s'agit des cellules où les disciples sont formés et où l'œuvre de Dieu prend place. Les cellules sont des lieux où l'on peut apporter à chacun la nourriture, le soin, l'encouragement et la préparation dont il a besoin pour le service du Maître.

Ces cellules sont le lieu idéal pour l'évangélisation lorsque les gens invitent leurs amis ou ceux qui font partie de leur « évangélisation de 3 » (voir le thème 3.)

Il y a des cellules de leaders, où les leaders reçoivent une formation continue et sont formés en tant que disciples de la même manière que Jésus a formé et conduit ses douze disciples. Jésus bénit encore aujourd'hui ce principe consistant à faire des disciples par groupes de 12.

## L'école de leaders

Mais, il y a aussi besoin d'une formation pratique afin que les nouveaux croyants puissent entrer dans leur appel à être des leaders. Chaque chrétien est appelé à être un leader. Nous sommes tous appelés à diriger d'autres personnes à Jésus et à les conduire plus profondément dans leur foi chrétienne. L'école de leaders est l'endroit où vous pouvez être formé et vous développer dans votre ministère.

Rappelez-vous que le peuple de Dieu est appelé à faire l'œuvre de Dieu et que le corps de Christ est le seul agent de Dieu dans ce monde. Cela signifie que tous les croyants, vous inclus, sont appelés à servir Christ. Vous devriez franchir cette nouvelle étape aujourd'hui et vous engager dans votre formation de leader. Cette école vous préparera à gagner des gens à Christ et à entrer dans l'appel au ministère que Dieu vous a donné. Vous pouvez grandir et mûrir dans votre vie chrétienne et entrer dans le rôle de leader que Dieu a pour vous. Tous les croyants ne sont pas appelés à être apôtres, prophètes, évangélistes, pasteurs ou enseignants. Mais, nous pouvons tous apprendre à former Christ dans d'autres personnes. Nous pouvons tous apprendre à conduire une cellule et remplir notre appel de cette manière.

Prenez cet engagement avec Christ aujourd'hui. Acceptez sa volonté pour vous et prenez la décision de vivre le reste de votre vie en tant que disciple de Jésus-Christ et en tant que disciple faisant des disciples. Pensez aux bénédictions qui vous attendront en ce jour où, après avoir suivi Christ dans tous les jours de votre vie, vous entendrez ces paroles:

*C'est bien, bon et fidèle serviteur; tu as été fidèle en peu de choses, je te confierai beaucoup; entre dans la joie de ton maître. (Matthieu 25:21)*

**Les effets étonnants de la grâce**

Dans un autre sens, ce livre s'est concentré sur la grâce étonnante de Dieu qui nous a libérés de la pénalité du péché et de son pouvoir. Par grâce que nous avons été sauvés, au moyen de la foi. Par grâce nous marchons par la foi. Par grâce nous sommes libérés de tout lien et obstacle dressé par l'ennemi. Et par grâce nous servons Dieu, au moyen de la foi, en dépendant de sa force qui agit puissamment en nous.

Je ne crois pas que la grâce produise des chrétiens paresseux. Certaines personnes travaillent dur et donnent leur vie pour diverses causes – l'argent, le succès, la promotion et l'épanouissement de leur vie. Mais la plus grande motivation de toute est l'amour. J'ai vu des personnes travailler sans relâche pour le Seigneur pendant des années. Je sais qu'aucune somme d'argent au monde ne pourrait produire un tel travail d'amour.

Lorsque vous avez vu l'amour de Dieu démontré en Christ, cet amour pur, sans limite et parfait, vous ne pouvez pas vous empêcher de tomber amoureux du Seigneur. Rien de ce qu'il vous demande n'est trop grand ou trop petit. La grâce vous enseigne à être un ouvrier désintéressé pour Christ – non par devoir ni par crainte, mais par amour. L'apôtre Paul disait qu'il devait à la grâce de Dieu tout ce qu'il était. Il disait aussi que c'était la grâce qui l'avait conduit à vivre de manière entièrement consacrée au service de Dieu. C'était là l'effet étonnant de la grâce sur sa vie.

*Par la grâce de Dieu je suis ce que je suis, et sa grâce envers moi n'a pas été vaine; loin de là, j'ai travaillé plus qu'eux tous, non pas moi toutefois, mais la grâce de Dieu qui est avec moi. (1 Corinthiens 15:10)*

Vous aussi vous pouvez dire: « par la grâce de Dieu je suis ce que je suis ». Pensez à tout ce que vous êtes et tout ce que vous possédez en Christ. C'est le miracle de la grâce étonnante de Dieu. Mais le miracle ne s'arrête pas là. Vous êtes ce que vous êtes, par la grâce de Dieu et, comme Paul, cette grâce continuera à produire ses effets dans votre vie. La grâce de Dieu n'est jamais donnée en vain. Plus vous vous installez dans sa grâce, plus vous méditez sur la bonté de Dieu envers vous, plus vous vous surprendrez à le servir. Sa passion devient votre passion, sa vision pour les nations du monde, devient votre vision pour la vie. Vous agissez dans la puissance de sa grâce, brûlant du message de son amour – l'amour que vous connaissez et que vous avez expérimenté personnellement. Cet amour est contagieux. Les gens n'en peuvent plus de la religion – ils veulent la réalité de l'amour de Christ. Et vous l'avez!

Embrassez cet appel élevé pour votre vie aujourd'hui. Abandonnez-vous au Saint-Esprit qui vit en vous, laissez le passer devant et observez-le agir. Vous vous surprendrez bien vite en train d'aller dans des endroits où vous n'iriez pas naturellement, faisant et disant des choses que vous ne feriez ou ne diriez pas en temps ordinaire. Mais ce ne sera pas vous – ce sera le Saint-Esprit vous activant et vous énergisant par la grâce de Dieu à l'œuvre en vous.

ÉPILOGUE

# UNE PAROLE D'ENCOURAGEMENT

Le parc national du Lake District au nord de l'Angleterre est l'une des régions les plus belles des îles britanniques. Je connais un endroit bien particulier dans ce site, un point de vue inoubliable entouré de collines et de montagnes, de vallées, de lacs et de torrents. Sur le bord d'une colline se trouve un banc très bien situé pour contempler le panorama et laisser le regard se perdre dans le lointain des imposants sommets qui ferment le bout de la vallée. Gravés sur ce banc, on peut lire les premiers mots du *Psaume 121*:

*Je lève mes yeux vers les montagnes, d'où me viendra le secours? Le secours me vient de Dieu, qui a fait les cieux et la terre. (Psaume 121:1-2)*

Assis sur ce banc, vous pouvez facilement imaginer que ces sommets de montagne représentent votre appel élevé en Jésus-Christ – tellement proches à toucher et paraissant tellement inatteignables en même temps. Pour arriver sur ces sommets vous devez quitter le confort du banc, vous mettre à marcher à travers la vallée et commencer lentement à monter vers le sommet. Cela demande des efforts, mais en vaut la peine! Chaque pas vous amène plus haut et plus loin. De temps en temps, vous découvriez des lieux de repos pratiques où vous pouvez faire une pause pour réfléchir et jouir du panorama. Vous pouvez regardez derrière vous la vallée et estimer la distance parcourue. Vous pouvez regardez devant vous le sommet et renforcer votre détermination à atteindre le but.

Le cours VIVRE LIBRE! présenté dans ce livre est une sorte de voyage. Durant ces dernières semaines vous avez eu un aperçu du sommet de la montagne – votre vraie position dans les lieux célestes, assis avec Christ sur le trône de l'univers. Vous avez aussi commencé votre voyage, votre aventure – devenant dans votre quotidien la personne que vous êtes en Christ. Vous avez appris comment travailler sur un problème de vie majeur comment amener peu à peu le changement que Dieu veut en abandonnant votre pensée, vos émotions et votre volonté à son Esprit à l'œuvre en vous. Cela n'a pas été facile, et sans doute à certains moments vous vous êtes demandé si tout cela allait marcher. Mais vous avez persévéré et par sa grâce vous êtes là!

Laissez-moi vous donner quelques mots d'encouragement – quelle que soit la dureté du combat ou aussi impossible que puisse paraître le voyage, le Seigneur est avec vous pour vous aider et vous fortifier. Il ne vous abandonnera pas, il ne vous oubliera jamais. Si vous persévérez vous aurez du succès, vous atteindrez votre appel élevé et céleste. Rappelez-vous que « je peux tout par celui qui me fortifie » (*Philippiens 4:6*). Votre secours vient vraiment du Seigneur, le créateur des cieux et de la terre.

### Votre gardien qui ne cesse de veiller sur vous

Les versets qui suivent les paroles gravées sur le banc dont j'ai parlé plus haut vous rappellent que vous n'êtes pas seul. Celui qui vous a sauvé et aussi celui qui vous garde, qui veille sur chacun de vos pas, pas pour vous condamner ou vous critiquer mais pour vous relever et vous aider à franchir la prochaine étape.

*Il ne permettra point que ton pied chancelle; Celui qui te garde ne sommeillera point. Voici, il ne sommeille ni ne dort, Celui qui garde Israël. (Psaume 121:3-4)*

Cette vérité est confirmée par les paroles encourageantes de la lettre de Jude aux croyants de tous les temps:

*Or, à celui qui peut vous préserver de toute chute et vous faire paraître devant sa gloire irrépréhensibles et dans l'allégresse (Jude 24)*

### Faites face aux épreuves

Dans la croyance populaire on estime que lorsque les conditions deviennent plus difficiles, les caractères forts apparaissent. C'est très motivant mais pas très utile pour ceux qui vivent par la grâce. La grâce nous enseigne à nous reposer sur l'œuvre accomplie de Jésus à la croix et de dépendre de sa puissance pour nous amener à bon port – au royaume du Père. Pour dire les choses simplement, nous ne pouvons pas, mais Dieu peut. Cela veut dire que nous nous appuyons sur la fidélité de Christ à notre égard et que nous ne mettons pas notre confiance dans nos propres capacités ou dans notre détermination. C'est lui qui nous gardera fidèles et proches de lui mais même lorsque nous avons un échec, lui reste fidèle et ne nous abandonnera jamais.

# UNE PAROLE D'ENCOURAGEMENT

*Cette parole est certaine: Si nous sommes morts avec lui, nous vivrons aussi avec lui; si nous persévérons, nous régnerons aussi avec lui; si nous le renions, lui aussi nous reniera; si nous sommes infidèles, il demeure fidèle, car il ne peut se renier lui-même. (2 Timothée 2:11-13)*

La persévérance, inspirée par l'œuvre du Saint-Esprit dans notre cœur, apportera toujours sa récompense, quel que soient les difficultés, les pas en arrière et les obstacles sur notre chemin. Jacques nous encourage à rester dans la course au milieu même des épreuves et des tentations:

*Heureux l'homme qui supporte patiemment la tentation; car, après avoir été éprouvé, il recevra la couronne de vie, que le Seigneur a promise à ceux qui l'aiment. (Jacques 1:12)*

Dans ce livre, j'ai exposé de manière pratique la vie de liberté que Jésus a en réserve pour ceux qui viennent à lui avec une foi simple. Nous avons vu que cette liberté est à notre disposition par sa mort victorieuse et sa résurrection triomphante. Nous aussi, nous sommes mort avec Christ et nous sommes ressuscités en nouveauté de vie avec lui.

Le secret de la vie de disciple consiste à devenir tellement passionné pour la vie abondante en Christ que nous sommes prêts à nous abandonner entièrement à sa volonté. De cette manière nous aurons la force nécessaire le long du chemin et la joie nous accompagnera. Cet appel élevé et saint vous coûtera tout ce que vous avez mais en vaut la peine. Le Saint-Esprit nous presse tous les jours de progresser dans la perfection et la maturité et d'accomplir le commandement de Christ: « soyez parfaits, comme votre Père céleste est parfait. » Etre spirituel, c'est ne rien d'autre que mettre en œuvre votre appel à la liberté, y travailler jour après jour, jusqu'à ce que vous atteigniez le bout du chemin.

## Le rythme de la grâce

En finissant ce cours, vous vous êtes probablement rendu compte que le chemin venait de commencer. Il y a d'autres batailles en vue, d'autres montagnes à gravir. J'aimerais vous encourager à aller de l'avant, une étape après l'autre, en ayant aucune crainte mais en vous appuyant entièrement sur la grâce à l'œuvre en vous par Christ.

DEUXIÈME PARTIE

# LA PISTE TRANSFORMATION

*Soyez transformés par le renouvellement de votre intelligence (Romains 12:2)*

Chaque semaine vous travaillerez en petit groupe à partir de ce matériel, en utilisant une section par rencontre. Un animateur sera désigné pour votre groupe afin de vous aider à entrer dans le processus de transformation que Dieu veut amener dans votre vie.

La « piste transformation » vous conduira dans trois domaines de changement grâce à un programme de 12 semaines. Ce cours vous équipera pour continuer le processus de transformation dans la suite de votre vie de disciple avec Christ.

Domaines de changement :

- Développer une vie dévotionnelle quotidienne joyeuse et épanouissante.
- Découvrir les manières de penser négatives à la source de modèles de vie négatifs et les changer.
- Marcher dans la liberté tout en entrant dans des domaines de changement majeurs. Vous choisirez un domaine particulier de votre vie où vous avez besoin d'un changement à partir de la liste des Problèmes de Vie.

**Problèmes de vie :**

1. Faire face aux problèmes émotionnels
   La peur et l'anxiété
   L'amertume et la colère
   La dépression et le désespoir

2. Régler les problèmes sexuels
   Etre libéré des péchés sexuels
   Vaincre les péchés homosexuels

3. Les problèmes de mariage et de famille
4. Etre libéré des liens occultes
5. Développer une saine image de soi
6. La guérison intérieure : le rejet et les racines amères de jugement
7. Les problèmes de drogue et d'alcool
8. Les problèmes de finances et de dette

SEMAINE 1

# POURQUOI CHANGER?

La plupart des gens ont de la peine à l'idée d'un changement et trouvent cela presque menaçant. Nous trouvons généralement notre sécurité dans les choses qui nous sont familières, même si elles ne sont pas idéales.

Toutefois le changement est essentiel si nous voulons grandir. Nous ne pouvons pas nous attendre à jouir des bénéfices et des bénédictions de la croissance spirituelle sans cette dynamique. Nous devons découvrir le principe du changement et savoir comment l'appliquer dans notre vie. Plus important encore, nous devons être d'accord de changer et de sortir de notre zone de confort.

**Les récompenses du changement**

Il n'y a rien de plus absurde que de vouloir que quelque chose change tout en continuant à faire les mêmes choses. Si vous voulez obtenir quelque chose que vous n'avez jamais eu vous devez faire quelque chose que vous n'avez jamais fait.

Avant de vous engager dans un quelconque processus de changement, vous devez avoir mis au clair les quatre points suivants:

- qu'est-ce que vous voulez voir changer?
- à quoi ce changement va-t-il ressembler?
- comment ce changement va-t-il prendre place?
- pourquoi voulez-vous changer?

Pour commencer par la dernière question, pouvez-vous voir à quel point il est important de savoir pourquoi vous voulez changer? A moins que vous ne connaissiez le but de ce changement, le changement n'aura pas lieu, ou tout au moins pas de manière permanente.

Pensez-y quelques instants et posez-vous la question. Quels sont les changements que vous voulez dans votre vie? Pourquoi voulez-vous ces changements? Quels seront les avantages de ces changements? Quelles seront les conséquences à supporter si ces changements ne prennent pas place? Certains ont dit que seule la conséquence de l'absence de changement est pire que le changement. Etes-vous d'accord sur ce point?

Tout au long de cet enseignement sur la transformation, rappelez-vous que le Saint-Esprit est le seul agent du changement dans nos vies. Sans lui nous ne pouvons rien faire.

*Nous tous, dont le visage découvert reflète la gloire du Seigneur, nous sommes transformés en la même image, de gloire en gloire, par l'Esprit du Seigneur. (2 Corinthiens 3:18)*

Voici quelques-unes des raisons pour lesquelles vous devriez apporter le changement que Dieu veut dans votre vie:

- la paix
- la bénédiction
- la joie
- porter du fruit
- de meilleures relations
- une vie plus saine
- plus d'épanouissement
- la prospérité
- avoir un but
- connaître Dieu
- glorifier Dieu

**Exercice de groupe**

Quels sont les changements que vous voulez voir s'opérer dans votre vie?

# POURQUOI CHANGER?

Pourquoi voulez-vous ces changements?

Quels seront les bénéfices que vous tirerez de ces changements?

Si ces changements n'avaient pas lieu, quelles en seraient les conséquences?

**Devoir à domicile**

Lisez votre méditation quotidienne « Vivre Livre » et tenez votre journal tous les jours pendant les 7 prochains jours. Soyez prêt à partager ce que vous avez vécu à ce sujet lorsque votre groupe se réunira la semaine prochaine.

SEMAINE 2

# LA DYNAMIQUE DU CHANGEMENT

Le changement n'est pas un processus compliqué. Nous sommes continuellement soumis au changement. Tous les jours nous adoptons de nouvelles habitudes, soit en créant une nouvelle habitude soit en renforçant une habitude déjà existante. Une habitude est quelque chose que nous avons appris à faire et que nous avons mis en pratique suffisamment souvent pour pouvoir le faire sans même y penser.

Il y a bien des années, lorsque les lois sur le port de la ceinture de sécurité entrèrent en vigueur, nous avons tous dû faire un effort considérable pour nous rappeler de la mettre. Aujourd'hui nous la mettons sans y penser. C'est devenu une habitude. Lorsque vous commencez un nouveau travail, tout vous semble étrange. Vous devez réfléchir à tout ce que vous faites. Mais petit à petit vous vous y habituez et votre nouvel emploi devient pour vous une seconde nature.

Cela nous montre comment opère le changement. Tout d'abord les choses nouvelles sont étranges, nous nous sentons mal à l'aise, et il nous semble que même lorsque nous les faisons, ce n'est pas naturel. Mais peu à peu nous nous habituons à cette nouvelle manière de faire et pour finir nous n'arrivons même plus à nous rappeler comment les choses se passaient avant cette nouvelle manière de faire. Par exemple, lorsqu'elles oublient leur téléphone mobile à la maison, certaines personnes se demandent comment elles arriveront à vivre toute une journée sans cet inséparable compagnon! Elles se sont habituées à pouvoir recevoir et faire des appels partout et n'importe quand.

**Les principes de base du changement**

A partir de ces remarques nous pouvons saisir certains principes concernant le changement. Le changement implique le fait d'arrêter de faire quelque chose qui nous est familier et de remplacer cette action par quelque chose d'autre qui ne nous est pas familier. Mais lorsque nous continuons à faire cette nouvelle action sur une base quotidienne, elle devient une nouvelle habitude. Nous avons remplacé une habitude en développant une nouvelle habitude à la place de l'ancienne. Regardez le résumé suivant:

1. Le changement implique le fait d'arrêter de faire quelque chose
2. Commencer à faire quelque chose de différent
3. Continuer dans la chose nouvelle de telle manière que la nouvelle habitude remplace l'ancienne

**La règle des trois semaines**

Les psychologues nous disent qu'il faut faire quelque chose tous les jours pendant trois semaines pour que cela devienne une habitude dans notre vie, ou un nouveau modèle de conduite. Il faut ensuite trois semaines supplémentaires pour confirmer cette habitude afin qu'elle fasse vraiment partie de notre style de vie. Bien sûr vous devrez persévérer dans votre nouvelle habitude, sinon vous abandonnerez votre nouvelle habitude et reviendrez à vos anciennes manières de faire.

Cela nous montre que les trois premières semaines sont cruciales quand il s'agit d'introduire le changement dans un domaine de votre vie. Cette piste transformation prend en compte ce principe. C'est la raison pour laquelle nous avons décidé d'introduire le changement dans trois domaines principaux de votre vie:

Premièrement – nous cherchons à vous aider à développer une discipline quotidienne dans votre vie dévotionnelle.

Deuxièmement – nous vous aidons à découvrir les attitudes et les croyances qui se trouvent à la racine de la manière de vous conduire que vous désirez changer dans votre vie. C'est le fait de changer d'attitude qui est la clef d'un changement à long terme.

Finalement – nous vous aidons à expérimenter un changement réel et durable dans un domaine de votre vie et nous vous donnons un exemple de la manière dont vous pouvez continuer à grandir et maintenir le rythme du changement dans votre vie de disciple de Jésus-Christ.

**Le ministère de la cellule**

Rappelez-vous que vous n'êtes pas seuls. Vous êtes appelés à faire partie de la famille de Dieu. Apprenez à développer des relations de confiance avec vos frères et sœurs en Christ. Votre leader est là pour vous aider. Il ou elle ne joue

## LA DYNAMIQUE DU CHANGEMENT

pas le rôle de policier. Il ou elle n'est pas là pour vous surveiller mais se tient à vos côtés pour vous aider à combattre vos batailles.

C'est la raison pour laquelle nous avons des cellules dans l'église. La cellule est l'endroit où vous pouvez trouver de l'aide et de l'encouragement. C'est aussi là que vous pouvez commencer à devenir une bénédiction pour les autres.

Retour sur le culte personnel quotidien de la semaine passée.
Avez-vous réussi à tenir votre temps dévotionnel durant 7 jours?

Qu'est-ce que Dieu vous a dit à cette occasion durant la semaine écoulée?

Discutez de vos progrès dans votre temps dévotionnel quotidien.
Quelles sont les difficultés que vous avez rencontrées?

Comment pouvez-vous régler ces problèmes?

Quels sont les obstacles que vous avez découverts et qui vous freinent dans l'établissement d'une discipline quotidienne de vie dévotionnelle?

Faire partie d'une cellule
Faites-vous partie d'une cellule? Est-ce que vous y allez régulièrement et est-ce que vous participez pleinement au ministère de la cellule? Sinon, demandez à votre animateur de groupe de vous conseiller à ce sujet.

**Devoir à domicile**

Faites votre culte personnel tous les jours cette semaine, en mettant en pratique les choses que vous avez apprises au cours de votre discussion en groupe. Continuez à tenir votre journal et soyez prêt à partager quelque chose que Dieu fait dans votre vie lors de la prochaine session de rencontre de votre groupe.

SEMAINE 3

# DONNER VOTRE TÉMOIGNAGE

La session d'enseignement de cette semaine se concentre sur votre appel à témoigner de Jésus-Christ. L'animateur vous aidera à dresser votre liste de 10 et vous aidera à choisir des gens pour votre liste d'évangélisation de 3. Vous pourrez aussi commencer à écrire votre témoignage et apprendrez à le partager avec quelqu'un cette semaine.

**Exercice de groupe**

La liste de 10
Faites une liste de 10 personnes qui ne connaissent encore pas le Seigneur Jésus. Il doit s'agir de personnes que vous connaissez et que vous pouvez rencontrer assez facilement et régulièrement afin d'approfondir votre amitié avec eux et les amener à Christ.

| 1. | 6.  |
|----|-----|
| 2. | 7.  |
| 3. | 8.  |
| 4. | 9.  |
| 5. | 10. |

Vous êtes maintenant prêts à choisir des gens qui feront partie de votre liste d'évangélisation de 3. Priez et demandez au Saint-Esprit de vous montrer les 3 noms de personnes de votre liste de 10 que vous voyez régulièrement et auxquelles vous pouvez témoigner de Christ, que vous pouvez inviter dans votre cellule ou à une activité chrétienne où un témoignage sera apporté.

Votre évangélisation de 3 :

|  |
|---|
|  |
|  |
|  |

Ecrire votre témoignage
Lors de la session d'enseignement de cette semaine vous avez appris comment préparer votre témoignage. Travaillez à partir du chapitre « Comment donner votre témoignage » page 37 et commencez à mettre votre témoignage par écrit :

« Avant de venir à Christ ma vie était… »




« Depuis que je suis venu à Christ je… »




« Lorsque je pense à mon avenir je sais que… »

Partager votre témoignage
Soyez prêt à partager votre témoignage quand vous avez fini de l'écrire. Vous pouvez le faire durant la semaine avec vos amis chrétiens ou un ami qui ne connaît pas encore le Seigneur. Soyez aussi prêt à le partager dans votre groupe lors de la discussion de groupe de la semaine prochaine.

Votre vie dévotionnelle
Vous avez maintenant passé votre seconde semaine complète à développer votre vie dévotionnelle. Comment les choses se sont-elles passées cette semaine dernière? Qu'avez-vous appris? En quoi auriez-vous encore besoin d'aide? Qu'est-ce que vous aimeriez partager avec le groupe ?

**Devoir à domicile**

Durant cette semaine continuez à travailler sur votre liste de 10 et votre liste E-3. Commencez à prier tous les jours pour ces personnes. Partagez cette liste avec les membres de votre cellule.

Continuez à développer votre témoignage et exercez-vous à le partager avec les gens durant la semaine. Soyez prêt à le partager à votre groupe la semaine ce qui s'est passé lorsque vous avez partagé votre témoignage à quelqu'un cette semaine.

SEMAINE 4

# RENOUVELER VOTRE INTELLIGENCE

L'enseignement de cette semaine montre que le changement réel vient grâce au renouvellement de l'intelligence ou des pensées. Le verset qui revient tout le temps est le suivant :

*Ne vous conformez pas au siècle présent, mais soyez transformés par le renouvellement de l'intelligence, afin que vous discerniez quelle est la volonté de Dieu, ce qui est bon, agréable et parfait. (Romains 12:2)*

Renouveler votre intelligence et vos pensées signifie changer les pensées anciennes et négatives, les attitudes et les croyances qui sont à la racine des modèles de vie marqués par le péché, et échanger cette « manière de penser puante » contre de nouvelles attitudes et croyances. Ainsi vous pourrez aller de l'avant et apporter les changements que Dieu veut dans votre vie, intérieurement d'abord puis extérieurement.

**Découvrir votre « manière de penser puante »**

Comment allez-vous identifier les modèles de pensées négatifs qui sont à la racine de la conduite que vous voulez maintenant changer dans votre vie? Tout d'abord, vous pouvez faire cela en regardant aux choses qui vous ne satisfont pas dans votre vie. Quelles sont les choses que vous désirez changer? Dans quels domaines désirez-vous être différent?

## Une lettre adressée à Jésus

Sur ce point certaines personnes sont aidées en écrivant une lettre à Jésus commençant par les mots: « Cher Jésus, je veux changer… ». Ensuite ils écriront toutes les choses qui les concernent et pour lesquelles ils veulent l'aide de Dieu en vue du changement.

Si vous faites cela avec sincérité et honnêteté, vous commencerez à mettre en lumière des zones de votre vie où se trouvent des problèmes.

> Cher Jésus, je veux changer…

L'étape suivante consiste à chercher s'il y a des grandes lignes qui se dégagent de la liste des choses que vous désirez changer. Ces grandes lignes vous aideront à discerner les croyances sous-jacentes qui gouvernent votre vie. Il s'agira de fausses croyances auxquelles vous avez souscrit sur le lieu où, ou la manière dont vous pouvez satisfaire vos besoins. Ecrivez ce que vous avez découvert.

## Récapitulation N°1

Félicitations! Vous avez atteint le tiers du parcours. Il est temps de résumer ce qui s'est passé.

1. Vous avez appris comment développer une discipline quotidienne dans votre vie de dévotions. Vous avez établi l'habitude quotidienne de chercher Dieu dans la prière, la lecture de la Bible et l'écoute de Dieu.
2. Vous avez aussi appris comment le changement s'opère dans votre vie. C'est en abandonnant vos anciennes manières de penser et de vous conduire et en les échangeant contre de nouvelles manières de penser et d'agir.
3. Vous avez appris que pour changer une habitude vous devez cesser de faire la chose ancienne (vous dépouiller de ce qui est ancien) et pratiquer ou faire la chose nouvelle tous les jours (revêtir le nouveau). Lorsque vous faites cela chaque jour pendant trois semaines vous commencez à former une nouvelle habitude ou à adopter un nouveau modèle de conduite.
4. Vous avez aussi appris que le vrai changement commence lorsque vous réglez ce qui concerne les pensées, les attitudes et les intentions qui sont à la racine du problème en question.

Mettez par écrit de quelle façon vous pensez avoir progressé dans ces domaines et partagez vos conclusions avec votre animateur de groupe.

SEMAINE 5

# DIEU RÉPOND À TOUS VOS BESOINS

L'enseignement donné dans le thème n° 4 souligne les trois besoins personnels essentiels que nous avons en tant qu'êtres humains : la sécurité, la raison d'être et l'identité.

Qu'est-ce qui, d'après vous va satisfaire vos besoins ?

Demandez-vous honnêtement où est-ce que vous vous tournez le plus naturellement pour satisfaire ces besoins dans votre vie. Cela vous montrera quels sont les modèles de pensée idolâtres et les croyances que vous devez changer afin de suivre Dieu de tout votre cœur.

**Exercice de groupe**

Le questionnaire suivant vous aidera à examiner votre cœur honnêtement. Répondez à ce questionnaire et commencez à discuter des résultats dans votre session de groupe.

## La sécurité

Dans votre vie, d'où tirez-vous votre impression de sécurité?

- Votre travail
- Votre famille
- Vos amis
- Les autres relations
- Autre chose? Expliquez pourquoi:

Comment réagissez-vous lorsque l'une ou l'autre de ces choses sont menacées dans votre vie?

## La raison d'être

Notre raison d'être correspond au fait d'avoir un impact autour de nous. Nous avons besoin de sentir que notre existence sur cette planète fait une différence, qu'elle a une importance particulière et que notre vie a un but. D'où tirez-vous ce sens d'avoir un impact grâce à votre vie?

- Votre travail
- Votre famille
- Vos amis
- Les autres relations
- Autre chose? Expliquez pourquoi:

Comment réagissez-vous lorsque l'une ou l'autre de ces choses sont menacées dans votre vie?

## L'identité

Nous avons besoin de sentir que nous sommes des gens avec une dignité et une valeur, que nous sommes estimés aux yeux de quelqu'un.

Quel est le niveau de votre estime de soi?

- élevé
- moyen
- bas

A quoi attribuez-vous ce niveau de l'estime que vous avez de vous-mêmes?

Vers qui ou vers quoi vous tournez-vous lorsque vous voulez vous sentir bien dans votre peau?

- Votre travail
- Votre famille
- Vos amis
- Les autres relations
- Autre chose? Expliquez pourquoi:

Comment réagissez-vous lorsque l'une ou l'autre de ces choses sont menacées dans votre vie?

SEMAINE 6

# DÉCOUVRIR VOS CROYANCES IDOLÂTRES

L'enseignement du thème n°4 a montré comment nous apprenons à faire confiance en des façons idolâtres de satisfaire nos besoins essentiels à partir d'expériences qui remontent à notre petite enfance.

Des expériences répétées de notre enfance, qu'elles soient positives ou négatives, peuvent nous conduire à l'acquisition de croyances sur ce que nous devons faire ou éviter de faire si nous voulons engendrer des sentiments de sécurité, de signification ou de valorisation.

Par exemple, si vous étiez systématiquement complimenté lorsque vous réussissiez à l'école et que vos parents vous faisaient ressentir de la honte si vous résultats scolaires étaient mauvais, vous pourriez facilement avoir acquis la croyance qui suit: « pour me sentir bien intérieurement je ne dois pas avoir d'échec, je dois toujours répondre aux attentes des autres et satisfaire à leurs exigences. »

Il y a là tous les ingrédients d'une croyance idolâtre qui déclare: « Pour être une personne de valeur et digne de louange je dois être quelqu'un de performant. » Cela signifie que votre estime de vous-mêmes est dépendante de l'opinion que les autres ont de vous et des attentes qu'ils placent sur vous. Cela signifie aussi que votre estime de vous-mêmes dépend surtout de vos propres attentes au sujet de vos performances.

Il s'agit d'un lien d'idolâtrie. C'est idolâtre parce que vous faites confiance en quelque chose ou quelqu'un d'autre que Dieu pour obtenir votre sens fondamental de valeur ou de bien-être. Il s'agit d'un lien, parce que tant que votre sentiment d'être accepté ou votre impression d'avoir de la valeur dépend du fait que vous remplissiez certaines conditions posées par vous- mêmes ou une autre personne que vous, vous êtes prisonnier de la nécessité de remplir ces conditions. En effet, si vous ne les remplissez pas, votre besoin d'acceptation et de valorisation ne sera pas satisfait.

Mais la situation est en fait pire que cela. Car du fait que Dieu est seul à pouvoir répondre à votre besoin fondamental d'être valorisé, sécurisé et d'avoir une signification, la poursuite de vos buts idolâtres ne vous apportera jamais satisfaction. Et tant que vous n'aurez pas changé vos croyances sur le lieu ou la manière dont vos besoins peuvent trouver réponse, votre vie suivra toujours le modèle:

Poursuivre... atteindre... insatisfaction... poursuivre... atteindre... insatisfaction... poursuivre... atteindre... insatisfaction...

Est-ce que vous reconnaissez que votre vie se calque sur ce modèle? Quel domaine de votre vie ne vous satisfait pas? Pouvez-vous discerner les fausses croyances sous-jacentes auxquelles vous vous accrochez au sujet du lieu où vos besoins peuvent trouver satisfaction ou de la manière dont ils seront satisfaits?

**Exercice de groupe**

**Discerner les modèles de croyance acquis dans l'enfance**

L'exercice qui suit peut parfois vous montrer ce qui, d'après vos croyances, vous apportera la plénitude ou la satisfaction. Cela peut parfois vous aider à expliquer pourquoi vous faites ce que vous faites et comment vous essayez d'éviter des émotions négatives ou d'expérimenter des émotions positives.

> Pensez à une expérience ou à quelque chose qui vous est arrivé dans votre enfance et qui a provoqué en vous un sentiment de « bien-être ». Résumez ci-dessous en notant spécialement les circonstances et les émotions que vous avez ressenties.
>
> Circonstances:
>
>
>
> Emotions:

## DÉCOUVRIR VOS CROYANCES IDOLÂTRES

Pensez maintenant à une expérience ou quelque chose qui vous est arrivé quand vous étiez enfant et qui vous a fait vous « sentir triste ». Résumez ci-dessous et notez spécialement les circonstances et les émotions que vous avez vécues.

Circonstances:

Emotions:

Pouvez-vous voir d'après ces expériences en quoi vous avez peut être appris ce qu'il fallait poursuivre et ce qu'il fallait éviter à tout prix pour que vos besoins soient satisfaits?

Ecrivez votre fausse croyance:

« Ma fausse croyance est que pour satisfaire mon besoin de...

Je dois

**Ministère de groupe:**

1. Demandez au Saint-Esprit de vous montrer les expériences qui vous ont conduit à aller dans la mauvaise direction pour satisfaire vos besoins et demandez-lui de vous guérir de ces expériences négatives.
2. Demandez-lui de vous aider à abandonner ces faux schémas de pensée et de conduite.
3. Passez du temps avec le Saint-Esprit et demandez-lui de vous aider à découvrir de nouvelles profondeurs d'intimité et de relation avec lui.

SEMAINE 7

# MARCHER DANS LA LIBERTÉ

Vous avez commencé à découvrir quelles sont les croyances à la racine de votre vie que vous devez changer afin de pouvoir marcher dans la liberté. Vous avez découvert que la clef du changement consiste à faire un pas de foi et à commencer à agir sur la base de votre nouvelle croyance selon laquelle Dieu (et lui seul) peut répondre à vos besoins.

Il est temps maintenant de commencer à appliquer cela à un domaine spécifique de votre vie que vous voulez voir changer. Dans les sessions précédentes, vous avez découvert et commencé à régler un domaine de croyance idolâtre fondamental dans votre vie. Le mieux est donc de choisir un problème important de votre vie qui soit en relation avec ce domaine de croyance idolâtre. Votre animateur vous aidera à identifier ce domaine de votre vie où vous désirez le changement.

**Exercice de groupe**

Regardez l'introduction de la section du livre qui touche aux Problèmes de Vie et commencez à réfléchir à quel problème vous allez choisir sur la liste proposée afin de travailler au changement dans ce domaine jusqu'à la fin de ce cours. Il est important que vous choisissiez un problème par rapport auquel vous voyez clairement un besoin de changer et que vous voulez vraiment régler. La motivation est la chose la plus importante qui doit motiver votre choix. Ecrivez ensuite votre sélection ci-dessous.

Le problème de vie que je veux résoudre est:

Décrivez ce que vous voulez changer de manière spécifique:

MARCHER DANS LA LIBERTÉ

Je veux changer en n'étant plus:

pour devenir:

## Récapitulation N°2

Félicitations! Vous avez atteint les deux tiers de votre parcours. Il est temps de faire une nouvelle récapitulation.

1. Vous avez continué à respecter la discipline de vos dévotions quotidiennes. Vous avez appris comment construire cette habitude de manière permanente dans votre vie.
2. Vous avez aussi appris comment les changements s'opèrent dans votre vie. Il faut abandonner les anciennes manières de penser et de se conduire et les échanger contre de nouvelles manières de penser et de se conduire.
3. Vous avez aussi appris que pour changer une habitude vous devez arrêter de faire la chose ancienne (vous dépouiller de la chose ancienne) et mettre en pratique la nouvelle tous les jours (vous revêtir du nouveau). Lorsque vous faites cela tous les jours pendant trois semaines vous commencez à établir une habitude ou un modèle de conduite.
4. Vous avez aussi appris que le vrai changement commence lorsque vous confrontez les pensées, les attitudes et les intentions qui sont à la racine du problème.

Ecrivez de quelle manière vous pensez avoir progressé dans ces domaines et partagez votre bilan avec votre animateur de groupe:

SEMAINE 8

# DÉCIDER DE CHANGER

Vous avez maintenant sélectionné le domaine de changement sur lequel vous allez travailler durant les quelques semaines à venir. Les trois dernières sessions se concentreront sur ce domaine de changement.

**Exercice de groupe:**

Réécrivez le problème de vie dont vous allez vous préoccuper.

Le problème de vie au sujet duquel je veux voir un changement est

Décrivez spécifiquement comment vous allez changer.

Je veux abandonner

et l'échanger contre

VIVRE LIBRE

Dans tout processus de changement il est important d'identifier les étapes que vous avez besoin de franchir pour amener ce changement dans votre vie. Cela signifie savoir ce que vous devez faire d'une part et connaître les choses que vous devez éviter pour faciliter le changement d'autre part.

Commencez à faire la liste des choses qui vous aideront et des choses qui vont freiner le changement:

> Les choses qui vont m'aider à changer:

Les choses qui m'empêchent de changer:

SEMAINE 9

# SE DÉBARRASSER ET SE REVÊTIR

Continuez à travailler le domaine de changement que vous avez choisi selon les directives qui se trouvent dans les sections appropriées de Problèmes de Vie.

Faites une liste de toutes les choses dont vous vous êtes DEPOUILLES (que vous avez arrêtées de faire) afin d'amener le changement de Dieu dans votre vie.

## SE DÉBARRASSER ET SE REVÊTIR

Faites une liste de toutes les choses dont vous vous êtes REVETUS (que vous avez commencées à faire) afin d'amener le changement de Dieu dans votre vie.

SEMAINE 10

# POUR QUE LE CHANGEMENT RESTE PERMANENT

Continuez à travailler dans le domaine de changement que vous avez choisi selon les directives qui se trouvent dans la section appropriée des Problèmes de Vie.

> Quelles sont les choses importantes sur lesquelles vous devez vous concentrer durant les quelques semaines qui viennent afin de vous assurer que les changements opérés par Dieu dans votre vie soient durables?

**Exercice de groupe**

Maintenant que vous avez accompli avec succès le cours Vie transformée, il est d'importance vitale que vous preniez la bonne décision concernant l'étape suivante.

Au point où nous en sommes arrivés vous devriez avoir compris l'importance qu'il y a de poursuivre la formation de leader afin que vous puissiez remplir votre ministère et votre appel en tant que disciple de Jésus. Il s'agit là d'une étape importante pour la suite de votre vie.

Enregistrez-vous aujourd'hui pour la prochaine école de leaders qui commencera bientôt! Votre animateur de groupe vous en dira plus et répondra à vos questions à ce sujet.

Que Dieu vous bénisse abondamment dans tout ce que vous entreprendrez au service du Maître!

Récapitulation N° 3

Félicitations! Vous avez donc achevé les dix semaines de votre cours! Il est temps de faire la récapitulation finale.

1. Ces dix dernières semaines vous avez amené un changement dans trois domaines majeurs de votre vie.
2. Vous avez développé la saine habitude de chercher Dieu dans votre vie dévotionnelle quotidienne.
3. Vous avez appris à écouter Dieu et à obéir à ce qu'il vous dit à partir de sa Parole et par la conduite du Saint-Esprit.
4. Vous avez confronté vos croyances négatives passées qui vous éloignaient de Dieu et vous les avez remplacées par des croyances pures qui vous encouragent à marcher avec joie dans les voies de Dieu.
5. Vous avez commencé à vous occuper de problèmes majeurs dans votre vie et avez appris comment le processus du changement opère afin que vous puissiez grandir tous les jours afin de devenir toujours plus semblable à Christ.
6. Maintenant vous pouvez continuer à marcher sur le chemin de la liberté et continuer à vous engager dans d'autres domaines de changement selon ce que le Saint-Esprit vous montrera.
7. Souvenez-vous que vous devez être un participant actif dans votre cellule et partager ces choses avec votre responsable de cellule qui prendra la succession de votre animateur de groupe pour vous aider dans votre vie spirituelle.
8. Engagez-vous à suivre l'école de leaders afin que vous puissiez continuer à découvrir et remplir votre destinée en tant que disciple de Jésus-Christ.

> Mettez par écrit votre témoignage sur la manière dont ce cours vous a aidé à changer et à grandir en tant que disciple de Christ.

Décrivez les choses sur lesquelles vous allez continuer à travailler et partagez-les avec votre responsable de cellule.

TROISIÈME PARTIE

# PROBLÈMES DE LA VIE

*Soyez transformés par le renouvellement de votre intelligence (Romains 12:2)*

Vous travaillerez à partir du matériel qui se trouve dans cette section après la semaine 7 de ce cours. Il vous sera demandé de choisir un des domaines décrits dans les pages suivantes. Chaque semaine votre animateur de groupe vous aidera à appliquer l'enseignement et les devoirs pratiques en rapport avec le domaine de changement que vous avez choisi.

Rappelez-vous de faire ces exercices dans la prière en vous appuyant sur l'aide du Saint-Esprit qui seul peut amener le changement que Dieu exige dans votre vie.

Par l'enseignement contenu dans ce livre, vous avez appris qu'à la racine de vos modèles de conduite négatifs et pécheurs se trouvent des croyances pécheresses et idolâtres. Vous avez également appris à identifier au moins une de vos croyances majeures sur la manière dont vous pouvez satisfaire vos besoins et vous avez compris comment remplacer ces croyances négatives par une croyance pure qui vous conduit vers celui qui seul peut répondre à vos besoins, le Seigneur.

Résumez ici une ou deux de ces croyances fondamentales que vous avez découvertes dans votre cœur. Décrivez comment vous êtes parvenus à changer ces croyances.

J'avais l'habitude de croire que pour trouver la sécurité, une signification ou une valeur personnelle je devais...

Mais maintenant je crois que je peux satisfaire ces besoins seulement en...

## PROBLÈMES DE LA VIE

**Choisir un problème de vie**

Durant le reste de ce cours, vous vous préoccuperez *d'un* problème particulier dans votre vie. Vous apprendrez à vous « dépouiller » des vieilles attitudes, intentions et émotions qui se trouvent à la racine du problème que vous désirez régler dans votre vie. Et vous apprendrez comment les remplacer par les nouvelles manières de faire de Christ. Vous apprendrez aussi à vous revêtir de nouvelles attitudes, intentions et de nouveaux sentiments. De cette manière vous saurez ce qui doit être transformé dans ce domaine de votre vie par le renouvellement de vos pensées.

**Comment choisir un problème de votre vie sur lequel travailler**

Votre animateur de groupe vous aidera à vous frayer un chemin dans le processus consistant à sélectionner un problème de vie sur lequel vous concentrer, en tant que prochaine étape de votre croissance spirituelle. Voici quelques lignes directrices pour vous aider dans votre choix:

- Choisir un problème de vie décrit dans les pages qui suivent.
- Prendre un domaine de votre vie où vous reconnaissez qu'il y a un *urgent* besoin de changement.
- Choisissez un problème où vous pouvez voir la connexion entre le changement et le *renouvellement de votre* pensée.
- Choisissez un problème où vous pouvez voir le lien entre la conduite que vous voulez changer et les *buts idolâtres* de votre cœur.
- Choisissez un domaine dans lequel vous vous voyez facilement introduire un changement significatif *durant les trois semaines qui viennent*.
- Choisissez un domaine clef de votre vie qui vous apportera un parfum de victoire et de réussite et deviendra un modèle pour plus de changement à venir dans votre vie.

**Mon domaine de changement**

Notez le domaine de changement que vous avez choisi:

Décrivez les contours de ce passage de l'ancienne à la nouvelle manière de vivre:

> DE QUOI? (ce dont vous devez vous dépouiller)

> A QUOI? (ce que vous devez revêtir)

Pour le reste de ce cours, vous vous concentrerez sur la manière de résoudre ce problème particulier. Maintenant vous pouvez vous référer au chapitre en relation avec votre problème.

PROBLÈMES DE LA VIE I
# LES PROBLÈMES ÉMOTIONNELS

Les problèmes émotionnels sont souvent le résultat de nos profonds besoins qui ne sont pas satisfaits, particulièrement dans les domaines de la sécurité, de la signification de notre vie et de la valeur que nous estimons avoir.

- Les problèmes de peur et d'anxiété sont dus au fait que vous n'êtes pas sûr que vos besoins fondamentaux seront satisfaits.
- L'amertume et la colère sont le résultat d'une situation où vos buts ne peuvent être satisfaits à cause d'un empêchement.
- La dépression, ou les sentiments de désespoir viennent lorsque vous estimez que vos besoins ne pourront très probablement pas être satisfaits.

La plupart du temps, lorsque des expériences négatives déclenchent des réactions négatives dans nos émotions, nous sommes capables de régler le problème rapidement et de passer le cap.

Mais parfois nous réalisons que nous avons des émotions négatives presque constamment et nous n'arrivons pas à en identifier l'origine. Nos émotions semblent être provoquées trop facilement et nous sommes conscients que notre façon de réagir semble (à nos yeux ou aux yeux des autres) complètement disproportionnée par rapport aux facteurs qui nous poussent à réagir. Souvenez-vous du fait que le facteur stimulant n'est jamais la cause de nos émotions mais simplement l'occasion qui a permis à nos émotions de faire surface.

**Accepter ses responsabilités**

Il est important que vous acceptiez la responsabilité de vos propres émotions. La cause de vos émotions est toujours en vous et ne se trouve jamais dans une situation extérieure à vous. Accepter la responsabilité de vos émotions ne devrait pas vous conduire à porter tout un fardeau de culpabilité ou de honte. Au contraire cette démarche apporte de l'espoir, vous libère et vous redonne votre dignité parce qu'elle vous rappelle que vous n'êtes pas la victime impuissante de vos émotions. Elle vous montre comment vous pouvez gérer ces émotions négatives.

Décrivez les émotions négatives qui sont problématiques dans votre vie.

Décrivez l'effet négatif que ces émotions ont eu sur vous et sur d'autres personnes.

Acceptez-vous de reconnaître que ce sont vos émotions et que vous en êtes responsable? Oui/Non

Si oui, dites pourquoi:

Si non, dites pourquoi:

Maintenant vous allez être prêt à vous concentrer sur le groupe particulier d'émotions dont vous voulez vous occuper.

Choisissez l'un des groupes d'émotions suivant qui décrit le mieux votre problème. Pour vous aider à choisir, regardez la liste des émotions établie dans le thème n° 6 aux pages 71 et 72 et regardez à quelle subdivision le sentiment que vous reconnaissez appartient.

Choisissez l'un des groupes suivant:

1. Peur et anxiété
2. Amertume et colère
3. Dépression et désespoir

Maintenant référez-vous au paragraphe ci-dessous qui traite de cette catégorie de problèmes.

**La peur et l'anxiété**

Ces problèmes émotionnels peuvent être paralysant et peuvent affecter votre bien-être. Ils ont la même racine : un but que vous n'êtes pas certain d'atteindre.

**Les racines de la peur et de l'anxiété**

Toute émotion négative remonte à un besoin non satisfait. Mais l'affaire est compliquée par notre recherche de satisfaction de ce besoin par des moyens idolâtres. C'est à dire que nous cherchons à trouver notre accomplissement dans d'autres choses que Dieu lui-même.

Lorsque nous ne sommes pas sûr si notre besoin sera satisfait, l'émotion déclenchée est celle de la peur ou de l'anxiété. Nous sommes remplis de crainte et nous nous inquiétons par rapport à ce que l'avenir nous réserve. Est-ce que nos besoins seront satisfaits?

## VIVRE LIBRE

C'est pourquoi Jésus a dit:

*Ne vous inquiétez donc pas du lendemai; car le lendemain aura soin de lui-même. A chaque jour suffit sa peine. (Matthieu 6:34)*

C'est la raison pour laquelle l'antidote de la peur et de l'anxiété est la confiance – faire confiance dans le fait que Dieu répondra à nos besoins alors que nous réglons nos problèmes de vie un jour après l'autre. Mais cela implique aussi que nous suivions ses voies et que nous le mettions en premier dans notre vie. Faire confiance à Dieu signifie lui obéir parce que nous savons que suivre les voies de Dieu non seulement l'honore mais montre aussi que nous lui faisons confiance dans le fait qu'il satisfera nos besoins.

Que ces besoins soient émotionnels, physiques, spirituels ou financiers, nous savons qu'en suivant le chemin que Dieu nous a tracé nous pouvons avoir confiance qu'il pourvoira à la satisfaction de tous nos besoins.

*Et mon Dieu pourvoira à tous vos besoins selon ses richesses, avec gloire, en Jésus-Christ. (Philippiens 4:19)*

Notez toutefois quelles sont les conditions qui se trouvent dans Philippiens 4 et que nous devons remplir si nous voulons voir la promesse de Dieu s'accomplir pour nous:

1. Demeurez fermes dans le Seigneur – c'est-à-dire restez concentré sur le Seigneur, ne laissez pas votre regard s'égarer, mais poursuivez-le de tout votre cœur (v.1).
2. Marchez dans l'unité et la paix avec vos frères et sœurs (v.2)
3. Réjouissez-vous toujours dans le Seigneur – sachant que lui seul peut répondre à vos besoins (v.4).
4. Marchez dans la douceur – cela signifie se débarrasser des attitudes négatives et de jugement et traitez les autres avec douceur et miséricorde (v.5).
5. Ne vous inquiétez de rien – l'inquiétude est un péché, comme la peur. C'est pourquoi, débarrassez-vous de toute attitude qui reflète ces choses. (v.6)
6. Apprenez à prier pour tous les sujets – cela vous amènera dans la dimension de la capacité divine et surnaturelle de Dieu (v.6).
7. Cultivez une mentalité et un style de vie de reconnaissance (v.6).
8. Que la paix de Dieu soit « l'arbitre » ou le gouverneur de votre cœur, laissant les choses négatives dehors, toutes les pensées de peur et d'anxiété (v.7).
9. Méditez sur les choses positives et qui ont enrichi votre vie et que Dieu a faites dans votre vie (v.8).
10. Apprenez comment vivre une vie de piété, remplie de paix en prenant exemple sur vos leaders et sur des chrétiens matures (v.9).

## LES PROBLÈMES ÉMOTIONNELS

11. Apprenez à être content de vos circonstances et ne laissez pas les ambitions du monde ou la convoitise vous saisir (v.10-12).
12. Soyez confiants dans le fait que la puissance de Dieu est en vous (v.13).
13. Développez un style de vie empreint de générosité, spécialement en faveur de l'œuvre de Dieu et ceux qui sont dans le besoin. (v.14-18)
14. Faite confiance à Dieu pour vos moindres besoins (v.19)
15. Apprenez à vous concentrer sur la gloire de Dieu plutôt que sur vous-mêmes ou vos problèmes (v.20)

Qu'est-ce que vous devez arrêter de faire afin de mettre ces principes en pratique dans votre vie?

Qu'est-ce que vous devez continuer à faire ou commencer à faire?

Développez un plan d'action pratique pour amener ces changements et suivez votre plan tous les jours pendant les trois semaines qui vont suivre.

A la fin des trois semaines, faites le bilan de vos progrès et décrivez les changements que vous avez expérimentés.

## L'amertume et la colère

Ces problèmes émotionnels peuvent être handicapants et affecter votre bien-être. Ils ont tous deux la même origine: un but qui n'a pas été atteint à cause d'un empêchement.

### Les racines de l'amertume et de la colère

A l'origine de toute émotion négative se trouve un besoin qui n'a pas été satisfait. Mais l'affaire se complique du fait que nous cherchons à satisfaire ces besoins par des moyens idolâtres, c'est à dire que nous cherchons à satisfaire ces besoins par des choses et non avec Dieu.

Lorsque nous sommes empêchés d'obtenir quelque chose qui selon nous va satisfaire notre besoin, la colère est la réaction émotionnelle qui est déclenchée.

Regardez dans *Marc 3:5*, *Psaumes 7:11*, *Ephésiens 4:26-32*, *Proverbes 26:21-28*.

### Deux formes de colère

L'émotion de la colère a typiquement deux manières de fonctionner. Premièrement il y a l'expression explosive de la colère dans laquelle l'émotion est dirigée sur l'extérieur, généralement contre la personne ou la situation jugés comme la cause de la colère. Deuxièmement, la colère peut être implosive et introvertie, prenant racine dans le cœur de la personne sous forme d'amertume, de ressentiment ou de malice.

Habituellement ces deux formes de colère se retrouvent chez la même personne même si certains pencheront plus pour l'une ou pour l'autre de ces expressions de colère en cherchant à régler le flot de leurs émotions. Les gens colériques ont tendance à garder de la méchanceté dans leur cœur et cela affecte profondément leur attitude, leur langage et leur conduite envers une personne, une situation, une organisation ou une institution qu'ils jugent comme étant la cause de leur blessure ou leur offense.

Même ceux qui n'élèvent jamais la voix, qui ne perdent jamais le contrôle et n'expriment jamais leur colère de manière physique, peuvent laisser leur colère transparaître dans un langage critique, plein de jugements, leur froideur ou le fait qu'ils se retirent.

### Les symptômes d'une colère implosive

Imaginez une cocotte minute sur le gaz. Elle peut avoir l'air calme et tranquille extérieurement, mais si vous dévissiez le couvercle, vous découvririez un

## LES PROBLÈMES ÉMOTIONNELS

liquide bouillonnant à l'intérieur. Les signes d'une colère introvertie sont les suivants :

- se fermer complètement
- refuser de communiquer
- faire sentir à quelqu'un qu'il est de trop
- isoler quelqu'un
- prétendre que tout va bien
- se cacher derrière un langage spirituel
- utiliser un langage doucereux
- ignorer la personne
- nourrir des sentiments blessés
- se venger, rendre la monnaie de sa pièce à quelqu'un
- jouer à la victime, se montrer offensé ou faire le martyr
- ressasser la pensée de l'offense subie
- la pitié de soi
- la propre justice
- compter les coups
- l'autojustification
- blâmer les autres pour ce qu'on a fait
- la projection de nos pensées, actions ou fautes sur quelqu'un d'autre
- la rancune
- répandre des calomnies
- bloquer la bénédiction d'une personne
- travailler contre quelqu'un
- avoir de la méchanceté
- entretenir des pensées mauvaises et des attitudes dures envers la personne
- un esprit de non pardon et de jugement
- chercher la petite bête
- les sarcasmes
- un regard méprisant
- rouler les yeux
- des paroles méprisantes
- l'hostilité.

Symptômes de la colère explosive:

Imaginez une bombe qui explose ! La colère ressemble exactement à cela. Elle peut exploser en déchirant tout sur son passage et en apportant la destruction.

- exploser
- crier
- la rage

- se moquer
- les expressions du visage
- les gestes physiques
- perdre le contrôle
- des paroles de colère, destructrices
- jurer et maudire
- les mots abusifs
- les accusations
- les exagérations
- blâmer
- le sarcasme
- des paroles méprisantes
- l'argumentation
- un langage haineux
- un langage blessant
- la bagarre
- la violence physique
- la violence verbale
- jeter les choses dans toutes les directions
- les représailles
- des actes de vengeance.

**La Bible dit:**

Si vous vous mettez en colère, ne péchez point; que le soleil ne se couche pas sur votre colère, et ne donnez pas accès au diable. Que celui qui dérobait ne dérobe plus ; mais plutôt qu'il travaille, en faisant de ses mains ce qui est bien, pour avoir de quoi donner à celui qui est dans le besoin. Qu'il ne sorte de votre bouche aucune parole mauvaise, mais, s'il y a lieu, quelque bonne parole, qui serve à l'édification et communique une grâce à ceux qui l'entendent. N'attristez pas le Saint-Esprit de Dieu, par lequel vous avez été scellés pour le jour de la rédemption. Que toute amertume, toute animosité, toute colère, toute clameur, toute calomnie et toute espèce de méchanceté, disparaissent du milieu de vous. Soyez bons les uns envers les autres, compatissants, vous pardonnant réciproquement, comme Dieu vous a pardonné en Christ.

Ces versets vous montrent comment réagir face à la colère, qu'elle soit du type explosif ou implosif:

1. Acceptez la responsabilité de votre colère. La colère n'est jamais la faute des autres, mais elle est en rapport avec la manière dont vous percevez ceux qui vous entourent.
2. Réglez le problème de votre colère de la bonne manière. Ne la laissez pas suivre le chemin négatif qui apporte les blessures et la destruction.

# LES PROBLÈMES ÉMOTIONNELS

3. Réglez le problème de votre colère immédiatement et ne la laissez pas couver.
4. Reconnaissez la nécessité du pardon et de la résolution des conflits.
5. Contrôlez votre colère et dirigez là sur la cible appropriée.
6. Préoccupez-vous avec compassion des besoins des autres, cherchant à comprendre pourquoi ils font ce qu'ils font.
7. Demandez-vous quel est le besoin que l'autre personne cherche à satisfaire et engagez-vous à aider cette personne à satisfaire son besoin en Christ.
8. Demandez-vous quel est votre besoin non satisfait caché derrière votre colère.
9. Cherchez Dieu pour qu'il réponde à ce besoin.
10. Pardonnez sans réserve et sans condition
11. Recherchez la réconciliation.
12. Rejeter toute malice de votre cœur.
13. Cherchez le bien de l'autre personne.
14. Priez pour cette autre personne.

Qu'est-ce que vous devez arrêter de faire afin de mettre ces principes en pratique dans votre vie?

Qu'est-ce que vous devez continuer à faire ou commencer à faire?

Développez un plan d'action pratique pour amener ces changements et suivez votre plan tous les jours pendant les trois semaines qui vont suivre.

A la fin des trois semaines, faites le bilan de vos progrès et décrivez les changements que vous avez expérimentés.

**La dépression et le désespoir**

Ces problèmes émotionnels peuvent être paralysants et peuvent affecter votre bien-être. Ils ont tous deux la même racine: **un but irréalisable**.

**Les racines de la dépression et du désespoir:**

A l'origine de toute émotion négative se trouve un besoin qui n'a pas été satisfait. Mais l'affaire se complique du fait que nous cherchons à satisfaire ces besoins par des moyens idolâtres, c'est à dire que nous cherchons à satisfaire ces besoins par des choses et non avec Dieu.

Lorsque nous commençons à croire que notre besoin ne sera jamais satisfait, cela déclenche la réaction émotionnelle de la dépression ou des sentiments de désespoir. L'avenir semble terriblement sombre et nous pouvons tomber dans une profonde dépression. Mais lorsque nous apprenons à faire confiance en Dieu pour qu'il réponde à nos besoins fondamentaux, nous pouvons supporter les déceptions de la vie en sachant que notre espérance est en lui.

Dieu communique toujours l'espérance à son peuple, aussi difficiles que puissent être les circonstances. Méditez sur les versets bibliques suivants et notez en quoi ils se rapportent à votre vie et vos circonstances personnelles:

## LES PROBLÈMES ÉMOTIONNELS

*Car je connais les projets que j'ai formés sur vous, dit l'Eternel, projets de paix et non de malheur, afin de vous donner un avenir et de l'espérance. (Jérémie 29:11)*

*Fortifiez-vous et que votre cœur s'affermisse, vous tous qui espérez en l'Eternel! (Psaumes 31:25)*

*Pourquoi t'abats-tu mon âme, et gémis-tu au-dedans de moi? Espère en Dieu, car je le louerai encore; il est mon salut et mon Dieu. (Psaumes 42:5)*

*Car tu es mon espérance, Seigneur Eternel ! En toi je me confie dès ma jeunesse. Dès le ventre de ma mère je m'appuie sur toi; c'est toi qui m'as fait sortir du sein maternel; tu es sans cesse l'objet de mes louanges. Je suis pour plusieurs comme un prodige, et toi tu es mon puissant refuge. Que ma bouche soit remplie de tes louanges, que chaque jour elle te glorifie! (Psaumes 71:5-8)*

# VIVRE LIBRE

*Et moi, j'espérerai toujours, je te louerai de plus en plus. (Psaumes 71:14)*

*Etant donc justifiés par la foi, nous avons la paix avec Dieu par notre Seigneur Jésus-Christ, à qui nous devons d'avoir eu par la foi accès à cette grâce, dans laquelle nous demeurons fermes, et nous nous glorifions dans l'espérance de la gloire de Dieu. Bien plus, nous nous glorifions même des afflictions, sachant que l'affliction produit la persévérance, la persévérance la victoire dans l'épreuve, et cette victoire l'espérance. Or l'espérance ne trompe point, parce que l'amour de Dieu est répandu dans nos cœurs par le Saint-Esprit qui nous a été donné. (Romains 5:1-5)*

*Car c'est en espérance que nous sommes sauvés. Or l'espérance qu'on voit n'est plus espérance: ce qu'on voit, peut-on l'espérer encore? Mais si nous espérons ce que nous ne voyons pas, nous l'attendons avec persévérance. (Romains 8:24-25)*

*Que le Dieu de l'espérance vous remplisse de toute joie et de toute paix dans la foi, pour que vous abondiez en espérance, par la puissance du Saint-Esprit! (Romains 15:13)*

## LES PROBLÈMES ÉMOTIONNELS

*Car la grâce de Dieu, source de salut pour tous les hommes, a été manifestée. Elle nous enseigne à renoncer à l'impiété et aux convoitises mondaines, et à vivre dans le siècle présent selon la sagesse, la justice et la piété, en attendant la bienheureuse espérance, et la manifestation de la gloire de notre grand Dieu et Sauveur Jésus-Christ. (Tite 2:11-13)*

**Comment faire face à la tristesse, la dépression et le désespoir**

1. Identifier les messages de désespoir et les paroles négatives que vous vous répétez intérieurement et changez de message :

- Le désespoir – « A quoi bon essayer – ça n'a jamais marché. »
- L'aliénation – « Je me retrouve complètement seul – personne ne se soucie réellement de moi. »
- Le rejet – « Je ne suis pas voulu. »
- L'impuissance – « Il n'y a rien que je puisse faire. »
- L'inutilité – « Je ne sers à rien ni à personne. »

Ce sont le genre de messages que vous devez apprendre à remplacer. Commencez à travailler sur ce point en faisant la liste des messages spécifiques que vous vous êtes fait entendre à vous-même encore et encore. Faites en parallèle la liste des nouveaux messages que vous allez vous répéter à vous-mêmes qui reflètent la vérité de ce que vous êtes en Christ:

Je dois remplacer les messages négatifs et faux suivants:

Par les messages suivants de vérité et d'espérance:

2. Identifiez les besoins qui sont à la racine de vos sentiments de désespoir

Quels sont les besoins qui n'ont pas été satisfaits au point que vous vous êtes demandé s'ils ne le seraient jamais?

Vous pouvez trouver la réponse à cette question en considérant les choses qui ont été pour vous une source de déception, parce qu'elles n'ont pas eu lieu, et en remontant ensuite aux besoins que vous espériez voir satisfaits par ces choses.

Par exemple, si vous vous sentez déprimé parce que vous n'avez pas trouvé votre compagnon, vous devez comprendre que vos sentiments de tristesse ou de dépression ne sont pas causés par ces circonstances. Ils viennent plutôt de la croyance fausse selon laquelle vous avez besoin de vous marier et d'avoir des enfants pour être heureux (se).

La croyance fausse est donc la suivante dans ce cas précis: « Pour être une personne qui a de la valeur et qui est accomplie, je dois être marié et avoir des enfants. » Mais la vérité est que le mariage ou une vie de famille ne peuvent pas satisfaire ces besoins. Seul Dieu peut satisfaire vos besoins les plus profonds de compagnie et de relation.

C'est lui qui donne à votre vie un but et une signification et votre besoin fondamental de ces choses ne peut être satisfait par le mariage, les enfants, une carrière, des possessions matérielles ou la richesse.

Faites la liste de vos déceptions:

> Je suis déçu de la vie à cause...

Maintenant, identifiez le besoin réel qui se trouve à la racine de ces déceptions. Vous découvrirez ainsi la croyance fausse qui engendre votre combat avec ces émotions négatives en rapport avec la perte de votre espoir dans ces domaines:

> Je reconnais que je me suis attendu à ce que mon besoin de...

## LES PROBLÈMES ÉMOTIONNELS

... soit satisfait par les personnes, les conditions et les circonstances suivantes...

3. Reconnaissez que ces besoins ne peuvent être satisfaits que par Dieu. Commencez à recentrer les passions de votre cœur sur le Seigneur et à le poursuivre afin qu'il réponde à vos besoins directement.

Faites la liste des changements pratiques que cela impliquera dans votre vie:

Plutôt que de m'attendre à ce que mon besoin de...

... soit satisfait par...

... désormais je rechercherai le Seigneur pour la satisfaction et l'épanouissement que lui seul peut apporter. Et je le chercherai des manières suivantes:

Pratiquement cela signifie:

(Faites la liste des changements pratiques que cela impliquera pour vous en montrant ce que vous auriez fait face à certaines situations et comment vous réagiriez maintenant face au même circonstances).

Lorsque je fais face à:

Avant j'aurais:                                  Maintenant voici ce que je ferai:

1.

2.

3.

4.

4.     Remettez votre vie entre ses mains quotidiennement en lui faisant confiance pour qu'il dirige votre vie dans sa volonté et sa plénitude dans tous ces domaines.

*Mon fils, n'oublie pas mes enseignements, et que ton cœur garde mes préceptes. Car ils prolongeront tes jours et les années de ta vie, et ils augmenteront ta paix. Que la bonté et la fidélité ne t'abandonnent pas; lie-les à ton cou, écris-les sur la table de ton cœur. Tu acquerras ainsi de la grâce et une raison saine, aux yeux de Dieu et des hommes. Confie-toi en l'Eternel de tout ton cœur, et ne t'appuie pas sur ta sagesse, reconnais-le dans toutes tes voies et il aplanira tes sentiers. (Proverbes 3:1-6)*

Après avoir mis ces principes en pratique durant trois semaines, quelles sont les différences que vous observez dans votre vie?

PROBLÈMES DE LA VIE 2

# PROBLÈMES SEXUELS

**Apprendre à gérer votre sexualité**

**Dieu a créé la sexualité comme un don parfait pour l'humanité.**

*Genèse 1:27-28*

- Dieu a créé l'humanité – mâle et femelle
- Il a conçu le corps humain en y incluant les organes sexuels mâles et femelles
- Votre sexualité est un don de Dieu
- Elle est bénie par Dieu.

La sexualité n'est donnée que pour être utilisée au sein du mariage

*Genèse 2:24-25*

- Mâle et femelle (un mari ou une épouse – pas de bigamie ni de polygamie)
- Dans la relation du mariage
- Le sexe avant le mariage est en dehors de la volonté de Dieu (fornication)
- Le sexe en dehors du mariage est en dehors de la volonté de Dieu (adultère)
- Le sexe entre personnes du même sexe est en dehors de la volonté de Dieu (homosexualité)

## Le but du sexe

*Genèse 1:28*
*Cantique des cantiques 2:4-7*
*1 Corinthiens 7:3-4*

- La procréation – avoir une postérité
- L'intimité et l'unité dans le mariage
- La joie sexuelle et le bonheur dans le mariage
- La fertilité et la multiplication
- Le sexe est donné pour la relation d'amour entre mari et femme
- Dans le sexe, comme en toutes choses, l'amour signifie donner
- Cela signifie que votre sexualité ne vous appartient pas, mais qu'elle appartient à votre partenaire dans le mariage
- La masturbation qui est égocentrique, enfreint ce principe.

## Le péché sexuel

*1 Corinthiens 6:16-20*

- Doit être confessé et abandonné
- Sera pardonné si vous vous repentez
- Le plan de Dieu c'est la pureté
- Le sexe est une alliance par le sang qui scelle la relation du mariage
- L'immoralité lie la personne avec ceux ou celles avec qui elle a eu des relations sexuelles – physiquement, émotionnellement et spirituellement
- La sexualité débridée, dégagée de toute alliance apporte des blessures, la destruction et la misère
- Certaines maladies, certains démons, liens et malédictions sont sexuellement transmissibles.

## Comment vaincre le péché sexuel

*Matthieu 5:27-30*
*1 Thessaloniciens 4:3*

- Décidez de vivre dans la pureté
- Contrôlez vos pensées
- Evitez les choses qui vous conduisent dans la tentation
- Acceptez de rendre des comptes à votre leader de cellule et aux membres de votre cellule
- Priez et dépendez du Saint-Esprit
- Concentrez votre énergie sur des choses positives.

10% des hommes n'ont aucun problème de péché sexuel sous aucune forme. 10% des hommes sont liés par des péchés sexuels ou dépendants dans ce domaine. Et 80% des hommes se situent quelque part entre ces deux extrêmes. Cela signifie que la majorité des hommes (y compris les chrétiens) ont un problème dans ce domaine.

Pour la majorité des femmes, la tentation sexuelle n'est pas provoquée par une stimulation visuelle mais par le besoin d'intimité et de sécurité. Les femmes sont tentées de donner du sexe contre de l'amour alors que les hommes sont tentés de donner de l'amour pour obtenir du sexe.

Les choses suivantes sont souvent à la racine des tentations sexuelles:

- les images sexuelles
- la sensualité
- la pornographie
- la séduction
- la solitude
- la recherche d'intimité
- le besoin d'être accepté
- la sécurité
- le confort
- le besoin d'une famille

**Qu'est-ce que la pureté sexuelle?**

La pureté sexuelle consiste à ne recevoir de gratification sexuelle de la part de personne d'autre que votre partenaire dans le mariage.

Il s'agit ici d'une bonne définition tant qu'elle ne vous conduit pas à croire que votre sexualité vous est donnée pour votre plaisir. Car elle vous est en fait donnée en don pour que vous puissiez la donner à votre partenaire dans le mariage. Le péché sexuel détruit les mariages et blesse les gens, vous y compris.

Pour vaincre le péché sexuel vous devez apprendre à garder:

- Vos yeux
- Vos pensées
- Vos actions
- Votre cœur

Demandez-vous quel besoin vous essayez de satisfaire lorsque vous tombez dans un péché sexuel. Le besoin superficiel est le besoin physique mais le manque de maîtrise dans le domaine physique est dû à un besoin plus profond.

Le besoin que je cherche à satisfaire lorsque je tombe dans un péché sexuel est:

**Comment être libéré d'un péché sexuel**

- Prenez une décision

Vous voulez être libre parce que vous voyez ce que vous êtes devenu. Vous réalisez que les choses que vous faites sont destructrices et apportent des blessures. Le péché sexuel est un esclavage. Il vous fait perdre votre temps et sape votre vitalité spirituelle. Vous êtes rempli d'un sentiment de culpabilité et d'échec. Vous savez que vous attristez le Seigneur. Il n'y a qu'une seule solution. Il s'agit de vous détourner du péché sexuel et de vous décider à vivre une vie pure.

- Recevez la délivrance

Souvent les démons s'attachent au péché sexuel et rajoute un lien surnaturel.

- Réglez la question des besoins qui se trouvent à la base du péché sexuel

Lorsque vous voyez quel besoin vous essayez de satisfaire lorsque vous poursuivez un péché sexuel, vous réalisez que vous n'arriverez jamais à répondre à ce besoin de cette manière. Alors comment allez-vous le satisfaire?

Au lieu de poursuivre ce péché sexuel, j'apprendrai maintenant à satisfaire mon besoin par:

# PROBLÈMES SEXUELS

- Disciplinez-vous – prenez de nouvelles habitudes

Commencez par détournez vos yeux dès qu'ils se posent sur une image sexuelle. Puis alignez vos pensées, maîtrisez-les et amenez toute pensée captive. Mettez vos pensées sexuelles en prison.

Pour les femmes, la discipline dans ce domaine des pensées et des émotions est particulièrement importante. Apprenez à remplacer les anciennes manières de penser négatives et destructrices qui portent atteinte à l'image que vous avez de vous-mêmes. Evitez les feuilletons télévisés à l'eau de rose, les romans douteux et les revues qui encouragent au fantasme.

Le désir sexuel peut commencer à prendre le dessus dans votre vie si vous vous êtes nourri d'images, de pensées ou de mots sexuels ou si vous avez commis des actions sexuellement stimulantes. Ce genre de régime rend la situation impossible à contrôler et peut provoquer une impression de nécessité impérieuse de libérer l'instinct sexuel. Mais lorsque vous affamez ces désirs, ils reviendront rapidement à des proportions telles que vous pourrez les maîtriser. Après avoir veillé sur vos yeux pendant six semaines et après avoir amener vos pensées captives, cette expérience vous apportera de nouvelles habitudes de pureté sexuelle.

- La vie de disciple

Acceptez de rendre des comptes à votre responsable principal, votre responsable de cellule et vos membres de cellule. Les groupes de trois sont efficaces dans ce domaine. Cette façon d'être redevable consiste non seulement à vérifier où nous en sommes les uns les autres, elle est aussi valable dans les domaines de la prière, de l'encouragement et de la solidarité dans le combat que nous menons pour la pureté.

- La dignité

Etre un homme ou être une femme n'est pas défini par l'activité sexuelle. Votre masculinité ou de votre féminité est mesurée par votre capacité à maîtriser vos désirs. Apprenez à respecter votre dignité et celle des membres de l'autre sexe. Apprenez à chérir votre mari ou votre épouse présent ou futur et à vous garder pur pour lui ou pour elle.

- Développez votre intimité avec Dieu

Le sexe correspond souvent à une recherche d'intimité. En grandissant dans votre intimité avec Dieu, vous développerez une capacité à être intime avec votre épouse ou votre mari et le sexe deviendra un acte généreux et non égoïste. Vous donnerez de l'intimité et partagerez de l'amour avec une autre personne et vous ne chercherez pas seulement à satisfaire vos propres besoins.

PROBLÈMES DE LA VIE 3

# LES PROBLÈMES DE MARIAGE ET DE FAMILLE

**La clef du succès dans le mariage et le foyer**

**Le mariage est une alliance entre compagnons**

Le mariage est une alliance dans laquelle un homme et une femme s'engagent solennellement à être le compagnon de l'autre de manière exclusive et aussi longtemps qu'ils vivent. Le but de Dieu pour le mariage c'est que nous puissions développer une unité profonde au sein des liens du mariage parce que les deux sont une seule chair.

Lire *Genèse 2:18-25*.

**Le mariage est institué par Dieu**

Il ne s'agit pas d'une simple convention sociale, convenant ou ne convenant pas. Dieu a ordonné le mariage afin de répondre au besoin fondamental d'avoir un compagnon, un besoin caractéristique des hommes et des femmes.

Lisez *Proverbes 2:17* et *Malachie 2:14*.

**Le mariage est une affaire publique et non privée**

Le mariage n'est pas une relation informelle et privée. Il doit être honoré ouvertement et il fait partie du fondement de la société. Il poursuit le but de la procréation honorable, le fait de nourrir et éduquer des enfants et il est la seule institution capable de faire cela. Il n'existe pas de substitut du mariage.

### Le mariage est exclusif

Il se fait entre un homme et une femme. Le mariage est monogame et aucune autre relation, fusse-t elle la relation parent enfant, ne devrait primer sur celle du mariage.

### Le mariage est permanent et non temporaire

Le mariage est l'engagement mutuel pris par un homme et une femme de rester ensemble « jusqu'à ce que la mort vous sépare ». Jésus a dit: « Que l'homme ne sépare pas ce que Dieu a joint. »

### Le mariage est un signe divin pour l'humanité

Le mariage pointe sur quelque chose qui le dépasse, notre relation avec Dieu. L'union entre un homme et une femme dans le mariage est un signe de la relation qui unit Christ à son église.

Lire *Ephésiens 5:30-33*.

Après avoir vu tous ces aspects du mariage nous ne devrions pas nous étonner de ce que Satan cherche à diluer, faire et détruire l'institution divine du mariage. Il est d'importance vitale que les croyants sachent comment construire une vie de famille solide et saine. Cela signifie des mariages solides et des relations qui honorent Dieu dans le foyer.

### Régler les problèmes de mariage

Ce cours est limité mais nous toucherons trois problèmes simples qui peuvent néanmoins avoir un impact profond sur nos familles: le rôle du mari, le rôle de l'épouse et les problèmes en relation avec les enfants.

Dieu a donné à l'homme et à la femme des rôles différents mais complémentaires dans le mariage. Le mariage est un partenariat entre des égaux qui ont des rôles différents. Les hommes et les femmes sont égaux mais différents. Le mari est appelé à être le leader aimant et la femme est appelée à être l'aide soumise. Il est l'initiateur, elle est celle qui répond à cette initiative. Regardez *Genèse 2:18* et *1 Corinthiens 11:11-12*.

La plupart des problèmes de mariage peuvent être résolus en brisant les modèles inspirés par le péché qui sapent les fondements de la relation et de la stabilité du mariage.

L'épouse désire généralement prendre les rennes des mains de son mari et usurper son autorité et sa position. Souvent cette tentative ne peut réussir par la force physique si bien qu'elle essayera d'utiliser des moyens psychologiques tels que la manipulation.

De son côté le mari veut éviter d'assumer son poste de responsable et se dérobera par la capitulation (« je fais ce que tu me demandes ») ou établira à tort sa position d'autorité par la domination (« fais ce que je te dis »).

Mais la réponse consiste pour le mari comme pour l'épouse à accepter l'ordre divin et à s'y soumettre. Chacun doit accepter le rôle que Dieu lui a donné.

Pour régler vos problèmes de mariage, commencez à remplir votre rôle en tant que mari et femme.

Lisez *Ephésiens 5:22-33*.

**Maris aimez vos femmes**

Nous commencerons par les maris: « Maris, aimez vos femmes! » Lorsque Paul parle du rôle de la femme il dit: « soumettez-vous à vos maris ». Mais lorsqu'il parle aux hommes il ne dit pas: « maris prenez autorité sur vos épouses ». L'autorité du mari est clairement sous-entendue. Toutefois l'exercice de cette autorité n'implique pas un autoritarisme mais une direction par l'amour. Le leadership du mari se résume à accepter sa responsabilité, non en tant que dictateur écrasant mais en tant que serviteur aimant.

Les maris doivent aimer leur femme comme Christ a aimé l'église. Or il a montré son amour pour l'église en se sacrifiant lui-même pour elle. L'épouse de Christ a passé en premier et il a tout sacrifié pour elle. L'ensemble de la relation de Christ avec l'église est basé sur l'amour sacrificiel de Christ.

**L'amour fait de la personne aimée quelqu'un de spécial**

L'amour de Christ nous a rendus spéciaux en nous mettant à part pour que nous ayons une relation spéciale avec lui. L'être aimé est rendu beau et acceptable par l'amour qu'il reçoit. C'est de cette manière que les maris sont appelés à aimer leurs femmes. Les maris sont aussi responsables de pourvoir au soin et à la protection spirituels de leur femme et à contribuer à leur bien-être spirituel. Cela signifie qu'ils doivent prendre leur place en tant que leaders spirituels dans la relation du mariage et dans leur famille.

## L'amour apporte la plénitude

L'amour de Jésus pour son église ne l'étouffe pas. Il l'amène plutôt dans la plénitude. Il fait grandir l'église vers la maturité et nous prépare à être son épouse.

Les maris doivent aimer leur épouse de la même manière. Ils sont appelés à encourager leur épouse en les aimant afin qu'elles puissent parvenir à l'expression la plus complète de ce qu'elles sont en Christ dans leur foyer. Ils doivent aussi veiller au développement de leurs capacités et leurs dons dans l'église.

## L'amour fait passer l'autre en premier

Les maris sont appelés à aimer leur femme comme leur propre corps. Traitez votre épouse comme si elle faisait partie de vous, comme une extension de votre propre corps, et une partie de votre être profond. Cela signifie que vous devez pourvoir à ses besoins, prendre soin d'elle, la considérer, la respecter et la nourrir.

De même que l'amour de Christ est la clef de notre appartenance à son corps en tant que membres, de même l'amour du mari est la clef qui permet de développer l'unité profonde de la relation « une seule chair » du mariage.

## Pour les maris – comment je peux aimer ma femme

> Etudiez la section qui précède et mettez par écrit de quelle manière vous faillissez à votre devoir d'aimer votre femme comme Christ a aimé l'église.

> Maintenant écrivez les choses que vous allez faire pour montrer à votre femme cet amour particulier.

## Femmes soyez soumises à vos maris

Les femmes sont appelées à se soumettre à leurs maris en toutes choses comme au Seigneur, parce que le mari est le chef (ou la tête) de la femme (*Ephésiens 5:23*). L'ordre divin poursuit un but. Le rôle de tête revient au mari pour un double but: la responsabilité et le soin.

## Le travail de la femme en tant « qu'aide soumise »

Le terme « aide » n'est pas un mot qui sous-entend l'infériorité. Le Saint-Esprit est aussi appelé un aide. Dans le mariage, le mari est le leader et l'initiateur, et sa femme est l'aide et celle qui répond à cette initiative. Dans ce partenariat entre égaux, le mari a la responsabilité finale. Il pourvoit au soin, à la nourriture, la protection et la couverture pour son épouse. Elle fonctionne le mieux et s'épanouit lorsqu'elle se trouve sous cette sorte de protection et de leadership caractérisés par l'amour.

## Résumé

En tant que leader, le mari est appelé à aimer sa femme dans le sacrifice et à la servir afin qu'elle devienne tout ce que Dieu veut qu'elle soit. La femme est appelée en tant qu'aide pour soutenir et encourager son mari afin qu'il devienne tout ce que Dieu veut qu'il soit. Ensemble, ils peuvent démontrer l'amour de Dieu au monde. C'est ainsi qu'ensemble, ils pourront « dominer » comme Dieu leur avait commandé de le faire au commencement.

*Puis Dieu dit : Faisons l'homme à notre image, selon notre ressemblance et qu'il domine sur les poissons de la mer, sur les oiseaux du ciel, et sur tous les reptiles qui rampent sur la terre. Dieu créa l'homme à son image, il le créa à l'image de Dieu, il créa l'homme et la femme. Dieu les bénit, et Dieu leur dit : Soyez féconds, multipliez, remplissez la terre, et assujettissez-la ; et dominez sur les poissons de la mer, sur les oiseaux du ciel et sur tout animal qui se meut sur la terre. (Genèse 1:26-28)*

## Pour les épouses – devenir l'aide que votre mari a besoin que vous soyez

> Ecrivez les choses que vous faites et qui freinent votre mari.

Maintenant écrivez les choses que vous allez commencer à faire et qui feront de vous l'aide que votre mari a besoin que vous soyez.

**Les enfants et la famille**

Dieu réserve aux enfants une place particulière et confie à leurs parents une responsabilité correspondante.

**Les enfants sont importants dans l'ordre établi par Dieu**

A l'époque des Romains, les enfants n'avaient aucun droit. Ils ne comptaient pas. Le père avait une autorité absolue sur ses enfants. Il pouvait les punir comme il le voulait par des châtiments corporels et même la peine capitale sans que l'état s'ingère. La pratique de l'infanticide était commune.

Ainsi ce que nous considérons trop facilement comme allant de soi est en fait souvent très précieux. Ce que nous entendons par « enfance » de nos jours correspond à un concept récent et très précieux qui a vu le jour dans notre société grâce à une influence chrétienne.

Mais l'enfance est en danger de disparition complète. La société impose toujours plus aux enfants un style de vie et une allure d'adultes. Ils sont forcés de grandir en résolvant des problèmes d'adultes toujours plus tôt dans leur vie.

Tout cela fait partie de la libéralisation de la famille. De plus en plus l'état et la société en général empiètent sur la famille. Ensuite il y a la politisation de la famille. Les hommes politiques prononcent souvent des discours très agréables mais se soucient peu ou font peu de choses pour protéger l'enfance et l'innocence.

**Ce que la bible enseigne sur les enfants**

1. Les enfants sont un héritage du Seigneur

    - *Genèse 1:28*
    - *Psaumes 127:3*
    - *Deutéronome 7:13*

## LES PROBLÈMES DE MARIAGE ET DE FAMILLE

Cela signifie que les enfants comptent. Ils ont de l'importance. Jésus a inauguré une attitude révolutionnaire envers les enfants:

- *Matthieu 19:13-14*
- *Luc 18:15-17*
- *Matthieu 18:1-5*

2. Les enfants nous sont donnés en prêt par le Seigneur

Lisez *Genèse 2:24*.

La relation parent enfant est une relation temporaire, et ne pas le reconnaître peut causer du tort dans le mariage. La relation du mariage est, quant à elle, permanente. Une bonne partie des divorces qui ont lieu sont provoqués lorsque les enfants quittent la maison parce que les parents avaient été jusque là en relation par l'intermédiaire de leurs enfants. Dans ce cas c'est la relation parent enfant qui a pris le pas sur la relation mari et femme.

Ne pas reconnaître ce fait cause des torts aux enfants. Lorsque les parents s'accrochent à leurs enfants et ne leur permettent pas de développer une certaine liberté et indépendance pour la prochaine étape de leur vie, ils oublient l'ordre institué par Dieu pour la famille.

3. Les enfants sont un bien sacré qui nous a été confié par Dieu

Les enfants sont donnés par Dieu comme un bien sacré qu'il confie aux parents. Les parents sont chargés d'une sainte responsabilité.

La responsabilité des parents consiste à donner à leurs enfants:

1. La dignité

- Votre enfant est porteur d'une image « fait à l'image de Dieu »
- Votre enfant est un individu, pas un clone, chaque enfant est unique
- Laissez-les se trouver, se découvrir et devenir eux-mêmes

2. La discipline

- Créer un environnement dans lequel un enfant peut apprendre et développer les dons et les disciplines de la vie.
- Rappelez-vous que le but à atteindre est l'autodiscipline. Cela signifie que votre enfant doit pouvoir apprendre à faire les bons choix et à maintenir ces choix pour la vie

### 3. Une destinée

*Instruits l'enfant selon la voie qu'il doit suivre et quand il sera vieux, il ne s'en détournera pas. (Proverbes 22:6)*

- Chaque enfant a son potentiel propre et une destinée unique à accomplir. Ils auront à découvrir et à développer leurs propres talents et à accomplir leurs rêves. Ils sont appelés à vivre leur propre vie et non celles de leurs parents.
- Tout cela implique un grand soin et beaucoup de talent de la part des parents pour guider l'enfant, reconnaître ses dons, le ressourcer dans ses domaines de talents particuliers, ses intérêts et ses capacités. Ils devront le faire en veillant, entre la liberté accordée et l'intervention nécessaire, à garder un juste équilibre.
- Les parents sont appelés à enthousiasmer leurs enfants face aux possibilités qu'offre la vie sur cette terre, et au-delà à trouver la destinée de Dieu pour leur vie.

### 4. Le développement

Les parents sont appelés par Dieu à pourvoir au développement entier et équilibré de leurs enfants, à tous les niveaux:

- PHYSIQUE – nourriture, vêtement, maison
- EMOTIONNEL – un environnement sécurisant, aimant, dans lequel l'enfant est accepté et affirmé
- INTELLECTUEL – éveiller le sens de l'émerveillement et développer les facultés intellectuelles en utilisant tout le potentiel individuel
- MORAL – créer un cadre dans lequel les conséquences morales de nos actions sont mises en évidence
- SOCIAL – développer un sens social et communautaire
- CULTUREL – aider l'enfant à développer ses propres goûts culturels et esthétiques en découvrant ceux d'autres cultures
- SPIRITUEL – lui fournir le modèle de la paternité de Dieu
- Revenir à l'ordre divin dans la famille

Lire Ephésiens *6:1-3*.

**Reconnaître le rôle que les parents ont reçu de Dieu**

Comme enfant, vous avez commencé votre vie en ayant peu ou quasiment pas de responsabilités. Mais les choses ont changé à mesure que vos responsabilités ont grandies jusqu'à ce que vous atteigniez l'âge adulte, et à ce moment-là

## LES PROBLÈMES DE MARIAGE ET DE FAMILLE

vous avez atteint la responsabilité adulte complète. Les parents sont appelés à aider leurs enfants sur ce chemin et à les préparer au rôle d'adulte.

### L'obéissance des enfants est une dette envers leurs parents

Il y a quelque qui sonne manifestement tellement faux lorsque des enfants sont désobéissants à leurs parents. Ce sont eux qui vous ont mis au monde, vous ont nourri, habillé, pris soin de vous et souvent se sont sacrifiés et ont fait de leur mieux pour vous.

Même si vos parents vous ont sérieusement fait défaut et ont peut être péché contre vous, ils sont toujours vos parents et pour votre propre bien-être, Dieu vous appelle à les honorer.

### L'obéissance est « dans le Seigneur »

L'instruction que donne Paul ici concerne la vie chrétienne. Il parle des principes de la création, mais il ajoute la dimension supplémentaire de la vie chrétienne.

### « Honore ton père et ta mère »

1. C'est ainsi que vous montrez votre amour pour le Seigneur
2. Il y a une limite à cette obéissance. Seul Dieu a une autorité absolue et les parents n'ont pas le droit d'ordonner à leurs enfants de désobéir au Seigneur. Il est possible d'obéir à quelqu'un sans vraiment se soumettre à son autorité et il est aussi possible (et parfois nécessaire) de se soumettre à une autorité sans lui obéir. Par exemple, lorsqu'il y a un conflit entre la volonté de Dieu et la volonté des parents, les enfants devraient être en désaccord avec leurs parents bien qu'en leur restant soumis et en leur gardant le respect.
3. Il y a une différence dans l'ordre divin entre les enfants qui se trouvent sous l'autorité de leurs parents lorsqu'ils sont jeunes et vivent à la maison et les enfants qui ont fini de grandir et ont fondé leur propre foyer.

Lorsque les enfants grandissent, ils doivent accepter leur responsabilité entière en tant qu'adultes dans la société et devenir responsables de leurs propres décisions. Le mariage implique l'établissement d'un nouveau foyer et d'une nouvelle unité, séparée et qui décide pour elle-même.

Lire *Genèse 2:24*.

## Lorsque les enfants déshonorent leurs parents

La manière la plus courante et la plus dangereuse de déshonorer ses parents consiste peut-être à conserver des attitudes de colère envers eux. L'amertume et le ressentiment envers les parents peuvent être très profonds et avoir des conséquences désastreuses.

L'amertume vient du non pardon.

- *Luc 6:37-38*
- *Matthieu 7:1-2*

Tous les parents ont commis des erreurs envers leurs enfants d'une manière ou d'une autre et parfois dans des domaines tellement importants et significatifs que cela laisse les enfants blessés et très atteints.

Vos parents ont-ils failli à leurs devoirs dans un domaine ou un autre?

- les parents qui ont un chouchou parmi les enfants
- les parents qui refusent d'apporter un amour inconditionnel
- des critiques ou des comparaisons négatives
- une discipline dure ou un manque de discipline
- des parents qui n'ont pas été là pour vous
- des parents qui n'ont pas tenu compte de votre personnalité
- des parents qui vous ont contrôlé
- des abus physiques ou sexuels
- des parents qui vous ont négligé
- des parents qui n'ont pas pourvu à un environnement familial sécurisant
- des parents qui n'ont pas été un bon exemple dans tous les domaines
- un mauvais mariage

Toutes ces choses peuvent blesser et laisser des marques profondes dans la personnalité de l'enfant de telle manière qu'il lui sera difficile de se relever. Certains gardent ces blessures en eux pour le reste de leur vie. Mais cela n'est pas nécessaire et correspond à une réaction du péché. Dieu veut que vous honoriez votre père et votre mère. Cela signifie laisser la blessure qu'ils vous ont causé ou que vous ressentez comme telle. Mais cette blessure peut être guérie par le pardon.

Dieu dit: « Honore ton père et ta mère », ce qui est le premier commandement avec une promesse: « afin que tu sois heureux et que tu vives longtemps sur la terre. »

## LES PROBLÈMES DE MARIAGE ET DE FAMILLE

Le ressentiment, particulièrement envers les parents, travaille contre vous. Il vous piégera dans une spirale de performances décevantes. Il vous empêchera d'atteindre votre potentiel, en tant que personne et en tant que chrétien.

Souvent la rancune vous lie aux choses mêmes qui ont causé votre ressentiment au départ, si bien que vous êtes conduits à reproduire les mêmes actions ou à avoir la même conduite. Par exemple beaucoup d'enfants victimes d'abus deviennent à leur tour ceux qui abusent.

La rébellion ne brise pas ce cercle. Elle l'intensifie. Se rebeller contre l'autorité de vos parents, ou leurs habitudes ou leur style de vie ne sert qu'à vous rendre esclave de ces mêmes choses. Seul le sang de Jésus, le pardon de Dieu et la puissance du Saint-Esprit peuvent briser ce cycle de destruction.

Il s'agit d'une dynamique psychologique et spirituelle importante. Dans l'Ancien Testament, la rébellion contre les parents était une offense capitale au sein de la nation.

**L'importance de maintenir de bonnes relations parents/enfants.**

- *1 Pierre 1:18-19*
- *Exode 20:5-6*
- *Exode 20:12*

Ce danger de déshonorer ses parents par des ressentiments et de la colère est tellement évident que Paul le mentionne comme l'une des choses principales que les parents doivent éviter de provoquer chez leurs enfants.

- *Ephésiens 6:4*
- *Colossiens 3:21*

**Pour les parents:**

Comment avez-vous pu contribuer à une rupture de communication et de relation avec vos enfants (votre enfant)?

Quelles démarches allez-vous entreprendre pour mettre ces choses en règle?

**Pour les enfants:**

Comment avez-vous laissé l'amertume, la colère et le non pardon détruire vos relations avec vos parents?

Comment avez-vous réagi face aux erreurs de vos parents?

Quelles démarches allez-vous entreprendre pour mettre ces choses en règle?

PROBLÈMES DE LA VIE 4

# ÊTRE LIBÉRÉ DES LIENS DE L'OCCULTISME

Etre délivré signifie être libéré de la puissance de Satan et de son esclavage. Cette délivrance se trouve dans la rédemption en Jésus-Christ. Il a payé le prix pour nous libérer de Satan et de ses œuvres.

L'humanité pécheresse s'est détournée de Dieu et possède maintenant une nature déchue qui est tournée vers le mal. C'est pourquoi nous sommes devenus esclaves:

- du péché
- du diable et des démons
- de la ruine
- de l'affliction.

Mais nous sommes délivrés de ces choses par la puissance de la croix.

*Car la prédication de la croix est une folie pour ceux qui périssent; mais pour nous qui sommes sauvés elle est une puissance de Dieu. Aussi est-il écrit: « Je détruirai la sagesse des sages, et je rendrai nulle l'intelligence des intelligents. » Où est le sage, où est le scribe? Où est le raisonneur de ce siècle ? Dieu n'a-t il pas convaincu de folie la sagesse du monde? Car puisque le monde, avec sa sagesse, n'a point connu Dieu, il a plu à Dieu, dans sa sagesse, de sauver les croyants par la folie de la prédication. Les Juifs demandent des miracles et les Grecs cherchent la sagesse: nous nous prêchons Christ crucifié, scandale pour les Juifs et folie pour les païens, mais puissance et sagesse de Dieu pour ceux qui sont appelés, tant Juifs que Grecs. (1 Corinthiens 1:18-24)*

La parole de la croix nous délivre:

- du péché
  *Romains 6:23*
  *1 Corinthiens 1:21*

- des malédictions démoniaques
  *Actes 10:38*
  *Galates 3:13*
  *Matthieu 8:16*

- de la ruine
  *Psaumes 107:20*
  *2 Corinthiens 8:9*

- de l'affliction
  *Esaïe 63:9*
  *Psaumes 107:19*

**Comment se préparer à recevoir la délivrance**

- vouloir être libre
- confesser, se repentir et renoncer à tout péché et tout mal
- la foi – saisir la vérité pour votre vie
- la prière et le jeûne

Jésus a annoncé la liberté aux captifs, a libéré les opprimés et détruit les œuvres du diable. Il continue son ministère aujourd'hui par son église. Son ordre missionnaire indique que ce ministère devra atteindre toutes les nations et continuer jusqu'à la fin du monde.

Nous avons aussi réalisé que la notion de délivrance est très large. Tout le monde a besoin de délivrance. Tout le monde a besoin d'être délivré, une fois pour toutes, du péché, de la culpabilité et de la mort. Tous les croyants ont besoin d'une délivrance quotidienne de leurs fautes, leurs maladresses et leurs tentations. Et certaines personnes ont besoin d'être délivrées de mauvais esprits. Nous devrions mettre l'accent sur les deux premiers aspects du ministère de délivrance, sans ignorer ni sous estimer l'importance du troisième.

**Avertir**

Comme nous participons à ce ministère de délivrance nous sommes responsables d'avertir les gens au sujet des activités surnaturelles qui prétendent venir de Dieu mais qui ne sont pas faites en son nom ni dans sa puissance.

Le mot « occulte » est souvent le qualificatif qui décrit ces pratiques. Il vient du mot latin signifiant « secret », occultus, qui désigne aussi implicitement une activité interdite. Toutefois ces pratiques ne sont plus cachées ni secrètes de nos jours. Si bien que l'expression « occulte » n'est plus un terme vraiment adapté. Ces pratiques sont surnaturelles mais elles sont mauvaises dans leur origine et leur nature. Elles sont loin d'être saintes et c'est la raison pour laquelle Dieu les interdit.

La Bible interdit expressément toute implication humaine dans des pratiques d'ordre surnaturel et elle montre que Dieu s'y oppose et hait ces choses. Il est important que nous remarquions que les Ecritures déclarent que toute implication dans ces pratiques conduit à une punition divine. Nous le voyons, par exemple, dans *Exode 22:18*, *Lévitique 19:26, 31*, *Deutéronome 18:9-12*; *32:16-17*, *2 Rois 21*, *1 Chroniques 10:13*, *Psaumes 106*, *Actes 16:16-18*; *19:18-19*, *1 Corinthiens 10:20-22*, *Apocalypse 9:21*; *21:8 et 22:15*.

**Les pratiques mauvaises et occultes peuvent être classées en trois groupes:**

1. Les faux miracles: Tout miracle opéré au nom de Jésus appartient à la réalité de Dieu. Un miracle diabolique est un prodige qui n'est pas opéré dans la puissance et l'autorité de son saint nom. Il s'agit de la magie noire ou blanche (et non les tours de passe-passe), la divination, la lévitation, les forces, les voyages astraux et beaucoup de formes de soit disantes guérisons spirituelles.
2. Les communications mensongères: nous communiquons dans la prière avec le Père, dans l'Esprit et par le Fils. Il y a une version satanique de cette communication qui ne correspond pas à la prière chrétienne. Il s'agit de tentatives de communiquer avec des esprits, de manière innocente ou délibérée. Ces techniques incluent le ouija, les séances de spiritisme, le spiritisme, le spiritualisme, et c...
3. Une contrefaçon de la connaissance de l'avenir: La révélation de Dieu peut être trouvée dans la Bible et dans la prophétie chrétienne. Les démons communiquent par des pratiques mauvaises telles que la chiromancie, l'astrologie, les tarots, la divination par les miroirs, la psychométrie, la divination et l'enseignement qui se trouve dans des livres inspirés par les démons.

**La Bible donne cinq raisons pour lesquelles ces pratiques sont interdites:**

1. Genèse chapitre 3 montre que Dieu a placé des limites à la connaissance, et le désir d'une connaissance qui n'est pas normalement à la portée de l'humanité est justement la source de motivation utilisée dans beaucoup de pratiques mauvaises. Comme dans le jardin d'Eden, le diable entraîne beaucoup de gens dans l'esclavage ou la mort et se sert de cette soif de connaissance pour les attirer dans son piège.
2. Souvent la raison ou le résultat des pratiques mauvaises est un désir de domination et de contrôle sur des personnes, des objets, des événements

et l'avenir. Ce désir est à l'opposé de la nature humaine juste et il est condamné dans *Esaïe 47:12-15* et *Ezéchiel 13:17-23*.
3. Il est dangereux de s'impliquer dans de telles pratiques. Elles conduisent souvent à un contrôle démoniaque, en produisant certains éléments de dérangement psychologique ou de destruction physique. Il y a beaucoup d'exemples scripturaires de ces conséquences, comme l'histoire du roi Saül.
4. Il s'agit d'une tentative d'entrer en contact avec des forces qui sont en guerre avec Dieu. Comme nous le verrons plus loin, c'est la raison pour laquelle la Bible enseigne que Dieu punit les croyants qui se détournent de lui pour s'impliquer dans une quelconque pratique mauvaise.
5. Dieu a dit: « Non! » De telles pratiques sont formellement interdites dans le Nouveau Testament. Mais il faut se rappeler qu'elles sont habituellement mentionnées à côté d'autres péchés que Dieu trouve tout aussi répugnants. *Galates 5:19-21*, par exemple condamne la sorcellerie au milieu d'une liste où se trouvent la jalousie, le mauvais tempérament et les querelles. C'est faux de penser que certains péchés sont plus graves que d'autres et d'en déduire que les gens sont spirituellement saufs à partir du moment où ils évitent de s'impliquer dans des pratiques démoniaques.

Un des éléments de notre délivrance consiste à accepter la pensée de Dieu au sujet des pratiques mauvaises, mais nous avons aussi besoin d'être confrontés par le ministère convaincant et puissant du Saint-Esprit. L'enseignement qui va suivre montre comment donner et recevoir ce genre de ministère.

**Le diagnostic**
Dans les Ecritures, les symptômes les plus communs qui montrent qu'une personne est affligée par un démon ou « démonisée » sont les suivants:

- une perte permanente de maîtrise de soi
- une perte temporaire de contrôle lorsque la personne est confrontée à Christ
- un handicap physique grave.

Par exemple, toute perte de contrôle ou de maîtrise de soi se reconnaîtra par l'une au l'autre de ces indications:

- tendances suicidaires
- force inhabituelle
- violence
- une explosion verbale qui laisse apparaître une connaissance surnaturelle
- un complet changement de voix.

Mais si l'un au moins de ces symptômes de « démonisation » se retrouve dans presque tous les exemples de délivrance du Nouveau Testament, il nous faut la révélation de l'Esprit dans tous les cas qui se présentent: nous avons besoin qu'il nous révèle s'il y a un élément démoniaque dans le problème et ce que nous devrions entreprendre pour le résoudre.

Dans la Bible, la plupart des gens qui avaient des handicaps physiques graves, une maladie mentale ou de l'épilepsie, n'ont pas eu besoin qu'on leur chasse un démon. Mais certains en ont eu besoin et nous saurons seulement qui a besoin de délivrance en écoutant le Saint-Esprit et en éprouvant ce que nous comprenons qu'il est en train de nous suggérer par les Ecritures et le don spirituel du discernement des esprits.

En tant que serviteurs de Christ et collaborateurs avec lui, nous sommes appelés à détruire les œuvres de Satan. Cela signifie que nous devrions être prêts à recevoir la délivrance ou exercer ce ministère chaque fois que Dieu nous montre qu'un démon est présent.

**Aider quelqu'un qui est démonisé**

Dans beaucoup de cas, comme dans les exemples du Nouveau Testament, il est facile de reconnaître si quelqu'un a besoin de cette aide spécifique et dans ce cas nous ne devrions pas hésiter. Nous devons poser seulement deux questions à Dieu: « qui devrait m'accompagner dans le ministère? » et « qu'est-ce que nous devrions faire et dire dans cette situation précise? »

A d'autres moments, nous aurons besoin de la révélation de l'Esprit, spécialement si nous avons identifié un cas de démonisation chez une personne possédant un grave handicap. Dans une telle situation, l'Esprit donne souvent une conviction qui va grandir ou un « fardeau » prophétique montrant que le ministère de délivrance est approprié. Cette information devrait être partagée avec les leaders de l'église locale et nous devrions chercher la direction de Dieu pour savoir quand et comment nous devrions exercer un tel ministère.

**L'aide médicale**

Nous ne devrions pas négliger le fait qu'un médecin était présent lors du seul exemple détaillé du ministère de chasser les démons dans le livre des Actes. Nous devons reconnaître qu'une aide médicale professionnelle peut être bénéfique pour beaucoup de gens aujourd'hui.

Toutefois il serait erroné de penser que le ministère de délivrance n'est approprié que pour les personnes qui n'ont toujours pas trouvé de soulagement après un long traitement médical.

Dans une situation moderne telle que celle décrite dans *Marc 1:21-26*, il serait insensé de demander à cet homme de s'asseoir et d'attendre tranquillement en attendant d'organiser un rendez-vous avec un psychiatre. Mais il serait tout aussi ridicule de ne pas orienter un patient vers un médecin s'il restait dans le même état après plusieurs sessions de ministère.

**Le ministère de délivrance**

Ce qui va suivre correspond à de simples lignes directrices pour aider les croyants qui sont confrontés à une situation qui nécessite l'expulsion d'un démon.

**N'ayez pas peur**

Dans le cas d'une violente perte de contrôle de soi, il y aura toujours une certaine appréhension et une certaine détresse. Nous n'avons pas besoin d'avoir peur d'un démon, la promesse de *Luc 10:19* est absolue, mais la réaction d'un démon qui est confronté à Christ peut être effrayante, alors, soyez prêt. Si vous avez peur, vous devriez demander à Christ de vous débarrasser de vos peurs et de vous remplir de sa propre confiance en lui-même. Des textes tels que les *Psaumes 124* et *125* peuvent vous aider.

**Soyez bien préparés**

Vous devriez vous assurer de dépendre entièrement de Christ et non d'une quelconque technique, formule ou forme de ministère. Vous devriez également être sûrs de ne pas avoir d'amertume, de relation brisée ou de péché que vous n'avez pas réglés.

Vous devriez aborder le ministère de délivrance en vous étant préparé dans la prière, le jeûne, et en dépendant de l'aide de l'Esprit. Assurez-vous d'avoir des partenaires de prière. Vous devez faire le nécessaire pour prévenir toute interruption. Vous devez enfin vous rappeler que parfois la confession, la repentance et la réception du pardon de Dieu sont les seules choses nécessaires.

**Résister aux tentatives du démon de se manifester**

Soyez prêts à résister vous-mêmes au diable et à proclamer les promesses de Dieu pour la libération. Résistez à la tentation de vous laisser aller à des réactions inutiles, telles que crier ou faire des gestes exagérés ou répétitifs.

## La confession et le renoncement

Commencez par confesser et renoncer aux péchés que le Saint-Esprit vous rappelle et saisissez-vous de la puissance et de la liberté du pardon de Dieu. Tout livre, objet ou vêtement en relation avec les pratiques démoniaques confessées et pardonnées devraient être détruits. Rompez avec tout point de contact ou moyens par lesquels les influences démoniaques se sont attachées à votre vie.

## Le chemin vers la liberté

1. Confessez votre péché – *Psaumes 51:4*
2. Abandonnez votre péché – *Esaïe 55:7*
3. Pardonnez à tous ceux qui ont péché contre vous – *Matthieu 6:14-15, Matthieu 18:34-35*
4. Demandez à Dieu une purification et un pardon profonds – *Psaume 51:1-2, Psaume 51:7*
5. Expulsez toute présence mauvaise de votre vie – *Jacques 4:7*
6. Louez et magnifiez le Seigneur – *Psaume 8:2*
7. Cherchez à être rempli du Saint-Esprit de manière fraîche – *Éphésiens 5:18-19.*

## Vivre libre

> DELIVRANCE + DISCIPLINE = LIBERTE
> VERITE + ONCTION = LIBERTE
> REVELATION + ACTION = LIBERTE

La liberté est un style de vie à maintenir.

- *Galates 5:1.*

Cette liberté vient alors que vous vous soumettez continuellement au Seigneur et vivez pratiquement votre vie nouvelle en Christ.

- *Romains 6:13*
- *Romains 12:1-2*
- *Éphésiens 4:17-24.*

## Comment vivre votre liberté en Christ pratiquement

Vous ne pouvez le faire et suivre les principes qui vont suivre que si vous êtes dans une relation d'alliance, de communion et de soumission dans le corps de Christ. Comment pourriez-vous combattre un esprit dont l'influence trouve son origine dans le rejet de l'ordre divin tout en refusant de vous soumettre à ce même ordre dans votre maison, votre mariage, votre église ou votre vie sociale?

1. Poursuivez Dieu de tout votre cœur
   *Psaume 27:4*
   *Psaume 42:1-2*

2. Remplissez votre vie de prière et d'intercession
   *1 Thessaloniciens 5:17*
   *Philippiens 4:6-7*

3. Vivez dans la parole de Dieu
   *Jean 8:31*

4. Marchez dans l'obéissance au Seigneur
   *Jacques 1:22*

5. Développez un style de vie d'adoration, de louange et de reconnaissance
   *1 Thessaloniciens 5:18*
   *2 Corinthiens 6:10*
   *Ephésiens 5:20*

6. Continuez à faire des œuvres bonnes et restez actif dans le service de Dieu
   *1 Corinthiens 15:58*

7. Gardez une bonne conscience devant Dieu et les hommes
   *1 Timothée 1:19*

**Votre appel à la sainteté**

Consultez la liste d'exemples ci-dessous et complétez la avec tout ce que le Saint-Esprit vous montre. Lorsque vous confessez votre péché au Seigneur, il est important d'être spécifique. Par exemple, ne dite pas juste: « Seigneur, pardonne mon orgueil. » Dites-lui en quoi vous avez été orgueilleux. Confessez les domaines particuliers d'orgueil dans votre vie, dites-lui exactement quelles sont vos attitudes d'orgueil et mentionnez les gens particuliers avec lesquels et les situations précises lors desquelles votre orgueil s'est manifesté.

## Confessez vos péchés et renoncez-y

- l'orgueil
- la propre justice
- l'abdication du rôle de chef (pour les hommes)
- l'usurpation du rôle de chef (pour les femmes)
- la cupidité
- l'amour des plaisirs
- les divertissements qui conduisent au péché
- les pensées immorales et pécheresses
- la pornographie
- l'implication dans l'occultisme
- la fornication
- l'adultère
- le péché d'homosexualité
- la sensualité
- les compromis
- les choses que vous poursuivez et qui posent question
- le non pardon
- l'esprit de jugement
- la critique
- la colère
- la haine
- le ressentiment
- le manque d'amour
- le fait de ne pas montrer de miséricorde
- le fait de ne pas s'occuper des pauvres
- les dépendances
- les habitudes qui vous contrôlent
- l'abus d'alcool ou de drogue
- l'idolâtrie
- le mensonge
- le fait de ne pas tenir parole
- l'incrédulité
- le cynisme
- la pitié de soi
- le manque de prière

PROBLÈMES DE LA VIE 5

# DÉVELOPPER UNE BONNE IMAGE DE SOI

L'augmentation des problèmes liés à une image de soi négative s'explique notamment par la désintégration du noyau familial. Nous sommes loin de l'unité familiale saine et forte où les enfants grandissaient en étant affirmés dans leur identité, en étant valorisés. Aujourd'hui, la famille souffre de dysfonctionnements, elle est « non traditionnelle » et les enfants n'ont souvent qu'un parent, célibataire. Les ravages dus au divorce, aux séparations, accompagnés de toute la série des problèmes économiques et sociaux nous ont laissés avec la question fondamentale de notre identité et de notre valeur.

L'une des causes principales de ce malaise est celle du « syndrome de l'absentéisme paternel ». C'est essentiellement la figure du père dans la maison qui communique le sens de dignité et de valeur. Dans le but de Dieu, c'est le père qui est sensé modeler l'amour inconditionnel et l'acceptation de l'amour du Père céleste.

La société a essayé de compenser cette perte de valeur, d'identité et de dignité en remplissant le vide par tous les « cultes de la personnalité ». Notre société est lourdement influencée par une psychologie humaniste dans laquelle c'est le moi qui est adoré, mais cet effort est parfaitement inutile. Malgré cette adulation de soi on continue à avoir un sentiment négatif sur nous-mêmes.

**Le chemin de Dieu vers une saine image de soi**

Il a été dit que l'image que nous avons de nous-mêmes s'acquiert par ce que nous pensons que les autres pensent de nous. Le principe se résume ainsi:

« Je ne suis pas ce que je pense être, ni ce que vous pensez que je suis, mais je suis ce que je pense que vous pensez que je suis. »

Ce n'est pas aussi compliqué que vous l'imaginez peut-être. En effet, il est évident que nous sommes influencés par ce que les autres pensent de nous. Nous avons un profond désir d'être accepté et nous estimons que nous avons de la valeur ou de la dignité si les gens nous apprécient, jouissent de notre compagnie, attachent de l'importance à nos opinions et c... Mais ce qui forme réellement l'image que nous avons de nous-mêmes, c'est notre perception de ce que les autres pensent de nous. Et les choses se passent ainsi, en dépit de ce que j'ai entendu un jour dans un commentaire plein d'humour: « Les gens attacheraient beaucoup moins d'attention à ce que les autres pensent d'eux s'ils savaient à quel point ils pensent peu à eux. »

Mais il y a quelqu'un qui pense à nous tout le temps, et ses pensées sont toujours bonnes. Il nous voit comme des personnes d'une valeur et d'une dignité infinies. Dieu a envoyé Jésus pour payer le prix le plus élevé qu'on puisse imaginer, le précieux sang du Fils de Dieu pour nous racheter. En clair, il a pensé que nous en valions la peine!

Regardez ce que Dieu pense de vous:

- Vous êtes créés à l'image de Dieu (*Genèse 1:27*)
- Vous êtes aimés d'un amour éternel (*Jérémie 31:3*)
- Vous avez été rachetés à un grand prix (*1 Corinthiens 6:20*)
- Vous avez été choisis dès avant la fondation du monde (*Ephésiens 1:4*)
- Vous êtes dignes d'être rachetés (*Galates 4:4-6*)
- Dieu a une si haute estime de vous qu'il vit en vous (*Galates 2:20*)
- Dieu ne vous abandonnera jamais et ne vous délaissera jamais (*Hébreux 13:5*)
- Dieu ne permettra pas que quoi que ce soit (y compris vous-mêmes), à aucun moment (passé, présent ou futur), ne vous sépare de son amour (*Romains 8:38-39*).

Si vous pouvez juste commencer à vous voir comme Dieu vous voit, vous n'aurez plus jamais à vous battre contre une mauvaise image de vous-mêmes. Mais pour commencer, comment se fait-il que les gens développent une image de soi négative?

**Les racines d'une image de soi négative**

Une image de soi dépréciée peut se développer des manières suivantes:

- Vos parents ont rattaché votre sens de valeur personnelle à vos performances en vous laissant l'impression que vous n'aviez pas vous-mêmes de la valeur.

## DÉVELOPPER UNE BONNE IMAGE DE SOI

- Un traitement dur, négatif et plein de jugement vous a été infligé à la maison.
- Des figures d'autorité vous ont dit que vous n'étiez pas compétents et que vous n'arriveriez à rien.
- Un abus physique, émotionnel ou sexuel peut vous avoir laissé avec l'impression de n'avoir plus aucune valeur.
- Le fait d'être ridiculisé à cause d'un trait physique comme celui du surpoids, un défaut quelconque, ou l'appartenance à une race ou une religion différente.
- Un sentiment de culpabilité né d'une fausse conception selon laquelle vous êtes responsable du bonheur des autres, spécialement de membres clefs de votre famille.
- Le fait d'être la victime d'une domination ou d'une manipulation qui vous avilit dans l'originalité de votre personnalité.
- D'autres formes de manque de réel intérêt à votre égard comme des comparaisons négatives avec des frères et sœurs ou un demi-frère, une demi-sœur.

Toutes ces déclarations faites sur votre vie ressemblent de près à des malédictions et doivent être brisées. Les racines de l'image négative que vous portez au fond de vous-mêmes doivent être ôtées de votre cœur.

**« La théologie du ver de terre »**

Il s'agit de la croyance erronée selon laquelle Dieu veut que nous nous sentions indignes dans sa présence. En d'autres termes si nous nous élevons au-dessus de notre péché et de notre honte nous faisons déjà preuve d'arrogance. Mais cette attitude est à l'opposé de la volonté de Dieu pour nous. Dieu relève le pauvre et l'indigent. Il guérit les cœurs brisés et console ceux qui sont dans le deuil. Il donne un diadème au lieu de la cendre, une huile de joie au lieu du deuil et un vêtement de louange au lieu d'un esprit abattu.

Dieu ne veut pas que vous répétiez constamment dans sa présence: « Je suis tellement indigne, je suis tellement indigne! » Il vous a appris un nouveau refrain: « Digne, ô digne es-tu Seigneur! » Rappelez-vous que votre indignité a été perdue dans l'océan infini de la dignité de Jésus-Christ!

Contemplez les vérités du *Psaume 139*:

Entrez dans ce Psaume et traversez-le en buvant chaque phrase et chaque mot qui parle de la valeur infinie que Dieu vous attribue:

## VIVRE LIBRE

1. Eternel, tu me sondes et tu me connais.
2. Tu sais quand je m'assieds et quand je me lèves, tu pénètres de loin ma pensée.
3. Tu sais quand je marche et quand je me couche, et tu pénètres de loin toutes mes voies.
4. Car ta parole n'est pas sur ma langue, que déjà, ô Eternel, tu la connais entièrement.
5. Tu m'entoures par derrière et par devant, et tu mets ta main sur moi.
6. Une science aussi merveilleuse est au-dessus de ma portée, elle est trop élevée pour que je puisse la saisir.
7. Où irais-je loin de ton Esprit, et où fuirais-je loin de ta face?
8. Si je monte aux cieux tu es là, et si je me couche au séjour des morts te voilà.
9. Si je prends les ailes de l'aurore, et que j'aille habiter à l'extrémité de la mer,
10. Là aussi ta main me conduira, et ta droite me saisira.
11. Si je dis: au moins les ténèbres me couvriront, la nuit devient lumière autour de moi.
12. Même les ténèbres ne sont pas obscures pour toi, la nuit brille comme le jour, et les ténèbres comme la lumière.
13. C'est toi qui a formé mes reins, qui m'as tissé dans le sein de ma mère.
14. Je te loue de ce que je suis une créature si merveilleuse. Tes œuvres sont admirables, et mon âme le reconnaît bien.
15. Mon corps n'était point caché devant toi, lorsque j'ai été fait dans un lieu secret, tissé dans les profondeurs de la terre.
16. Quand je n'étais qu'une masse informe, tes yeux me voyaient, et sur ton livre étaient inscrits tous les jours qui m'étaient destinés, avant qu'aucun d'eux n'existe.
17. Que tes pensées, ô Dieu, me semblent impénétrables! Que le nombre en est grand!
18. Si je les compte, elles sont plus nombreuses que les grains de sable. Je m'éveille, et je suis encore avec toi.

Considérez quelques unes de ces vérités puissantes:

- Dieu vous connaît de fond en comble, et vous aime tel que vous êtes!
- Il est toujours avec vous, vous guidant et vous gardant sauf et proche de lui.
- Il a créé votre être intérieur, c'est à dire la personne qui est vous, de manière unique. Il n'y a pas deux personnes comme vous. Et cette personne est celle que Dieu a créée afin que vous soyez ce que vous êtes!
- Dieu est tout le temps en train de penser des pensées merveilleuses et précieuses à votre sujet.

Faites une liste des gens, des situations, des paroles qui ont eu une influence négative sur vous dans le passé:

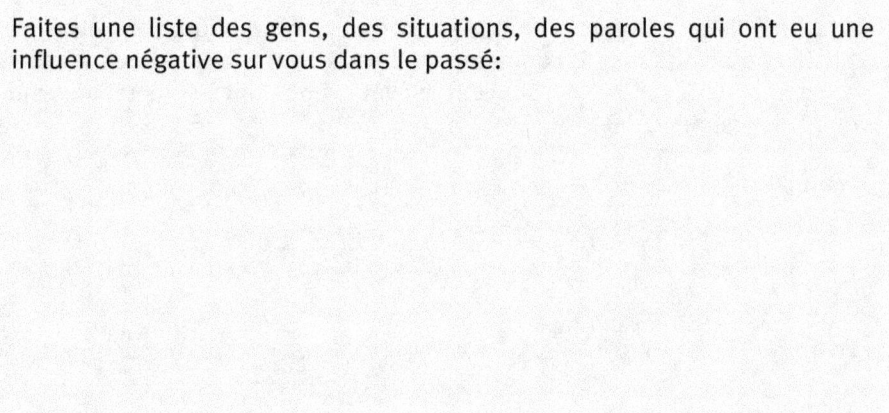

Maintenant pardonnez de tout votre cœur tout ceux qui ont péché contre vous en paroles et en actes:

« Père, je pardonne de tout mon cœur, de manière totale et sans réserve, toute personne qui a péché contre moi de cette manière (nommez-les toutes ici…). »

« Père, je te demande de les bénir alors que je les te les remets maintenant. »

Priez ensuite une prière pour révoquer les paroles négatives prononcées contre vous:

« Père, je révoque toute parole négative prononcée contre moi et je me libère de toute action négative faite contre moi. Je déclare que je suis maintenant libre de tout effet de ces choses sur ma vie, au nom de Jésus. »

« Et Père, je te demande de me pardonner maintenant pour toutes les choses que j'ai dites, pensées ou faites et qui sont négatives ou blessantes envers ceux qui m'ont blessé. »

Après avoir prié ainsi vous ressentirez probablement un grand soulagement, mais rappelez-vous que vous devez encore apprendre à vous débarrasser des pensées et paroles négatives que vous vous êtes répétées à vous-mêmes et aux autres et qui sont le reflet de l'image négative que vous avez de vous-mêmes.

Et vous devez aussi apprendre de nouvelles manières de vous voir vous-mêmes afin que vous reflétiez exactement ce que Dieu pense de vous et ressent à votre sujet.

Faites une liste des versets bibliques qui vous montrent qui vous êtes, en Christ, et qui vous disent comment Dieu vous voit. Apprenez ces versets par cœur et répétez-les vous souvent, en vous rappelant à vous-mêmes qui vous êtes vraiment.

Faites une liste des choses que vous vous surprenez constamment à répéter ou à penser et qui sont négatives ou indignes de ce que Dieu a fait de vous ou de la manière dont il vous aime. Ensuite écrivez ce que vous apprendrez à dire et à penser à la place de ces choses négatives.

Les choses négatives que j'arrêterai de penser et dire sur moi-même:

Les choses positives à mon sujet que je crois désormais être vraies et qui contrebalancent les choses négatives de ma liste précédente:

PROBLÈMES DE LA VIE 6

# LE PARDON ET LA GUÉRISON INTÉRIEURE

Ce sujet est traité dans le thème n° 7 de ce livre. Merci de vous référer à ce chapitre dans votre étude sur ces questions. Ici nous allons voir deux problèmes qui sont en relation avec la guérison intérieure: le rejet et l'esprit de jugement.

**Le rejet**

Dieu nous a créés en tant qu'êtres relationnels. Nous avons besoin de relation avec Dieu et avec des êtres humains. Nous avons besoin de la plénitude qu'apportent ces relations pour pouvoir fonctionner en tant qu'êtres humains selon le plan de Dieu.

Nos relations familiales sont les relations les plus importantes que Dieu nous a données. Mais là où il y a une rupture dans les relations familiales, il peut y avoir de sérieux problèmes de blessures émotionnelles et de rejet.

La blessure qui vient du rejet est la plus douloureuse de toutes les expériences négatives que peut vivre un être humain. Lorsque quelqu'un subit le rejet de son père, sa mère, de son conjoint, d'un frère ou d'une sœur, la douleur peut être d'une telle intensité qu'elle affectera gravement le fonctionnement de cette personne pour le reste de sa vie.

Le rejet peut conduire aux choses suivantes:

- la peur
- la honte
- la colère
- la vengeance
- le jugement critique engendré par un sentiment d'injustice
- une image de soi négative

- un sentiment d'échec
- la solitude, l'isolement et l'aliénation
- le manque de confiance
- des comparaisons négatives entre vous et les autres
- un esprit blessé ou chagrin
- l'incapacité de donner ou de recevoir de l'amour
- relations brisées à répétition
- désespoir
- mépris des autres ou de vous-mêmes
- l'amertume
- le déni (refus d'accepter la réalité).

**Le rejet peut venir de:**

- Le sein maternel – lorsque l'un des parents rejette la grossesse, envisage un avortement ou réagit simplement négativement face à la grossesse
- Etre rejeté à la naissance – cela peut être causé par un manque au niveau du lien mère enfant, par l'absence du père, des complications médicales qui ont provoquées un manque de contact physique avec la mère, l'abandon de l'enfant pour qu'il soit adopté ou le rejet des parents parce que l'enfant n'a pas le sexe désiré ou est né avec une anomalie sur le plan physique.
- Le rejet dans la petite enfance lorsque les parents ne se soucient pas de leurs enfants, lorsqu'ils communiquent mal entre eux et avec leurs enfants, ne respectent pas leurs enfants, en préfèrent l'un par rapport aux autres ou n'ont pas d'équilibre entre la discipline et l'amour ou ne pourvoient pas aux besoins émotionnels et physiques de leurs enfants.
- L'abus physique ou sexuel
- Le divorce – soit le fait d'être rejeté par votre conjoint ou la douleur provoquée chez l'enfant par le divorce de ses parents.
- D'autres relations brisées, des amitiés rompues, des engagements pas tenus, des affaires immorales.

**La guérison du rejet:**

Nous ne sommes pas le résultat de la chance ou d'un accident. Dieu nous a aimés et choisis pour lui et il nous a acceptés en Christ. Jésus-Christ a aussi pris notre rejet sur la croix afin que nous puissions recevoir l'acception totale du Père. Lisez les versets suivants et notez ce qu'ils vous disent sur votre problème de rejet:

## LE PARDON ET LA GUÉRISON INTÉRIEURE

Ephésiens 1:4-6

Psaume 139:15-16

Ezéchiel 16:4-6

Jérémie 1:5

Job 10:12

Psaume 34:4

VIVRE LIBRE

Philippiens 4:13

1 Corinthiens 1:27-29

Malachie 4:6

Malachie 2:15-16

Esaïe 54:4-7

**Christ nous a guéris du rejet:**

Selon *Esaïe 53:3*, Jésus a été méprisé et rejeté par les hommes. Il est le seul qui est capable de comprendre toutes les circonstances de votre vie. Il a été trahi par l'un de ses disciples et un autre l'a renié. Son propre peuple a demandé à ses gouverneurs de le crucifier. Ils se sont moqués de lui et Dieu l'a abandonné pendant un instant.

Mais Jésus a fait tout cela pour nous. Il a été rejeté afin que nous puissions être acceptés. Lorsqu'il a crié sur la croix: « Mon Dieu, mon Dieu, pourquoi m'as-tu abandonné? » c'était parce qu'à ce moment-là il portait notre rejet sur la croix. Parce que Jésus-Christ a reçu notre punition, nous n'avons plus besoin d'être puni maintenant.

La plus grande douleur du rejet, c'est la douleur d'être rejeté par Dieu, et la plus grande guérison du rejet, c'est la guérison qui vient par le fait d'être totalement, inconditionnellement et éternellement accepté par Dieu.

**La prière pour être guéri du rejet**

« Père, je t'apporte mon rejet. Je pardonne tous ceux qui m'ont rejeté. Je te demande d'enlever mon rejet maintenant et pour toujours. Je te remercie de ce que je suis complètement accepté par toi par la croix de Jésus-Christ. Je ne suis pas abandonné, ni rejeté ni trahi. Au contraire, je suis accepté dans le bien-aimé Fils de Dieu! Amen. »

Commencez maintenant à mettre par écrit les changements que vous devez commencer à opérer dans vos schémas de pensée, vos intentions et vos manières d'agir:

Les pensées, les intentions et les actions basées sur le rejet dont je dois me débarrasser:

Les pensées, les intentions et les actions basées sur l'acceptation et dont je dois me revêtir:

## L'esprit de jugement

Le jugement critique prend sa source dans l'amertume.

Voir *Matthieu 7:1-2* et *Luc 6:37-38*. Jésus a dit: « Ne jugez pas et vous ne serez pas jugés... on vous mesurera avec la mesure dont vous vous serez servi. »

Qu'est-ce que l'esprit de jugement?

- Des jugements négatifs ou critiques émis sur d'autres personnes
- Une manière de juger empreinte de propre justice
- Des attitudes qui trahissent un manque de miséricorde
- Des attitudes de partis pris ou de préjugés
- Des jugements établis sans que tous les faits soient pris en compte
- Des jugements faits derrière le dos de quelqu'un
- Des jugements faits selon des standards humains
- Des procès d'intention
- Des jugements qui donnent l'impression que votre avis est sans appel
- Des jugements qui n'en se remettent pas à Dieu, le juste Juge

## Les conséquences de l'esprit de jugement

L'esprit de jugement comporte de nombreuses conséquences négatives et destructrices. Tous les jugements négatifs que vous portez contre les autres vous retombent dessus. C'est vous qui êtes pris au piège des jugements négatifs que vous avez eu contre les autres.

*Celui qui creuse une fosse y tombe, et la pierre revient sur celui qui la roule. (Proverbes 26:27)*

*Il aimait la malédiction: qu'elle retombe sur lui! Il ne se plaisait pas à la bénédiction: qu'elle s'éloigne de lui! Qu'il revête la malédiction comme son vêtement, qu'elle pénètre comme de l'eau dans ses entrailles, comme de l'huile dans ses os! Qu'elle lui serve de vêtement pour se couvrir, de ceinture dont il soit toujours ceint! (Psaume 109:17-19)*

1. Les vœux intérieurs ou les « racines amères de jugement ».

Les jugements durs et négatifs deviennent des vœux ou de malédictions intérieurs ou de déclaration ouvertes contre d'autres personnes.

- « Je ne pourrais plus jamais te faire confiance. » Cette parole peut engendrer la peur, l'isolement et élever un mur derrière lequel les émotions restent enfermées.

## LE PARDON ET LA GUÉRISON INTÉRIEURE

- « Je ne t'aimerai plus jamais. » Cette parole peut conduire à l'impuissance, la frigidité, la stérilité et les fausses couches.
- « Je ne te pardonnerai jamais ce que tu m'as fait. » Il s'agit d'une malédiction de condamnation.

Ces déclarations mettent un processus puissant en mouvement qui cause beaucoup de dommages sur le plan physique, émotionnel et spirituel. La Bible parle de ces racines d'amertumes qui apportent beaucoup de souillures.

*Recherchez la paix avec tous, et la sanctification, sans laquelle personne ne verra le Seigneur. Veillez à ce que personne ne se prive de la grâce de Dieu; à ce qu'aucune racine d'amertume ne produise du trouble, et que plusieurs n'en soient infectés (ou souillés). (Hébreux 12:14-15)*

2. Demandez à Dieu de vous libérer de vos racines d'amertume et de jugement alors vous vous en repentez et que vous y renoncer au nom de Jésus.

Il s'agit d'une part importante de votre propre guérison. Il ne suffit pas en effet de pardonner les gens pour leurs offenses contre vous. Vous devez aussi renoncer à toute parole et révoquer toute déclaration que vous avez faite contre quiconque suite au ressentiment ou à l'amertume qui a jailli de la blessure que cette personne vous a causé.

Ecrivez le nom de la personne et ce qu'elle a fait contre vous.

Décrivez vos sentiments en rapport avec la situation qui vous a blessé.

Décrivez votre réaction. Qu'avez-vous fait?

Mettez par écrit toute déclaration semblable à une malédiction ou attitude que vous avez eue contre cette personne.

Maintenant pardonnez à cette personne, révoquez ces racines amères de jugement et prononcez une prière de bénédiction sur cette personne.

« Père, je pardonne à _____ du péché qu'ils ont commis contre moi. Je renonce à toute racine d'amertume, de jugement et de malédiction que j'ai retenu contre eux. Et je les bénis maintenant dans le nom de Jésus. Amen. »

Maintenant commencez à mettre par écrit les changements que vous devez commencer à développer dans vos manières de penser, vos intentions et le cours de vos actions:

Pensées, intentions et actions basées sur les racines d'amertume et de jugement dont je dois me débarrasser:

## LE PARDON ET LA GUÉRISON INTÉRIEURE

Pensées, intentions et actions basées sur le pardon et la bénédiction dont je dois me revêtir:

PROBLÈMES DE LA VIE 7

# RÉGLER LES PROBLÈMES DE LA DROGUE ET DE L'ALCOOL

*Si le Fils vous affranchit, vous serez réellement libres. (Jean 8:36)*

Beaucoup de gens dans la société d'aujourd'hui luttent avec des problèmes de prises abusives de substances et certaines situations sont plus graves que d'autres. Ainsi il n'est pas inhabituel de voir des gens venir à Christ avec des problèmes de ce genre dans leur vie.

Parmi ceux qui boivent de l'alcool en société, une personne sur dix est alcoolique. Le taux d'alcoolisme est toutefois supérieur chez les chrétiens qui vont à l'église. Les chrétiens tendent à être plus secrets concernant leur habitude de boire, ce qui explique cette différence dans les proportions d'alcooliques entre chrétiens et non chrétiens. Malheureusement, la dissimulation est contre productive dans la marche chrétienne et la restauration en Christ.

**Que dit la Bible à propos des abus de substance?**

La Bible condamne l'ivresse et l'abus d'alcool mais ne fait pas de référence particulière à d'autres abus de drogues, aux troubles du comportement alimentaire, au travail en tant que drogue, et à la plupart des autres dépendances qui nous concernent dans la vie moderne. Toutefois les principes bibliques qui vont suivre peuvent s'appliquer à tout problème de dépendance ou d'abus.

**Ne soyez esclaves de rien**

Paul mentionne la nourriture et le sexe qui sont tous deux des bonnes choses en elles-mêmes mais peuvent faire l'objet d'un abus. De plus, l'apôtre avertit les gens qui sont sexuellement immoraux, qui sont cupides, idolâtres, ivrognes et dominés par d'autres manières de se conduire qu'ils ne maîtrisent pas.

### Ne vous attendez pas à rencontrer Dieu par la drogue

Nous venons à Dieu que par le chemin de Jésus-Christ et nous devons venir à lui avec des pensées claires plutôt que des cerveaux drogués par des substances qui rendent dépendant. La drogue n'est pas le chemin qui mène au divin.

### Maintenez votre corps dans la pureté

Le Saint-Esprit habite dans le corps de chaque chrétien et c'est la raison pour laquelle nous devons faire tout ce que nous pouvons pour maintenir nos corps dans la pureté, en évitant tout polluant, y compris les drogues et l'alcool. Tout corps humain a été fait par Dieu et le corps du chrétien appartient à Dieu à cause de la création et à cause de la rédemption. L'Ecriture et le bon sens nous enseignent que nous devrions prendre soin de nous-mêmes afin de pouvoir glorifier Dieu avec notre corps.

### Exercez la tempérance, la discipline personnelle et la maîtrise de soi

Tous les croyants sont sensés dire « Non » à l'impiété et aux passions mondaines, et à vivre « selon la maîtrise de soi, la justice et la piété ». La complaisance et les ambitions égoïstes sont condamnées. La maîtrise de soi est recommandée et fait partie de la liste des fruits de l'Esprit. La gloutonnerie peut inclure une dépendance de la nourriture, la cupidité peut inclure une dépendance des possessions et des choses matérielles et la convoitise peut conduire à une dépendance sexuelle, choses contre lesquelles nous sommes tous avertis et qui sont également condamnées.

### Soyez remplis de l'Esprit

*Ephésiens 5:18* nous instruit à éviter l'ivresse et à être au contraire remplis du Saint-Esprit. Une vie contrôlée par l'Esprit est présentée dans la Bible comme supérieure à toute autre possibilité, y compris celle d'une vie remplie de produits chimiques ou d'autres substances.

### Pourquoi les gens prennent-ils des drogues et de l'alcool?

Dans le langage courant, le terme « drogue » est utilisé le plus souvent pour décrire les substances qui sont considérées comme illégales en France ou un autre pays. Les utilisateurs de telles substances sont souvent étiquetés de manière très négative ou stéréotypée par des termes comme « camé », « accro », « défoncé ». Toutefois, la vérité c'est que toutes sortes de gens utilisent des drogues pour toutes sortes de raisons: pour affronter la vie, pour se décontracter, pour oublier leurs problèmes, pour un « voyage », à cause de l'influence des camarades ou encore pour essayer une nouvelle expérience. Et il est aussi très important de se souvenir que ceux qui essayent une drogue ne deviennent pas tous dépendants.

Il est important de se rappeler quelles sont les raisons pour lesquelles une personne ressent le besoin d'utiliser de la drogue ou de l'alcool. Il y a de fait deux sortes de dépendances : une dépendance « physique », ce qui signifie que le corps réclame la drogue pour pouvoir fonctionner et éviter des symptômes désagréables de manque, et une dépendance « psychologique » correspondant au besoin de l'utilisateur d'une stimulation, d'un plaisir ou d'une fuite de la réalité qui lui seront apportés par la drogue ou l'alcool.

Ces dépendances viennent souvent d'un manque d'identité spirituelle et de conflits spirituels profonds dans la personne, tels qu'une fausse image de soi, le non pardon ou un abus physique ou sexuel subi à un stade précoce de la vie.

Indépendamment des raisons qui vous ont poussé à choisir de boire ou de prendre des drogues, toute personne qui a une dépendance a au moins deux des trois problèmes sous mentionnés:

- Premièrement vos besoins essentiels n'ont pas été satisfaits de manière légitime
- Deuxièmement, vous n'avez pas appris à affronter les problèmes de la vie
- Troisièmement, vous ne semblez pas capable de résoudre vos conflits personnels ou spirituels de manière responsable.

Les produits chimiques dont vous êtes devenu dépendant ne vont pas satisfaire vos besoins, ni vous rendre capable d'affronter ou de résoudre vos conflits. Vos dépendances ne peuvent qu'empirer les choses. Or personne ne projette de devenir dépendant d'une substance. Personne n'aime être dépendant. Et tout le monde est sûr que cela ne lui arrivera jamais. Alors comment cela arrive-t il?

**Identifier les cycles d'une dépendance**

Lorsque vous commencez pour la première fois à utiliser de la drogue ou à boire, vous êtes mentalement, émotionnellement et sur le plan relationnel sur la ligne de départ dans votre expérience. La plupart des « fêtards » ont probablement fait une assez bonne expérience d'initiation. Ils ne font simplement que chercher à passer du bon temps et veulent participer à la fête. Le premier verre, la première bouffée, le premier rail déclenchent un début de réactions chimiques dans votre corps. Vous sentez une « montée ». L'alcool et la drogue n'appuient pas sur l'accélérateur, ils lèvent le frein. Les inhibitions sont vaincues et des sentiments d'euphorie envahissent les pensées. Planer peut être momentanément drôle.

L'expérience de la ligne de départ est différente pour ceux qui recherchent un court répit au milieu des pressions de la vie. Ils sont habituellement comme une boule de nerfs ou déprimés par leurs circonstances et ils recherchent une expérience exaltante pour calmer leurs nerfs ou élever leur esprit. Les gens mélancoliques désirent juste noyer leur tristesse. La boisson vous aide à vous relaxer et à sourire. Et ça marche ! En quelques minutes vous vous sentez déjà mieux! Il en est de même pour ceux qui veulent soulager leur peine. Ils sont à peine capables d'attendre les effets de la première « montée » pour se sentir mieux.

Lorsque vous êtes en train de planer, vous avez l'impression d'être le roi du château et votre conduite devient souvent agressive. Mais au moment de la descente, vous commencez à expérimenter des trous de mémoire, et vous échouez régulièrement chaque fois que vous essayez de reprendre le contrôle de votre vie. Vous vous dites: « Comment suis-je rentré chez moi, hier soir? » « Que s'est-il passé? Je ferais bien de me ressaisir, je commence à perdre le contrôle! »

**Comment pouvez-vous savoir si vous êtes dépendant d'une substance?**

| | |
|---|---|
| Est-ce que vous prenez sur votre temps de travail pour boire? | Oui/Non |
| L'usage de la substance apporte-t il de la tristesse chez vous? | Oui/Non |
| Utilisez-vous la drogue pour vaincre votre timidité? | Oui/Non |
| Cette habitude porte-t elle atteinte à votre réputation? | Oui/Non |
| Avez-vous jamais senti du remords après une prise de substance? | Oui/Non |
| Avez-vous subi des difficultés financières dues à cela? | Oui/Non |
| Est-ce que vous acceptez de mauvaises fréquentations et vous vous compromettez avec un monde de bassesse lorsque vous buvez ou lorsque vous utilisez des substances? | Oui/Non |
| Est-ce que cette habitude vous insensibilise aux besoins de votre famille? | Oui/Non |
| Est-ce que vos ambitions ont diminué depuis que vous avez commencé à prendre ces substances ou à boire? | Oui/Non |
| Est-ce que vous ressentez un fort besoin de cette substance tous les jours et à un moment précis? | Oui/Non |
| Avez-vous le désir d'en reprendre le matin suivant ? | Oui/Non |
| Est-ce que vous utilisez souvent de l'alcool ou une drogue pour modifier votre humeur? | Oui/Non |
| Est-ce que les drogues ou la boisson vous donnent de l'insomnie? | Oui/Non |

Si vous avez répondu oui à l'une quelconque de ces questions, prenez le comme un avertissement : vous êtes peut-être sur le point de devenir dépendant. Si vous avez répondu oui à deux de ces questions, vous êtes probablement dépendant. Si vous avez répondu oui à trois ou plus de ces questions, vous êtes bien engagés sur le chemin de la dépendance.

Déclarez honnêtement où vous vous trouvez sur ce chemin maintenant :

1. « Oui, je vois les signaux d'avertissement m'indiquant que je suis sur le point de devenir dépendant, je reconnais que je dois faire quelque chose à ce sujet. »
2. « Oui, je suis sur le chemin de la dépendance, et je reconnais que je dois faire quelque chose à ce sujet. »
3. « Oui, je suis tout à fait dépendant, et je reconnais que je dois faire quelque chose à ce sujet. »

> Choisissez l'une des options précédentes, signez votre nom et indiquez la date dans l'espace ci-dessous :
>
> Signature :
>
> Date :

**Comment trouver le chemin du rétablissement**

Pour une personne qui a des problèmes de drogue ou d'alcool et qui en abuse, la première étape en direction du rétablissement consiste à admettre que lui ou elle a un problème. Vous devez commencer par dire la vérité. Tant que vous croirez que vous pouvez cacher votre problème de dépendance ou vivre avec ces dépendances, vous persisterez dans ces dépendances.

Une croyance très répandue disait que vous ne pouviez pas être aidé tant que vous n'aviez pas atteint le fond. Mais les groupes professionnels pratiquent maintenant ce qu'ils nomment « l'approche d'intervention ». Cette approche exige une aide expérimentée, parce que les membres de la famille proche sont souvent trop critiques et négatifs ou trop occupés à cacher la vérité ou à prétendre que tout va bien pour pouvoir l'utiliser eux-mêmes. Cela signifie venir demander de l'aide et être d'accord de confronter votre problème à la manière de Dieu. Il y a de l'espoir pour votre problème. Vous pouvez changer.

## Le cycle du rétablissement

Comment est-ce que vous vous relevez de ce cycle de dépendance? Tout d'abord, vous devez comprendre que vous n'avez pas de problèmes de drogue ou d'alcoolisme. Vous avez des problèmes de vie. La simple abstinence vous laisserait probablement dans un état misérable. L'image que vous avez de vous-mêmes a traîné dans la boue. Lorsque les substances dont vous êtes dépendant vous sont retirées, vous n'avez plus de moyen d'affronter la vie. C'est la raison pour laquelle beaucoup de traitements ou programmes traditionnels et séculiers ont souvent des résultats si peu convaincants sur le long terme.

Deuxièmement, vous n'avez pas seulement des problèmes personnels. Vous avez des problèmes liés à votre famille et la communauté qui vous entoure. Vos dépendances ont affecté toutes les personnes qui ont eu une relation significative avec vous. Des relations ont besoin d'être restaurées et des torts doivent être réparés.

C'est sur ces points que votre pasteur ou votre responsable de cellule peut vous aider à comprendre votre liberté en Christ et vous montrer comment Christ peut rencontrer vos besoins les plus cruciaux et les plus personnels. Jésus n'est pas juste une sorte de puissance supérieure dont nous reconnaissons l'existence tout en suivant un programme de réhabilitation. Les programmes ne sauvent pas les gens, et ne peuvent pas plus les libérer, seul Jésus peut faire cela. Trouver un bon centre chrétien de réhabilitation ou de relation d'aide est une démarche recommandée si vous êtes dépendant. Ce sera de cette manière que les problèmes de dépendance seront arrachés de votre vie et détruits complètement.

Pourquoi buvez-vous et comment êtes-vous devenus dépendants de substances chimiques?

Il y a beaucoup de raisons pour lesquelles les gens se tournent vers l'alcool et les drogues, mais elles se retrouvent toutes dans trois grandes catégories :

1.  Se défaire de la pression des camarades

Si vous êtes un buveur social, vous ne faites que réagir en cédant à la pression des camarades. Dans certaines situations vous vous sentez peut être intimidé au point de faire ce que tout le monde fait. Vous vous posez peut-être même la question: « Puisque je ne veux pas le faire, pourquoi est-ce que je le fais quand même? » Probablement parce que chacun d'entre nous avons un besoin d'être accepté et d'avoir le sentiment d'appartenir au groupe. Or votre capacité de résister à la pression des camarades, de tenir ferme face à la tentation et

## RÉGLER LES PROBLÈMES DE LA DROGUE ET DE L'ALCOOL

d'arrêter de subir vos inhibitions comme une souffrance dépend de la mesure dans laquelle vous vous sentez en sécurité et de la mesure dans laquelle vos besoins essentiels sont satisfaits. C'est probablement la raison principale pour laquelle vous prenez de l'alcool ou de la drogue. Vous ne voulez surtout pas avoir l'air du type étrange, ringard ou rabat-joie! Il n'y a pas beaucoup de personnes sujettes à l'addiction qui sont assez calées dans leur identité pour résister seules face à cette pression.

> Est-ce que vous vous retrouvez dans le paragraphe qui précède? Si oui, dans quelle mesure?

2. Pour échapper aux pressions de la vie

Les drogues et l'alcool semblent offrir une échappatoire aux pressions telles que:

- « Ce travail est insupportable. »
- « Personne ne me comprend. »
- « Mon patron est un pauvre type, grave. »
- « Je n'ai pas un sous et mes factures s'accumulent. »
- « Peut-être que je pourrais faire mon travail s'ils me fichaient un peu la paix! »

Les pressions de la vie peuvent être écrasantes. Toutefois vouloir les fuir ou abandonner vos responsabilités ne fera qu'empirer les problèmes. Paul a dit:

*Bien plus, nous nous glorifions même des afflictions, sachant que l'affliction produit la persévérance, la persévérance la victoire dans l'épreuve, et cette victoire l'espérance. Or, l'espérance ne trompe pas, parce que l'amour de Dieu est répandu dans nos cœurs par le Saint-Esprit qui nous a été donné. (Romains 5:3-5)*

Vous avez besoin de poser les fondements de cette espérance dans votre propre vie parce que très souvent vous ferez face à des choix entre le fait de régler vos problèmes et d'accepter les mauvaises solutions:

- « Plus d'espoir pour mon travail! » Solution? Changer de travail!
- « Plus d'espoir pour mon mariage! » Solution? Changer de conjoint!

## VIVRE LIBRE

- « Plus d'espoir dans ma situation! » Solution? Changer de situation!

Votre espérance repose sur votre caractère éprouvé et non sur le changement des circonstances de votre vie. Votre espérance ne se trouve pas dans la solution qui consiste à noyer vos problèmes dans l'alcool ou la drogue (regardez l'exemple de Paul dans *Philippiens 4:11-13*). Christ veut le meilleur pour vous. Personne ne pourrait moins se soucier de vous que ne le font les dealers de drogue ou tenanciers de bar. Leurs affaires marcheront d'autant mieux que vous continuerez à consommer et à boire.

> Est-ce vous vous retrouvez dans la description ci-dessus? Si oui, dans quelle mesure?

3. Pour mettre fin à la douleur.

Si vous avez déjà souffert d'un mal de dent aigu, vous savez par expérience que vous ne pensez qu'à une seule chose: arrêter cette douleur. La troisième raison pour laquelle les gens se tournent vers les substances chimiques et deviennent dépendants de prescriptions pharmaceutiques ou de drogues illégales, c'est que leur douleur est devenue insupportable. Tout le monde doit vivre avec une certaine quantité de douleur. Sans souffrance, pas de bénéfices! Apprendre à affronter la douleur est un élément crucial du processus de la croissance.

> Est-ce que vous vous retrouvez dans le paragraphe ci-dessus? Si oui, dans quelle mesure?

## RÉGLER LES PROBLÈMES DE LA DROGUE ET DE L'ALCOOL

**Quand est-il de la co-dépendance ?**

Les premières victimes sont les membres de la famille. Le conjoint est souvent le premier affecté et lorsqu'ils demandent la prière il s'agit d'un appel au secours, mais la personne ne partagera jamais entièrement les secrets de famille.

Beaucoup de membres de famille vivent sous la menace constante d'un abus quelconque s'ils n'entrent pas dans le jeu. Et même s'ils le font, ils souffriront probablement d'abus mental, émotionnel ou physique. La honte que vous portez vous enferme dans le silence.

Vous refusez de perdre vos derniers haillons de dignité en tirant sur la sonnette d'alarme. Vous avez peur que les gens vous blâment d'avoir détruit les liens familiaux et c'est effectivement ce qui se passe dans certains cas d'abus. Les mandats bibliques de « professer la vérité dans l'amour » (*Ephésiens 4:15*) et de « marcher dans la lumière » (*1 Jean 1:7*) sont abandonnés au nom de l'instinct de survie. Mais c'est l'inverse qui se produit: la soit disante survie est la destruction de soi.

**Alors qu'est-ce que vous voulez?**

Dites à vos bien-aimés qui sont dépendants de substances nocives que désormais vous ne mentirez plus et ne couvrirez plus leurs agissements. Que cette personne sache que vous allez chercher de l'aide pour vous-mêmes. Ensuite, prenez rendez-vous avec votre pasteur ou votre leader. Vous avez besoin d'un soutien moral et d'un conseil spirituel. Trouvez un ministère chrétien qui soutient les conjoints et les enfants de personnes dépendantes. Recherchez une aide professionnelle pour programmer une intervention. Vous devez faire quelque chose de constructif pour vous-mêmes.

**Un avertissement**

Tout chrétien est co-dépendant dans le sens positif du terme. Nous avons reçu le commandement de nous aimer les uns les autres. Cela signifie que nous sommes soumis aux besoins les uns des autres. Cela n'est pas faux, c'est le fait ressembler à Christ. Toutefois l'amour qui est semblable à Christ doit être sévère lorsque la situation l'impose. Lorsque ce sont les autres qui nous dictent comment et quand nous devons les aimer, cela est faux. Ils exercent un contrôle sur nos vies par leur maladie.

Nous ne sommes pas soumis aux dépendances ou aux quatre volontés les uns des autres. Lorsque nous les couvrons dans leur dépendance, leur esclavage devient notre esclavage. L'Esprit de Dieu nous rend capable d'avoir la maîtrise de nous-mêmes. Ce même Saint-Esprit nous conduira dans toute la vérité et la vérité nous rendra libre. Personne sur la planète terre ne peut nous empêcher d'être la personne que Dieu veut que nous soyons. Le dépendant autant que le co-dépendant ont besoin de trouver la liberté en Christ.

## Comment vaincre votre dépendance

### Réglez le problème sur le champ de bataille de vos pensées

Le champ de bataille principal se trouve dans vos pensées. *Proverbes 23:7* dit: « Car il est comme les pensées de son âme… » En d'autres termes, vous ne faites rien sans y avoir d'abord pensé. Tout comportement est le produit de ce que nous avons choisi de penser ou de croire. Nous ne pouvons pas voir ce que les gens pensent. Nous ne pouvons qu'observer ce qu'ils font. Essayer de changer notre comportement sans d'abord changer ce que nous croyons et par conséquent pensons ne produira jamais de résultats durables.

Quatre pensées principales liées à la dépendance de substances:

1.   Le désespoir

Qu'importe quelle est le comportement ou la dépendance qui vous rend esclave, si vous vous sentez impuissant et que vous croyez votre situation désespérée, vous ne changerez jamais. Vos convictions feront la différence entre la victoire et la défaite dans votre vie. Elles détermineront votre choix entre le fait d'accepter les ruses mensongères de Satan ou de recevoir la vérité de Dieu. De plus il y a une autre fausse conception qui est associée à la forteresse du désespoir et qui est la croyance erronée qui dit: « Je suis différent et mon problème est différent et j'ai donc besoin d'une réponse différente. »

Vous sentez-vous désespéré? Identifiez les pensées qui vous volent votre espérance et mettez par écrit les vérités positives qui contrebalancent ces croyances négatives.

Les croyances négatives:

1.

2.

3.

Les vérités positives

1.

2.

3.

2.  La culpabilité

Personne ne peut expérimenter la paix, la liberté ou la joie quand il est rongé par la culpabilité. Satan utilise cette ruse pour voler aux chrétiens leur liberté. L'une des premières barrières que doit franchir un alcoolique ou une personne dépendante de drogues est le fait d'admettre qu'il ou elle a un problème. La plupart d'entre nous nous avons peur d'être découverts. Nous en ferons beaucoup pour donner l'impression que tout va bien, mais nous ne demanderons pas d'aide tant que ce mur du déni ne sera pas brisé.

Vous sentez-vous coupable? Identifiez les pensées en rapport avec vos sentiments de culpabilité et mettez par écrit les vérités positives qui contrebalancent ces croyances négatives.

Les croyances négatives:

1.

2.

3.

Les vérités positives

1.

2.

3.

3.   Aide-toi...

Il y a une croyance inhérente à la forteresse du « s'aider soi-même ». Cette fausse croyance consiste à penser que je peux me changer moi-même. C'est simplement une autre version du « aide-toi, le ciel t'aidera ». Pour une raison ou pour une autre, aussi étrange que cela paraisse, la plupart des gens croient que s'ils peuvent changer leur comportement, ils pourront changer en tant que personnes. Cela n'est tout simplement pas vrai.

> Examinez votre vie et décrivez honnêtement la manière dont vous pensez pouvoir régler votre problème de dépendance.

> Quelle part Christ joue-t il dans vos désirs et vos plans de changement? Se trouve-t il au centre? Sinon, qu'allez vous faire pratiquement pour changer ces priorités?

4.   L'insécurité

Nous avons été créés pour être en relation avec notre créateur. Ceux qui n'ont pas d'amis ni de confort et ceux qui n'ont pas de relations qui donnent un sens à leur vie sont destitués et frappés par la pauvreté. Le plus grand groupe de gens insécurisés sont ceux qui manquent de relations, de racines ou de connections dans leur vie. Quel est votre plus grand besoin ? C'est d'être aimé et accepté par Dieu.

> En quoi la vérité contenue dans le paragraphe ci-dessus vous influencera-t elle à partir d'aujourd'hui? Comment allez-vous appliquer cette révélation à votre propre vie?

## Mener le combat sur le plan physique

En tant que chrétiens, nous croyons dans la valeur infinie que chaque personne a pour Dieu et dans la puissance que Dieu a d'amener le changement dans la vie d'un individu. En l'occurrence beaucoup de consommateurs de drogue ont été radicalement transformés par une conversion spirituelle et leur foi chrétienne personnelle peut susciter en eux un nouveau but pour leur vie en tant que vainqueurs.

Devenir chrétien n'immunise pas contre les problèmes et les dangers. Toutefois ce nouvel état donne un moyen d'affronter le stress et les problèmes de la vie sans avoir besoin de recourir à des drogues qui modifient l'humeur.

*Que le péché ne règne donc point sur votre corps mortel et n'obéissez pas à ses convoitises. (Romains 6:12)*

Nous pouvons pleinement lui faire confiance dans le fait qu'il sera notre vie, la seule ressource infaillible qui satisfera tous nos besoins.

Mais nous devons aussi comprendre qu'une dépendance physique de drogue ou d'alcool signifie qu'un processus de désintoxication sera nécessaire. Cela veut dire que vous devrez passer quelques temps dans un environnement médicalisé et suivre un processus de réhabilitation dans un environnement qui s'assimile à un centre de réhabilitation.

Une fois que la désintoxication sera complète, le travail sur les aspects psychologiques de la dépendance peut commencer.

Et durant tout ce processus, le but est de vous faire passer de votre dépendance des drogues et de l'alcool à une dépendance d'une vie remplie de l'Esprit, en Jésus-Christ. Ainsi vous deviendrez dépendants de lui et vous vous soumettrez à son contrôle caractérisé par l'amour et communicateur de vie.

> Lisez *Ephésiens 5:18* et décrivez ci-dessous ce que cela signifie pour vous pratiquement dans votre vie alors que vous réglez vos problèmes liés à l'abus de drogues et d'alcool.

## Un mot pour les leaders

Beaucoup de leaders feront face au problème de la dépendance de la drogue ou de l'alcool dans leur cellule ou dans le travail d'évangélisation. Qu'est-ce que les leaders peuvent faire pour aider la personne?

1. Le leader peut aider la personne en l'écoutant et en la traitant avec dignité et en cherchant à savoir quel service local peut être d'une aide quelconque. La situation est souvent complexe et inclut des problèmes légaux, de logement et de subsides qui doivent être démêlés.
2. La relation d'aide chrétienne peut être utile et un soutien important peut être apporté par la cellule si la personne est décidée à se libérer de la drogue, spécialement dans les jours difficiles.
3. La cellule peut aider en apportant un soin pratique à la personne durant la période initiale d'abandon du produit toxique. Dans le cas de personnes qui abandonnent l'utilisation de tranquillisants, une oreille amicale et attentive de la part de membres sympathiques peut être d'une grande aide.
4. La confidentialité est de rigueur. La personne pourra ne pas souhaiter que sa dépendance soit connue de tous les membres de votre cellule. Informez toujours votre leader de tous les conseils que vous donnez à la personne qui cherche de l'aide.
5. Les leaders doivent savoir comment identifier les problèmes de drogue ou d'alcool parmi les membres de leur cellule. Voici quelques signes qui peuvent amener à poser des questions plus précises pour savoir s'il y a un problème:

    - Vie sociale ou financière centrée sur la substance nocive
    - Problèmes financiers inexpliqués
    - Changements d'humeurs fréquents et inexpliqués
    - Perte de vue des priorités familiales ou sociales
    - Disputes et tensions familiales
    - Troubles de l'estomac, maux de tête
    - Modèles ou cycles de comportements négatifs
    - Agressions, dépression et perte de motivation
    - Retrait de la vie en société ou de la communion de la cellule
    - Transgression de la loi.

PROBLÈMES DE LA VIE 8

# LES PROBLÈMES FINANCIERS

**L'attitude de Dieu en ce qui concerne les finances**

Les finances sont l'une des nombreuses ressources avec laquelle Dieu bénit notre vie. Dieu veut que nous sachions qu'il est la source de toutes choses, y compris des finances qui abondent dans notre vie. En réponse à ce qu'il fait pour nous, il veut que nous continuions à regarder à lui en tant que notre Père céleste plein d'amour qui pourvoit à tous nos besoins. L'apôtre Paul écrit: « Mais mon Dieu pourvoira à tous vos besoins, avec gloire, en Jésus-Christ. » (*Philippiens 4:19*). Dans les versets précédents, Paul dit: « Ne vous inquiétez de rien, mais en toutes choses faites connaître vos besoins à Dieu par des prières et des supplications, avec des actions de grâce. » Et l'apôtre Pierre écrit: « Déchargez-vous sur lui de tous vos soucis, car lui-même prend soin de vous. » (*1 Pierre 5:7*).

Mais la provision financière que Dieu nous donne ne s'arrête pas à nous. Il désire satisfaire au delà de nos besoins et de ceux de notre famille immédiate et bien-aimés pour satisfaire les besoins de chacun. Pour que nous puissions entrer en partenariat avec Dieu dans ce domaine, il veut qu'à notre tour nous regardions plus loin que notre propre bénédiction personnelle pour entrer dans le domaine où nous répondons aux besoins des autres.

Mais comment commençons-nous à faire cela? Nous devons reconnaître que nous sommes gérants des ressources financières que Dieu nous confie et que nous devons honorer Dieu avec nos finances et ne pas tout dépenser pour nos propres besoins. Nous honorons Dieu avec nos finances en donnant notre dîme et nos offrandes et, selon qu'il nous conduit, en donnant à nos voisins, particulièrement les pauvres et ceux qui sont dans le besoin.

En donnant humblement de cette manière, avec une juste attitude devant Dieu et avec une dépendance consciente de lui en tant que la source de tout ce que nous pouvons donner financièrement, nous découvrirons qu'il nous transforme toujours plus en donateurs. Nous grandirons toujours plus à l'image de celui qui n'a pas simplement donné tout ce que nous voyons et dont nous jouissons mais tout ce qu'il avait, par le don qu'il nous a fait de son Fils Jésus-Christ.

**Exercice**
Utilisez une simple échelle de 1 à 10 (en prenant 10 comme le score maximum). Prenez les trois domaines mentionnés plus haut (la satisfaction de nos propres besoins, le fait de donner nos dîmes et nos offrandes, et le fait de donner aux autres). Faites dans chacun de ces domaines une évaluation honnête de la mesure dans laquelle vous faites concrètement confiance à Dieu pour pourvoir à vos finances. Notez quelles sont les étapes pratiques que vous allez commencer à franchir pour augmenter votre confiance dans la provision de Dieu pour chacun de ces domaines:

**Faire confiance à Dieu**
Evaluez sur une échelle de 1 à 10 dans quelle mesure vous faites confiance à Dieu dans les domaines suivants:

| | |
|---|---|
| Vos propres besoins | 1 2 3 4 5 6 7 8 9 10 |
| Donnez vos dîmes et vos offrandes | 1 2 3 4 5 6 7 8 9 10 |
| Donnez pour répondre aux besoins des autres | 1 2 3 4 5 6 7 8 9 10 |

**Gestion financière**

Plusieurs d'entre nous avons été, à un moment de notre vie ou un autre, dans une position où il nous semblait n'avoir plus d'argent et pas assez pour joindre les deux bouts. Nous nous retrouverons souvent avec des questions du genre: « Qu'est-ce que j'ai fait pour me retrouver dans une telle situation? » et « Comment est-ce que je peux éviter que cela n'arrive de nouveau? » En bref, soit nous devons gérer nos finances ou ce sont nos finances qui se chargeront de nous gérer!

Au cœur d'une bonne gestion financière doit se trouver le désir de ne pas vivre au-dessus de nos moyens. Il n'est point besoin de rappeler que nous ne pouvons pas acheter ce que nous ne pouvons pas payer et nous ne pouvons certainement pas donner aux autres ce que nous n'avons pas pour nous-mêmes, aussi pures nos intentions et nos désirs puissent-ils être.

# LES PROBLÈMES FINANCIERS

En pratique, une bonne gestion financière implique une planification, des prévisions, une évaluation honnête de la situation, de la patience et de faire les bons choix. Elle se résume aux étapes suivantes:

1. Faites la liste des dépenses et des revenus courants mensuels et si ces derniers sont assez variables, vous pouvez prendre la moyenne sur le dernier trimestre ou une période plus longue selon les cas.
2. Evaluez ces chiffres avec honnêteté et identifiez les domaines dans lesquels vos revenus pourraient augmenter et vos dépenses réduites, spécialement lorsque les dépenses sont supérieures ou dépassent presque les revenus.
3. Fixez des buts réalistes pour les futurs revenus et dépenses pour l'année ou les deux années suivantes.
4. Vérifiez vos comptes et surveillez-les de manière simple pour voir si vous réussissez à atteindre vos buts et identifiez les domaines inquiétants le plus vite possible.
5. Prenez les mesures correctives nécessaires pour réduire les dépenses lorsque cela est nécessaire.
6. Demandez conseil à un ami de confiance ou à un conseiller financier lorsque vous avez de la peine à trouver la solution à vos difficultés financières par vous-mêmes ou lorsqu'il semble que vous n'arrivez pas à rester dans les limites de vos moyens.
7. Evitez de contracter des dettes inutiles et de payer à crédit.

**Exercice**

Faites la liste de mémoire de toutes les sources de vos revenus et tous les types de dépenses que vous avez faites ce dernier mois et estimez combien vous pensez avoir reçu ou dépensé. Calculez le « bénéfice » ou les « pertes » que vous pensez avoir faits.

> DE MEMOIRE
>
> Période:
> Revenu:
> Dépenses:
> Solde: (bénéfices ou pertes)

Maintenant vérifiez vos comptes et répétez l'exercice avec des informations précises en soulignant les domaines où vous trouvez un résultat très différent.

A PARTIR DE VOS COMPTES

Période:
Revenu:
Dépenses:
Solde: (bénéfices ou pertes)

En utilisant une échelle de 1 à 10 (10 étant le meilleur score), évaluez la connaissance que vous avez de vos propres finances personnelles. Ensuite, reprenez les sept étapes pour une meilleure gestion que nous avons vues précédemment dans l'ordre de priorité correspondant à vos besoins pour une meilleure gestion personnelle, afin de pouvoir les appliquer dans votre situation.

La connaissance que j'ai de mes propres finances (sur une échelle de 1 à 10)

1 2 3 4 5 6 7 8 9 10

Les étapes que je veux suivre dans l'ordre de priorité:

1.  7.
2.  8.
3.  9.
4.  10.
5.  11.
6.  12.

**Régler les problèmes de dettes et de difficultés financières**

La plupart des gens n'auront pas de difficulté à reconnaître que l'augmentation de la dette personnelle en Grande Bretagne ces dernières années est inquiétante et qu'il vaut certainement mieux ne pas avoir de dettes que de se retrouver dans une position où une bonne partie de vos revenus mensuels passent dans le remboursement de prêts et d'autres crédits. Il est évident que certains emprunts reflètent une sage décision (par exemple en vous donnant la possibilité d'acheter plutôt que de louer votre propre maison ou vous donner la possibilité de vous lancer dans l'aventure de la création de votre entreprise de manière saine et bien planifiée). D'autres types d'emprunts peuvent être considérés comme nécessaires à court terme ou pour un achat unique (par exemple pour pouvoir acheter une voiture ou pour vous installer ou faire des travaux dans votre maison). Mais il est aussi bien clair que des emprunts excessifs ou non justifiés sont à l'origine de la plupart des problèmes financiers dans la vie des gens aujourd'hui.

Dans la gestion des dettes il peut être parfois utile d'éviter de faire des dettes quand cela est possible. Deuxièmement il est important que les dettes contractées ne financent que des objets essentiels ou qui généreront de l'argent (tels que les exemples mentionnés au paragraphe précédent), plutôt qu'elles ne financent certains achats qui trahissent des attitudes du style : je ne veux pas économiser pour cela ou je veux l'objet tout de suite et je paierai plus tard. Troisièmement il est aussi utile de chercher et d'écouter le conseil d'un conseiller financier recommandable avant de prendre la décision d'emprunter (et aussi de suivre le dossier en reprenant conseil de temps en temps).

Mais les difficultés financières ne sont pas seulement le résultat d'obligations dues à des dettes excessives. Elles peuvent être la conséquence d'un certain nombre de décisions de dépenser sur la base d'un mauvais conseil, ou d'occasions manquées d'augmenter son revenu ainsi que le résultat de circonstances, souvent tragiques, qui sont en dehors de notre contrôle et dépassent les moyens de l'individu concerné. Dans ce dernier cas il faudra beaucoup de tact et de sensibilité dans notre approche d'une résolution de ce type de problèmes. Mais il y a souvent quelque chose à faire pour alléger le fardeau financier en mettant notamment en place ce qui est nécessaire pour améliorer les revenus et diminuer les dépenses.

**Exercice**

Considérez votre situation financière actuelle et toute difficulté financière à laquelle vous avez peut être récemment fait face (ou dont vous n'avez pas été loin) ces dernières années. Si vous ne pouvez pas penser à une quelconque difficulté financière alors faites la comparaison entre l'état actuel de vos finances et ce qu'elles devraient être en réalité). Décrivez dans quelle mesure ces difficultés provenaient:

1. D'une dette excessivement lourde
2. D'occasions manquées d'améliorer votre revenu
3. De mauvaises décisions par rapport à vos dépenses
4. De circonstances auxquelles vous ne pouviez rien

Quelles sont les étapes pratiques que vous avez besoin de suivre pour vous assurer que vous ne retomberez plus dans cette difficulté financière par votre propre gestion:

1.                                6.
2.                                7.
3.                                8.
4.                                9.
5.                                10.

Qu'avez-vous besoin de faire maintenant afin de pouvoir vous protéger raisonnablement des circonstances qui échappent à votre contrôle?

1.                                6.
2.                                7.
3.                                8.
4.                                9.
5.                                10.

**Un revenu qui augmente et des dépenses qui diminuent**

Même s'il semble plus évident de penser à des manières de mieux gérer nos dépenses, il y a souvent quelque chose qui peut être fait pour améliorer nos revenus. Par exemple nous pouvons trouver un meilleur emploi, prendre un second travail, créer une entreprise, obtenir des subsides, réclamer des aides auxquelles nous avons droit ou maximiser les intérêts que nous gagnons sur l'argent qui transite sur notre compte en banque. Bien sûr, Dieu est capable de faire beaucoup plus que tout cela et peut être vous appelle-t il en ce moment même à croire en lui pour une augmentation importante de vos revenus dans l'année qui vient.

L'une des premières étapes de la réduction des dépenses consiste à rembourser ses dettes. Regrouper vos dettes sous un seul prêt au taux d'intérêt le plus bas possible peut réduire de manière significative vos dépenses mensuelles. Si vous payez l'intérêt à taux variable standard sur votre prêt à votre créancier, vous pourriez presque certainement gagner de l'argent en le remplaçant par un prêt qui possède un taux réduit sur les deux ou trois premières années, spécialement si:

- Votre conseiller financier n'est pas limité sur le marché (c'est à dire qu'il a accès à tous les prêts disponibles sur le marché et n'est pas lié à un groupe particulier).

# LES PROBLÈMES FINANCIERS

- Votre conseiller financier ne vous demande pas d'honoraires pour ses services
- Vous n'avez pas de pénalités si vous changez votre prêt.

Quelqu'un qui a un prêt de £100'000 peut économiser £1000 par année simplement en s'assurant d'une réduction de 1% sur le taux de son prêt actuel. Une autre manière de voir les choses consiste à penser au long terme et à réduire les dépenses en payant des avances sur le capital de votre prêt. Il s'agit de payer des sommes supplémentaires chaque mois, ce qui peut réduire de manière significative la durée du remboursement de votre prêt et de ce fait les intérêts que vous payerez sur le montant emprunté. Mais bien sûr ceci n'est possible que si vous avez les fonds nécessaires à une telle opération.

Finalement il y a beaucoup de manières de réduire le montant que nous dépensons sur les biens et les services bien que nous devrions équilibrer tout cela en tenant compte du temps et de l'effort nécessaires à ce genre d'initiative. Dans la gamme des possibilités de réductions de dépenses, il y a la suppression d'objets qui ne sont pas nécessaires, le fait de faire nos achats au moment des soldes, faire des achats en gros pour certains produits, retarder l'achat de certains produits nouveaux sur le marché dont le prix baissera assez rapidement, réduire les frais généraux, obtenir des contrats d'assurance moins chers, trouver des vacances à bas prix, acheter des objets d'occasion ou presque neufs, saisir des offres commerciales sur des nouveaux produits, utiliser divers coupons de réduction, comprenant même des réductions sur le dépannage de votre voiture parfois! Il y a aussi beaucoup de sources d'information disponibles (comme le site web www.moneysavingexpert.com) ainsi que le conseil d'amis de confiance et de conseillers financiers.

**Exercice:**
Faites la liste des manières dont vous pourriez améliorer de manière pratique vos revenus mensuels et dont vous pourriez réduire vos dépenses mensuelles. Essayez d'estimer en pourcentage le changement que vous pensez pouvoir obtenir dans les 12 mois qui viennent.

Les choses que je pourrais entreprendre pour augmenter mon revenu:

1.
2.
3.
4.
5.

6.
7.
8.
9.
10.

Estimez le pourcentage d'augmentation dans les 12 mois qui viennent :

Les choses que je pourrais entreprendre pour réduire mes dépenses :

1.  6.
2.  7.
3.  8.
4.  9.
5.  10.

Estimez le pourcentage de la réduction sur les 12 prochains mois :

**Confessez vos péchés et renoncez-y**

- l'orgueil
- la propre justice
- l'abdication du rôle de chef (pour les hommes)
- l'usurpation du rôle de chef (pour les femmes)
- la cupidité
- l'amour des plaisirs
- les divertissements qui conduisent au péché
- les pensées immorales et pécheresses
- la pornographie
- l'implication dans l'occultisme
- la fornication
- l'adultère
- le péché d'homosexualité
- la sensualité
- les compromis
- les choses que vous poursuivez et qui posent question
- le non pardon
- l'esprit de jugement
- la critique
- la colère
- la haine
- le ressentiment
- le manque d'amour

- le fait de ne pas montrer de miséricorde
- le fait de ne pas s'occuper des pauvres
- les dépendances
- les habitudes qui vous contrôlent
- l'abus d'alcool ou de drogue
- l'idolâtrie
- le mensonge
- le fait de ne pas tenir parole
- l'incrédulité
- le cynisme
- la pitié de soi
- le manque de prière.

APPENDIX I

# RENVERSER LES FORTERESSES

La Parole de Dieu nous montre qu'il y a des forteresses dans nos vies. Elles sont comme des prisons qui, pour certaines raisons qui remontent à notre passé, nous tiennent en captivité et dans les chaînes. Ces domaines d'échec nous retiennent et nous empêchent d'aller de l'avant dans notre vie de disciples de Jésus. De telles forteresses peuvent nous amener à une défaite totale sur le plan spirituel.

Avez-vous combattu avec des liens, des habitudes ou des émotions qui cherchaient à contrôler votre vie? Jésus est plus puissant que ces forteresses et, en tant qu'enfants de Dieu, vous avez le droit absolu d'en être libérés.

Examinez dans la prière la liste qui va suivre et cochez les choses qui vous concernent. Ces choses pourraient être la raison qui explique l'existence de certaines de vos forteresses. En faisant cet exercice consistant à « renverser les forteresses », vous pouvez être libéré de toute cause ou raison pour lesquelles les malédictions de Satan vous affectent et vous pouvez être entièrement libéré de tout lien dans votre vie.

*Comme l'oiseau s'échappe, comme l'hirondelle s'envole, ainsi la malédiction sans cause n'a point d'effet. (Proverbes 26:2)*

Toute transgression de la Parole de Dieu ouvre une porte aux malédictions, aux forteresses, et à l'oppression démoniaque. Mais Dieu a complètement effacé notre passé parce que « ... là où le péché a abondé, la grâce a surabondé. » (*Romains 5:20*).

Quand nous nous repentons et quand nous confessons nos péchés, nous trouvons le pardon. L'ennemi perd le droit légal de nous opprimer.

VIVRE LIBRE

*Vous qui étiez morts par vos offenses et par l'incirconcision de votre chair, il vous a rendu à la vie avec lui, en nous faisant grâce pour toutes nos offenses; il a effacé l'acte rédigé contre nous et dont les dispositions nous étaient contraires; il l'a supprimé, en le clouant à la croix. (Colossiens 2:13-14)*

À la croix du Calvaire Jésus a déjà pris sur Lui-même nos malédictions.

*Christ nous a rachetés de la malédiction de la loi, étant devenu malédiction pour nous – car il est écrit: Maudit est quiconque est pendu au bois. (Galates 3:13)*

Donc, sans crainte, faites une analyse honnête de votre vie comme un médecin qui examine un malade avec soin afin de faire un diagnostic et prescrire un remède. Cochez les pages suivantes en ce qui vous concerne. Dans cette liste vous trouverez certains problèmes relatifs à une culture différente que la vôtre et qui ne correspondent pas nécessairement à votre arrière plan. Après avoir coché cette liste, priez la prière de libération qui se trouve à la fin. Pour ce faire, demandez un soutien de prière et l'aide de votre responsable de cellule, votre leader ou un conseiller spirituel.

**Liste pour briser les forteresses**

- J'ai des rapports difficiles avec ma mère/mon père. C'est peut-être pour cela que j'ai du mal à croire que Dieu m'aime.
- Il est difficile pour moi de me pardonner pour ce que j'ai fait dans le passé.
- J'ai été blessé dans le passé et j'ai souffert. Il m'est difficile d'être libre de la colère que je ressens quand je me rappelle de ces choses.
- J'ai du mal à avoir des relations. Je ne fais pas confiance aux gens.
- J'ai une tendance à la dépression et parfois le sentiment de m'apitoyer sur mon propre sort me domine.
- J'ai un péché ou une mauvaise habitude qui me contrôle. J'essaye d'arrêter mais je n'y réussis pas.
- J'ai des problèmes dans ma vie sexuelle. Je n'ai pas pu briser les habitudes dans ce domaine.
- J'ai des troubles du comportement; par exemple, trop manger, le jeu, exagérer, trop dormir, la cigarette, la boisson, la drogue, etc...
- Parfois je ressens que le désir d'avoir de l'argent et des biens matériels me contrôle.
- Parfois, je n'arrive pas à contrôler ma colère. Elle semble bouillir au dedans de moi et explose avant que je ne puisse l'arrêter.
- J'ai un problème d'anxiété. Parfois je ne sais même pas pourquoi je suis inquiet.
- Il y a beaucoup de choses qui me font peur dans ma vie, le noir, la solitude, la maladie, la mort et d'autres phobies.
- J'ai déjà pensé au suicide.

- Il m'est très difficile de me concentrer en priant ou en lisant ma Bible. Une fatigue anormale me saisit dans ces moments-là.
- J'ai été impliqué dans des pratiques occultes dans le passé.
- J'ai été consacré aux idoles dans le passé.
- J'ai encore des objets d'idolâtrie et d'occultisme chez moi.
- Mes parents m'ont consacré aux faux dieux.
- Mes parents et/ou grands-parents sont (ou ont été) impliqués dans l'occultisme ou la franc-maçonnerie.
- Mes parents et/ou mes grands-parents ont été impliqués dans l'idolâtrie.
- Mes parents se sont divorcés.
- Il y a eu l'adultère dans la vie de ma mère/mon père ou l'un de mes grands-parents.
- L'un de mes parents, grands-parents or arrière-grands-parents a commis un crime.
- Il y a eu du préjugé contre les Juifs dans ma vie ou dans famille.
- Il y a eu des attitudes racistes dans ma vie ou dans ma famille.
- J'ai eu des incisions ou des marques tribales sur mon corps.
- J'ai été nommé d'après un dieu ou une idole.
- J'ai fait partie d'un groupe de mascarade.
- Je suis un enfant changé (un revenant) (Abiku, Ogbanje).
- En général, je me vois en train de nager dans mes rêves.
- Je mange souvent quand je dors
- J'ai souvent des rapports sexuels avec quelqu'un qui n'est pas mon conjoint quand je dors.
- 

Expériences Traumatisantes

- A quelle phase de votre vie?
- Naissance
- Enfance
- Adolescence
- Jeunesse
- Age adulte

Dans quelle catégorie?

- A la mort d'un être cher
- Abus sexuel
- Divorce
- Choc physique violent
- Accident traumatisant
- Châtiment excessif
- Injustice

- Mes parents ont rejeté la grossesse
- Mes parents ont essayé de m'avorter
- Naissance traumatisante
- Césarienne ou autre complication à la naissance
- Mes parents désiraient un enfant du sexe opposé

Attitudes et Sentiments

- Abandon
- Accusation
- Affligé
- Agressivité
- Amertume
- Anxiété
- Pitié de soi
- Refus de faire face à la réalité
- Rejet de soi
- Jalousie
- Envie
- Compétition
- Confusion
- Contrôle
- Culpabilité
- Dépression
- Défaite
- Perplexité
- Désir de tuer
- Désir de mourir
- Désobéissance
- Destruction
- Manque d'assurance
- Egoïsme
- Infirmité
- Infirmité mentale
- Phobies
- Obstination/entêtement
- Fatigue
- Irresponsabilité
- Frustration
- Ambition
- Avidité (gourmandise)
- Hyperactivité
- Idolâtrie mentale
- Superstitions religieuses

- Pensées négatives ou démoniaques
- Impatience
- Raisonnements humains
- Impatience
- Irrésolution
- Indifférence
- Infériorité
- Insécurité
- Insomnies
- Intellectualisme
- Irritabilité
- Problèmes de santé mentale
- Jurer/maudire
- Peur
- Peur de la mort
- Nervosité
- Haine
- Oppression
- Orgueil
- Passivité
- Persécution
- Inquiétude
- Rejet
- Religiosité
- Hypersensibilité
- Solitude
- Superstitions
- Envie de dormir
- Tristesse
- Vengeance
- Violence
- Volonté propre
- Autres

Habitudes Destructrices

- Abus d'alcool
- Ivrognerie
- Fumer
- Gloutonnerie
- Jeux (d'argent – gambling)
- Loterie
- Tempérament colérique
- Mensonges

- Jurer
- Ne pas donner sa dîme
- Voler
- Tendance à critiquer
- Désordres de l'appétit
- Mutilation de soi

Domaines Sexuels

- Bestialité
- Avortement
- Perversion
- Adultère
- Bisexualité
- Fantasmes/Fantaisies
- Fornication
- Homosexualité
- Inceste
- Masturbation
- Pornographie
- Autres

Fausses Croyances Religieuses

- Catholicisme
- Libéralisme
- Formalisme Religieux
- Loges ou Franc-maçonnerie
- Matérialisme
- Humanisme
- Nouvel Age (New Age)
- Philosophie non chrétienne
- Psychologie non chrétienne
- Vaudou

Sectes Religieuses

- Athéisme
- Bouddhisme
- Science Chrétienne
- Hindouisme
- Islam
- Kardécisme
- Nouvel Age

- Science Chrétienne
- Témoins de Jéhovah
- Tout genre de pacte ou de consécration
- Toutes les églises qui portent les habits blancs: Eglise Christianisme Céleste, Chérubins et Séraphins, Fraternité de la Croix et de l'Étoile, Ekankar, Message Grail & autres
- Autres sectes.

APPENDIX 2

# PROBLÈMES ÉMOTIONNELS ET SANTÉ MENTALE

Dans la vie et le ministère d'une cellule, nous devons reconnaître et accepter le fait que les gens font parfois à face à des défis qui sont très sérieux.

Bien souvent ceux qui demandent une relation d'aide (et il se peut que nous soyons dans un cas semblable) peuvent parfois souffrir de problèmes de santé mentale ou avoir besoin d'un soin médical. La prière et les versets bibliques ne suffiront pas. Si ces personnes souffrent d'anxiété ou de dépression aigues, ils n'auront habituellement pas la capacité de concentration nécessaire à la lecture de la Bible ou la prière et ils auront besoin d'être dirigés vers un médecin ou un hôpital.

En tant que membres de cellule, leaders ou conseillers, nous ne devrions pas avoir l'impression de ne pas avoir fait ce que nous aurions du pour ces gens si nous les dirigeons vers une aide médicale professionnelle. Nous pouvons continuer à les soutenir et à prier pour eux durant leur traitement ou les soins médicaux qu'ils reçoivent.

Certains de ces défis auxquels nous faisons face dans la relation d'aide peuvent être une peur ou une anxiété extrêmes, deux choses qui vont habituellement de paire. La peur produit l'inquiétude et l'inquiétude conduit à une grave anxiété qui peut aussi se développer pour devenir une dépression profonde.

**L'anxiété**

L'anxiété est un symptôme, une réaction face à une expérience potentiellement bouleversante ou menaçante. Même lorsque la menace n'est ni imminente ni soudaine, l'inquiétude et la nervosité peuvent produire l'anxiété. L'anxiété est proche de la peur qui est une émotion primaire. Elle nous aide à faire face au danger.

C'est la raison pour laquelle toute anxiété n'est pas négative. Elle peut parfois être très positive. Certaines formes d'anxiété sont inévitables lorsqu'on vit dans notre société agitée. En fait il s'agit de la manière dont notre corps nous dit de faire attention à quelque chose, spécialement dans des situations dangereuses, sinon les conséquences pourraient être désastreuses. Mais parfois l'anxiété semble devenir une spirale qu'on ne contrôle plus et se mue en un problème sérieux qui commence à envahir la vie de quelqu'un. Ces personnes seront dominées par des pensées et des sentiments d'anxiété désespérée, sans lien apparent avec leurs circonstances présentes. Elles seront remplies d'un sentiment de panique et de pressentiments négatifs. Il y a plusieurs problèmes d'anxiété de ce type qui peuvent souvent être liés à la dépression et nécessitent un suivi médical.

## La dépression

Il y a beaucoup de formes différentes de dépression, en partant du découragement jusqu'à la dépression grave et tout ce qui se trouve entre deux.

Les gens sont souvent écrasés par leurs problèmes. Généralement l'exercice du ministère et le soutien ramèneront l'individu dans une position de confiance en Dieu, confiance dans le fait qu'il les fera traverser l'épreuve victorieusement. Mais une personne sujette à la tristesse et à de tels symptômes incessants n'arrive plus à jouir de la vie et perd tout son intérêt même pour les choses les plus simples. Cette situation conduira la personne à ressentir confusément un sentiment de désespoir, des sentiments de panique et une incapacité générale de se concentrer ou de contrôler ses pensées. Il s'agit d'une maladie handicapante qui nécessite une aide médicale urgente.

Pour un chrétien, il se peut qu'il lui soit très difficile d'accepter le fait qu'il est déprimé. Si bien qu'il aura besoin de beaucoup d'encouragement et de soutien pour rechercher une aide médicale et surtout pour prendre les médicaments prescrits (s'il y a une ordonnance).

Dans *Jean 5:2-9*, nous lisons l'histoire de l'homme qui se trouvait au bord de la piscine avec personne pour le mettre dedans lorsque l'eau était agitée. Lorsque Jésus passa il fut complètement guéri. A la croix, il y a une guérison émotionnelle aussi bien qu'une guérison physique. La guérison est là pour la peur, le rejet, la mauvaise image de soi, les blessures du passé et tous les autres symptômes issus d'émotions brisées. Lorsque nous libérons le pardon envers ceux qui nous ont blessé, nous sautons dans la piscine. Et cette piscine est assez grande pour tous nous recevoir.

www.ingramcontent.com/pod-product-compliance
Lightning Source LLC
Chambersburg PA
CBHW071334080526
44587CB00017B/2835